민족의 신화,
그 위험한 유산

민족의 신화, 그 위험한 유산

The Myth of Nations: the medieval origins of Europe

패트릭 기어리 지음 · 이종경 옮김

지식의 풍경

한국의 독자들에게

나는 소련과 유고슬라비아가 해체되면서 동유럽과 서유럽 모두에서 민족주의자들이 그들의 정치적 · 영토적 주장을 정당화하기 위하여 또다시 먼 과거로 눈을 돌리고 있던 바로 그때에 《민족의 신화, 그 위험한 유산》의 저술을 시작했다. 그 당시에 몇몇 사회학자들은 민족적 정체성이 근대 세계에만 있는 것이라는 주장을 펴고 있었지만, 민족적 정체성이 태초부터 존재하는 인간 정체성의 한 단면이라고 주장하는 사람들도 있었다. 나는 종족적 · 민족적 정체성이 과거에도 존재했다는 것을 보여 주면서 동시에 이 고대의 종족적 · 민족적 정체성은 오늘날의 그것과 대단히 다르다는 것을 유럽 인들에게 일깨워 줄 수 있기를 희망했다. 나는 민족적 정체성이 아주 먼 과거에 단번에 최종적으로 결정된 것이라기보다는 인류 역사의 끊임없이 변화하는 양상임을 알려 주고자 했다.

그러나 이 단순한 진리는 유럽에게 중요하긴 하지만, 그렇다고 결코 유럽 역사에만 한정되는 것이 아니다. 또한 유럽의 민족주의자들만이 유일하게 먼 과거에서 현재 이데올로기의 배치를 읽으려고 시도하는 것도 아니다. 그리하여 나는 이 책의 한국어 번역을 결정한 이종경 박사에게 깊은 감사를 표한다. 왜냐하면 나는 이 책이 두 가지 점에서 이바지할 수 있다고 믿기 때문이다. 첫째, 이 책은 한국 독자에게 유럽 역사의 중요하지만 잘 알려져 있지 않은 시대 — 유럽인들은 이 시대에 대하여 여전히 논의하고 있으며 심지어 가끔 싸우기도 한다 — 를 소개해 줄 수 있을 것이다. 둘째, 현대의 정치가는 물론 심지어 학자들까지도 당대의 가치와 태도를 한국인의 일상적인 관심사에서 아주 멀리 떨어져 있는 세계의 과거에 투영하려고 시도하는 것을 관찰함으로써, 주의 깊은 한국인들은 자신들의 생활에 가까운 상황에서 이데올로기적 목적을 위해 과거를 오용하는 같은 과정을 인지할 수 있을 것이다. 그것이 프랑스의 종족적 기원에 관한 문제이든 고구려 관련 한국의 정체에 관한 문제이든, 우리는 시대착오와 정치적 조작을 피하도록 조심해야만 한다. "과거는 외국이다"

라고 한 학자가 현명하게 말한 바 있다. 우리는 과거가 마치 우리만의 독점적 소유물인 양 취급해서는 안 된다. 우리는 과거를 외국인으로서 방문하여야 한다. 우리는 과거를 존경심을 가지고 대해야 하며, 현재를 위해 과거가 중요함을 이해해야 한다. 그리고 가장 중요하게도 양자 간의 차이를 이해해야 할 것이다.

for Professor Chong K Lee
with best wishes

감사의 글

유럽의 민족 신화와 현대 민족주의 현실과의 관계에 대한 나의 연구는 수많은 사람들과의 대화, 특히 플로리다 대학, UCLA, 노트르담 대학, 부다페스트의 중부 유럽 대학의 학생 및 동료들과의 대화를 통해 발전하였다. 1994~1996학년 동안 UCLA의 중세 · 르네상스 연구소는 국립인문학재단National Endowment for the Humanities의 후원을 받아 "종족 창조하기 : 역사의 오용"이라는 주제에 대한 일련의 집담회를 개최하였다. 이 집담회에서 나는 먼 과거와 현재와의 관계에 대한 생각을 정리할 수 있었다. 유럽 과학 재단의 프로젝트, "로마 세계의 변모" 회의의 객원 참가자로서 나는 고대 말 종족 집단의 변모에 대한 연구의 최전선에 있는 다양한 유럽의 학자들과 교유할 수 있는 특전을 누렸다.

과거의 종족에 대해 배운 것을 일반 독자와 함께 나누기로 결정한 후에 나는 많은 동료와 친구들에게 도움을 청했다. 수년 간에 걸쳐 특히 오토 존스턴, 제임스 터너, 로버트 설리번은 19세기 유럽의 배

8

경을 명확히 이해하는 데 도움을 주었다. 스티븐 파이어맨은 아프리카 민족 탄생의 복합적인 세계로 안내해 주었다. 야노시 보크는 20세기 중부 유럽 생활의 실체에 대하여 많은 것을 가르쳐 주었다. 나는 특히 헤르비크 볼프람, 발터 폴, 한스 후머, 제임스 우스단에게 감사를 표한다. 그들은 각각 이 원고의 초고를 읽고 통찰력 있는 제안을 해 주었다. 브리기타 반 라인베르크는 이 책이 목표로 삼은 독자 ― 과거와 현재 사이의 관계에 대해 궁금해 하는 일반 교양인 ― 에게 쉽게 이해될 수 있도록 맹렬히 작업해 주었다. 홀리 그리에코는 원고를 준비하는 데 도움을 주었다. 이 책이 가지고 있는 가치는 이 관대한 학자들과 친구들에게서 나왔다. 남아 있는 오류는 나의 것이다.

패트릭 J. 기어리
로스앤젤레스

| 차례 |

서문 | 유럽 정체성의 위기

바로 몇 년 전까지만 해도 서유럽 인들이 미래를 바라보았을 때, 그들은 거의 전적으로 1992년에 유럽 공동체가 발표한 경제적, 재정적 개혁의 완벽한 이행에 대해서만 생각하였다. 통화가 단일화되고, 국내 관세가 철폐되며, 시민들이 자유롭게 통행할 수 있게 되는 날을 즐거운 마음으로 기다리는 사람들도 있었지만, 주저하거나 심지어 두려움을 가졌던 사람들도 있었다. 그래도 전반적으로 유럽 공동체 국가들은 유럽이 당면하게 된 문제들을 각별히 좁은 시각에서 보았다. 첫째, 그들은 무엇이 유럽을 구성하는가의 문제를 대단히 지역적인 관점에서 보았다. 둘째, 그들은 자신들이 당면하고 있는 도전을 감정적인 폭발력을 가진 과거의 문제와 관련이 있다기보다는 미래의 경제적인 문제와 더 큰 관련이 있다고 보았다. 다름 아닌 그들이 결성한 조직의 명칭 자체가, 전후 구도가 가능하게 만들었던 마음 편한 근시안적 시각을 드러내 보였다. "유럽 공동체"는 전혀 적절한 명칭이 아니었다. 그것은 사실상 서유럽 공동체로, 그리스의 가입을 추가한 것만으로도 이미 상당한 문제가 야기될 정도였다. 이 국가들은 "유럽"이 소위 철의 장막에서 멈춘다고 보았다. 그 너머에는 바르샤바 조약 국가들이 있었다. 가난하지만 다행히 멀리 떨어져 있는 그 사촌들은 대체로 유럽 공동체와 경제적으로 무관했으며, 심지어 군사적으로도 점점 그들의 관심에서 벗어나고 있었다.

이 "작은 유럽" 내에서는 민족주의, 경제적 경쟁, 그리고 사회 갈등 등의 오랜 문제가 완전한 해결까지는 아니더라도 다룰 수 있는 것으로 보였다. 적어도 그 당시에는 그랬다. 북아일랜드, 코르시카, 그리고 북부 스페인에서 분리주의 운동으로 계속하여 유혈 사태가 빚어지긴 했으나, 이런 것들은 제한된 범위에서, 그리고 지리적으로 고립되어 발생했다. 남부 티롤, 브르타뉴, 그리고 카탈루냐와 같은 지역에서는 1970년대의 소민족주의 운동이 대체로 관광객들의 민속학적 관심 정도로 변모되었다. 벨기에에서의 왈론 족과 플라망 족 사이의 대립조차도 브뤼셀이 유럽 공동체의 수도가 되자 잠잠해졌다. 수세기 동안 전쟁의 원인causae belli이었던 국가 경계도 조약에 의해 확정되고 헬싱키 협약에 의해 보장되었을 뿐만 아니라, 1992년의 프로그램[마스트리히트 조약]이 이행되면 그나마도 의미가 없어질 것으로 보였다. 잉글랜드가 유럽의 일부분이 되기를 원하는지는 여전히 분명하지는 않지만, 영국[그레이트브리튼 및 북아일랜드의 연합 왕국]의 나머지 지역은 그런 식으로 주저하지 않았고, "영불 해저 터널"은 섬나라의 지리적, 심리적인 고립을 영원히 종식시킴으로써 프랑스와 영국을 통합할 것을 약속했다. 자존심 상하게도 40년에 걸쳐 미국에 군사적, 경제적으로 의존해 온 이후에, 유럽 공동체는 이제 국제 문제에서 미국의 동등한 파트너로 등장하려 하고 있었다. 그들은 비틀거리고 있는 미국뿐만 아니라 막강한 일본에 맞설 수 있는 주도적 경제 세력으로 부상하였다. 1992년의 유럽이 이루고자 했던 놀라운 신세계에서 민족주의라는 구태의연한 문제는 설자리가 없는 듯이 보였다.

이제 보면 그러한 견해가 얼마나 순진했던가. 몇 개월의 혼란 끝에, 동유럽을 고립시켰을 뿐 아니라 서유럽을 보호해 주었던 바로 그 철의 장막이 걷히자, 동쪽으로 우랄 산맥까지 펼쳐진 거대하고 크게 위험스러운 유럽이 모습을 드러냈다. 서유럽 민주주의 진영이 초기에 보여 주었던 광적일 정도의 열광적인 반응도, 모스크바에서 물밀듯이 쏟아져 나오는 엄청난 충격 때문에 2차 세계 대전이 종식한 이래 자리를 잡고 있던 유럽의 정치적 풍경이 변모되자 곧 당황과 두려움으로 바뀌었다. 동시에 값싼 노동력을 제공하려던 40년 간에 걸친 프랑스와 독일 정부의 정책, 그리고 제국의 의무를 청산하려는 영국 정부의 정책은 결과적으로 서유럽 민주주의 국가에서 정체성의 위기와 국수주의적 반응을 불러일으켰다.

오래전에 유럽 인의 영혼에서 몰아냈다고 생각되었던 민족주의, 자민족 중심주의, 인종주의의 망령이 반세기 동안의 동면을 마치고 강화되어 돌아왔다. 최후의 위대한 유럽 제국, 즉 소련 제국이 붕괴되어 자치를 추구하는 공화국이 되었으나, 그들 중 상당수는 자신들이 타도하고자 했던 소련보다 조금도 더 안정적이지 못하다. 한때 막강했던 바르샤바 조약은 더 이상 존재하지 않는다. 이를 대신하여 나타난 것은 빚에 몰려 허덕이는 일련의 정치체polity들로, 그들 자체도 종족적 갈등에 갈가리 찢긴 채 새로운 세계 질서에서의 위치를 모색하고 있다. 통일 독일도 새로운 정체성을 찾고 있으며, "독일인을 위한 독일"이라는 외침은 거리에서도 들린다. 지난 세기에 화약고였던 발칸 반도에서는 또다시 내전이 발생했다. 계속되는 이와 같은 엄청난 사건들은 동유럽 못지않게 서유럽에도 커다란 충격을 주었다. 그 결과는 유럽 인들로 하여금 자신들과 자신들의 사회, 그리고 자신들의 이웃을 어떻게 보아야 하는가에 관해 의문을 제기하게 만든 깊은 정체성의 위기이다.

"20세기 말의 중부 유럽이 19세기 말의 중부 유럽과 똑같아 보인다는 것은 얼마나 역설적인가." 1991년에 어느 오스트리아의 역사가가 한 이 말은 오늘날에 더 진실하게 들린다. 발칸 반도와 발트 해에서, 우크라이나에서, 러시아에서, 그리고 크림 반도에서 사람들은 예전처럼 또다시 민족 주권을 주장하고 있다. 사회주의라는 초민족적internationalist 기치 아래서 살기를 강요받았던 민족 공동체들은 이제 옛날의 유혈 분쟁을 새롭게 시작할 자유를 찾았다. 두 차례의 세계 대전을 촉발했던 소수 민족의 권리와 종교적, 언어적 차이와 같은 풀 수 없는 문제들이 다시 한 번 유럽의 주요 관심사가 되었다. 공산주의만 불신임받는 것이 아니라, 사회주의가 반대했던 모든 것이 이제 다시 유행하게 되었다. 이것은 단순히 자본주의와 개인주의가 득세하게 되었다는 것을 의미할 뿐만이 아니라 반유대주의와 종교적 쇼비니즘, 그리고 오랫동안 잠재해 있던 인종주의도 다시 활개를 치게 되었음을 의미한다. 폴란드의 정치가들은 누가 가장 폴란드적인

가를 두고 경쟁을 벌인다. 헝가리 인들은 동쪽의 루마니아 인들과 북쪽의 슬로바키아 인들과의 분쟁을 재개하고 있다. 세르비아 인과 크로아티아 인들은 서로를 죽이며, 둘은 모두 민족의 권리라는 이름으로 보스니아 인들을 살해한다. 세르비아 인들은 그들의 성스러운 코소보에서 알바니아 인을 제거하려는 대대적인 시도에 착수했다. 그리고 나토 공습의 공포 이후에는 코소보 인들이 그들의 압제자가 전에 그들에게 했던 것과 똑같이 소수 민족인 세르비아 인에게 잔인하게 보복을 가했다. 해체된 소비에트 연방에 흩어져 있는 민족 집단들은 정치적 자결권을 요구했다. 체첸의 공포가 미래에 있을 폭력의 전조인지에 대해서는 아직은 아무도 알 수 없다.

이 모든 민족들은 다른 소수 민족을 포함하고 있는 지역에 거주하고 있으며, 또한 대부분의 경우 그들 중 일부는 다른 민족이 지배하는 지역에서 소수 민족으로 살고 있다. 그 결과, 민족적 정체성에 근거한 정치적 자치권의 요구는 필연적으로 국경 분쟁, 소수 민족 권리의 억압, 내전으로 이어지기 마련이다. 왜냐하면 각 집단이 종족적으로 동질적인 영토 국가를 확보하기 위하여 "종족 청소"라는 소름 끼치는 작업을 벌이기 때문이다.

서유럽의 정치적 안정에 훨씬 더 위협적인 것은 전통적인 지역적 분리주의 운동의 재등장 가능성보다도 새로운 소수 민족, 특히 독일과 프랑스에 있는 소수 민족들이다.

1990년 한 독일인 동료는 나에게 향수와 우려에 젖어 "독일연방공화국Bundesrepublik[서독]은 좋은 조국이었다"라고 말했다. 새 독일이 그 자손들에게도 마찬가지로 좋을지는 확실하지 않다. 통일은 동유럽에서 온 수천 명의 피난민들이 통일 독일에 거주하고 있는 문제와 결합되어 지난 반세기에 유례가 없었을 정도의 위기를 촉발시켜, 다수 민족이 자신과 타인을 어떻게 보아야 하는지에 대해 깊이 영향을 미쳤다. 독일의 경제 기적을 창조했던 세대는 이제 은퇴하고 있으며, 본Bonn 정권 아래에서 편안하게 자라난 그들의 아이와 손자들은 풍족한 생활의 일부분을 동쪽에 있는 그들의 가난한 사촌에게 나누어 주는 데에 그다지 열의를 보이는 것 같지는 않다. 동독 사람들이 받고 있는 것은 이전에는 경제 기적Wirtschaftswunder의 소리 없는 동반자, 즉 터키와 발칸 출신 "손님 노동자"에게 주어졌던 몫이다. 이들은 이제 구동독 출신 독일 노동자들에 의해 독일에서 밀려나 프랑스와 벨기에로 쫓겨 가고 있다. 구동독 출신 노동자들은 고향에서 일자리를 잃고 서독 지역western Länder에서 대체로 낮은 수준의 일자리를 얻어야 할 형편에 처해 있어서, 독일에서 이미 기반을 잡고 있는 터키 인과 슬라브 인들을 의혹의 눈길로 바라보며, 새로운 독일에서 더 나은 삶을 찾고자 하는 폴란드 인, 루마니아 인 등 다른 사람들에 대해서는 노골적인 혐오감을 가지고 대한다. 한편 예전에는 독일연방공화국으로 갔던 연방 지원금이 구동독으로 전환되어 흘러가는 것에 대해 국가의 관대한 지원 체제에 익숙해 있던 사람들이 반발하여 반목과 긴장감이 형성되고 있다.

극단적으로, 구동독의 도시에서는 인종주의적 폭력이 부활하기도 한다. 그 정도로 극단적이지는 않지만 아마도 훨씬 더 위험스러운 반응은 누가 독일의 번영을 누릴 권리를 가지고 있는가에 대한 논쟁이 재개되고 있다는 점이다. 독일 헌법은 이미 "복귀의 권리"를 허용하여, 독일에서 태어나서 자란 터키 인보다 독일을 한 번도 본 적이 없고 독일어도 전혀 모르는 독일어권 동유럽 거주자들의 자손을 우대하고 있다. 누가 독일인인가? 이민자도 독일인이 될 수 있는가, 아니면 독일인의 정체성은 혈통의 문제, 인종race의 문제인가? 이런 질문은 전에도 제기된 적이 있었는데 그 결과는 끔찍하였다.

독일은 유럽의 변화에 가장 밀접하게 연관되어 있다. 그러나 독일의 딜레마는 가장 명확하게 드러난 것이기는 해도 결코 특이한 것이 아니다. 프랑스에서는 수백만에 달하는 무슬림 ─ 북아프리카 인의 자손과 불법적이든 합법적이든 최근에 도착한 이민자들을 모두 포함한다 ─ 의 존재가 프랑스의 민족적 정체성에 대한 재검토로 이어져 골치 아픈 결과를 낳고 있다. 프랑스가 이슬람화되는 것에 대한 두려움은 외국인을 혐오하는 프랑스 우파의 부활을 야기하였다. 그들은 자신들이 현재 유권자 3분의 1 이상의 지지를 얻고 있다고 주장하고 있는데, 그들에게 "프랑스 인"이라는 것은 정치적 범주라기보다는 인종적이며 문화적인 범주이다. 예를 들어 1991년 9월 프랑스의 전 대통령 발레리 지스카르 데스탱은 프랑스로의 이민을 침입이라고 명명하고, 프랑스 시민권을 취득할 수 있는 자격을 속지주의droit du sol에서 속인주의droit du sang로 대치하라고 주장했다.[1] 동시에 프랑스와 벨기에는 독일에서 쫓겨나 실업이나 반실업 상태에 있는 수백만의 북아프리카 인들과 경쟁해야만 하는 2차 난민들의 문제를 극복하고자 애쓰고 있다. 이탈리아와 그리스는 빈곤한 경제와 파산한 정치 제도를 피해 피난 온 알바니아 난민의 홍수에 직면하고 있다. 처음에는 국경 지대에서 벌어질 내전에 연루될 것을 두려워했던 오스트리아는 이제 루마니아, 불가리아 그리고 전前유고슬라비아에서 온 수천 명의 피난민과 이민자들을 처리하려고 애쓰고 있다. 냉전 체제 하에서 중립국의 지위를 즐기면서도 "나치 침략의 첫 번째 희생자"라는 신화에 오랫동안 젖어 있었던 이 나라에서는 강한 국수주의와 외국인을 혐오하는 요소를 지닌 정당이 세 번째로 큰 정치 세력으로 부상하였다. 유럽 공동체의 국가들은 "이민의 땅"인가, 아니면 시민권의 혜택이 "진정한" 프랑스 인, 이탈리아 인, 덴마크 인, 그리고 영국인에게만 주어져야 하는가? 이러한 질문이 제기되고 있다는 사실 자체가 불신임되었던 민족주의와 인종 차별의 의제가 죽지 않고 여전히 살아 있다는 것을 보여 준다.

유럽에서 현재 벌어지고 있는 사건들이 가장 많이 주의를 끌기는 하지만, 우리는 나머지 세계, 특히 미국조차도 이와 같은 이념적인 추세에서 자유롭지 않다는 것을 잊어서는 안 된다. 오늘날 많은 사람들이 미국을 다인종 이민 국가로 보고 있긴 하지만, 미국이 항상 이랬던 것은 아니다. 그리고 상당한 비율의 정치 지도자들은 영어와 국가적 전통에 밀접하게 연결된 민족적 정체성의 상실에 대한 두려움을 고무시킴으로써 계속 지지를 이끌어내고 있다.[2] 이것은 놀랄 일이 아니다. 우리[미국]의 제3대 대통령, 토머스 제퍼슨은 원래 미합중국의 국새國璽에 브리튼에 최초로 도착한 (그리하여 브리튼을 정복하기 시작한) 색슨 족 부족장 헹기스트와 호르사의 모사화replica를 넣고 싶어했다. 제퍼슨은 "우리의 자랑스러운 조상이며, 우리가 취한 정치적 원리와 정부 형태의 원조"가 바로 헹기스트와 호르사라고 주장하였다.[3] 지난 19세기 후반과 20세기 초에 걸친 기간 내내 이념으로서의 인종적 앵글로-색슨주의는 아일랜드 인, 남부 유럽 인, 아시아 인을 미국에서 제외하였다. 오늘날 증오의 정치가들은 영어가 유일한 공식 언어가 아닌 미국이라는 유령을 불러냄으로써 광신도적 열정에 불을 붙일 수 있다.

이 문제를 직접 목격하고, 민족주의 지도자들의 수사적 연설을 들으며, 공식적 혹은 준공식적 역사가들이 생산한 연구를 읽게 되는 중세 초를 연구하는 역사가는 약 400년~1000년경의 기간에 대한 해석이 이 논쟁에서 대단히 중심적이라는 것을 바로 깨닫게 될 것이다. 갑자기 1000년 전의 유럽 역사가 전혀 학문적인 것이 아니게 된다. 즉 로마 제국의 해체와 바바리안의 이동이 있었던 기간에 대한 해석이 전 유럽에서 정치적 논의의 축이 되는 것이다.

프랑스에서는 민족전선의 지도자인 장 마리 르펜이 자신을 "496년 클로비스의 세례로 탄생한 프랑스 민족, 거의 천오백 년 동안 민족의 영혼인 이 꺼지지 않는 불꽃을 간직해 온 프랑스 민족"의 옹호자라고 선언했다.[4] 1989년 6월 28일 세르비아의 독재자 슬로보단 밀로셰비치는 참가 인원이 백만이 넘는 것으로 알려진 집회를 "코소보 폴레Kosovo polje", 즉 "지빠귀들의 들판"에서 개최하였는데, 이곳은 1389년의 같은 날 세르비아 군대가 오스만 투르크에게 패배를 당한 곳이다. 그가 내세운 집회의 목적은 논란이 많은 이 지역에서 다시는 떠나지 않겠다는 세르비아 인의 결의를 다지는 것이었다.[5] 그러나 다수인 알바니아 인의 주장이 세르비아 인의 주장에 우선할 수도 있다. 따지고 보면 세르비아 인은 삼백 년이 채 안 되는 기간 동안만을, 즉 11세기에 비잔틴 제국으로부터 코소보를 빼앗아 정복한 이후에 그곳을 통치했을 뿐이다. 이에 비해 알바니아 인은 그 지역의 원주민이었던 고대 일리리아 인의 후예임을 자처한다. 따라서 똑같은 결정적인 논리에 따라 자신들이 코소보에 대한 "최대의 권리"를 갖고 있다는 것이다. 이런 주장과 반론은 곧바로 코소보 전쟁이라는 참사를 일으켰는데, 이 참사는 이 책이 출판에 들어갔을 때도 결코 종식되지 않았다.

민족주의 정치 지도자들만이 정치를 위해서 역사를 가지고 장난치는 것은 아니다. 과거를 논쟁에 이용하는 데 명망 있는 학자들도 끌어들여진다. 트란실바니아 ——11세기에 헝가리 인들은 요새를 세웠고, 12세기에는 색슨 족이 정착했으며, 터키, 합스부르크 가家, 그리고 헝가리 인들이 지배하다가 1920년 이후에는 루마니아의 일부분이 된 지역 —— 에서는 정치적 합법성에 대한 논쟁이 9세기 역사에 대한 해석을 둘러싸고 전개되고 있으며, 전문 역사학자와 고고학자들도 부분적으로 이 논쟁에 참여하고 있다. 말을 타고 유목 생활을 하던 마자르 족이 "토착 로마 인들"이 잘 살고 있던 지역에 도착했던 것일까, 아니면 슬라브 족 침입자들에 의해 이미 황무지가 되어 버린 지역에 도착한 것일까? 루마니아 인들은 얼마 되지 않는 고고학적 증거를 해독하여 전자의 견해가 맞다라고 대답한다. 그들은 자신들의 조상 블라키아 인들이 로마 시대 이래로 이 지역에서 거주했으며, 따라서 천 년 동안 지배권을 상실했음에도 불구하고 이 지역에 대한 합법적 권리를 가지고 있다고 주장한다. 반면에 헝가리의 대표적 고고학자와 역사가 들은 증거에 의하면 마자르 족이 이 지역에 도착했을 때는 로마 사회의 잔재들은 이미 오래전에 사라져 버렸으며, 따라서 트란실바니아는 마땅히 헝가리에 속해야 한다고 주장한다. 중세 연구가 현대 정치에 얼마나 쉽게 연루되는지를 보여 주는 또 다른 예는 오스트리아의 우익 정치가 조르크 하이더의 고향인 케른텐(혹은 카린티아) 지방에서 발견된다. 최근에 케른텐 남동부에서 발굴된 산악 요새는 6세기에 슬라브 족이 거주했다는 증거인가, 아니면 토착 "로마 인"들이 방어를 위해 쌓은 요새의 잔재인가? 오스트리아의 한 고고학자가 공개적으로 전자의 가설을 지지했을 때 그는 케른텐의 우익 정치가들에게서 경고를 받았다. 그들은 그러한 가설이 슬라브 족이 케른텐에 대한 권리를 가지고 있다는 견해를 정치적으로 지지하는 것으로 간주했던 것이다.

그러한 예들은 유럽 어디에서나 얼마든지 찾아낼 수 있다. 정치적 논쟁의 중심에 서는 것에 익숙하지 않았던 중세 초를 연구하는 역사가들은 자신들이 연구하는 역사의 시기가 갑자기 과거를 차지하기 위한 경쟁에서 극히 중요하게 되고 그들의 수사적 표현이 현재와 미래에 대한 권리를 주장하는 데 이용되고 있는 것을 발견하게 된다.

불행히도 정책 입안자들은 물론 심지어 대부분의 동유럽과 서유럽의 학자들조차 일반적으로 이 시대에 대해 거의 알지 못하며, 유럽 사회를 존재하게 만든 종족 탄생ethnogenesis의 실제 과정에 대해서는 더 더욱 알지 못한다. 아마도 다른 어떤 시대의 역사도 이 시대처럼 모호하지 않으며, 민족주의자와 국수주의적 학자에 의해 모호하게 되지도 않을 것이다. 바로 이러한 모호함 때문에 이 시대가 쉽사리 종족적 민족주의자들의 선전에 손쉬운 희생물이 되는 것이다. 아무도 제대로 아는 사람이 없기 때문에 이동의 시기를 거리낌 없이 도용한 주장이 가능한 것이다. 일단 이 시기에 투영된 전제가 받아들여지게 되면, 정치 지도자들은 자신들의 정치적 의제에 맞추어 정책적 함의를 뽑아낼 수 있다.

고대 말의 민족 이동과 오래전에 사라진 중세 왕국들에 대한 언급에 의해 정당화된 이러한 주장들은 동유럽의 정치적 실체뿐만이 아니라 서유럽의 정치적 실체 또한 크게 위협한다. 유럽 공동체가 리투아니아 인들의 "권리"는 인정하지만, 코르시카 인들의 권리는 인정하지 않을 수 있을까? 유럽 공동체가 보스니아에 대한 세르비아 인들의 침략은 비난하면서 아일랜드에 대한 영국의 침략과 바스크에 대한 스페인의 침략은 비난하지 않을 수 있는가? 만약 몰다비아 인들과 슬로베니아 인들이 자신들만의 주권 국가를 가질 권리를 가지고 있다면, 플랑드르 인, 카탈루냐 인과 소르브 인Sorbs은 왜 안 되는가? 만약 벨로루시와 같이 오랫동안 소비에트 연방에 통합되어 있었던 지역에서 갑자기 민족적 자각이 일어날 수 있다면, 이러한 인식이 바이에른, 브르타뉴, 프리슬란트, 사르데냐, 그리고 스코틀랜드에서도 또한 가능하지 않겠는가?

많은 사람들은 브린디시에서 수천 명의 알바니아 난민들이 일으켰던 폭동 장면을 방송으로 보고, 루마니아 집시들이 베를린 거리에서 구걸하는 모습들을 보면서, 그것이 지스카르 데스탱이 말했던 바로 그 동유럽 인들의 침략, 즉 배고픔, 내전, 무정부 상태로 인해 절망에 빠진 사람들이 서유럽으로 밀려들어오는 것이 아닐까 두려워한다. 즉 서유럽이 천 년 동안 경험하지 않았던 '대규모 민족 이동Völkerwanderung'이 아닐까 두려워한다. 적어도 이번에는 코소보 인들이 알바니아와 마케도니아의 난민 캠프에서 코소보로 되돌아갈 수 있었다. 앞으로 어떤 "민족"이 종족 갈등과 현대 무기에 의해 조상의 보금자리에서 쫓겨난다면 과연 그들도 이번만큼 운이 좋을 수 있을까? 그들을 맞이하는 주인들이 그들을 영구적인 손님, 그래서 점점 더 반기지 않는 손님이라 생각하지는 않을까?

그렇지만 유럽 역사에서 이와 같은 대규모 이동은 예외라기보다는 법칙이었다. 오늘날의 유럽이 수많은 언어와 전통 그리고 문화적, 정치적 정체성을 가진 주민들로 이루어진 것은 이 같은 수많은 이동의 결과이다. 아마도 최초로 이주한 집단은 인도-유럽 어라고 알려진 언어를 말하는 사람들이었을 것이다. 그들은 그리스, 발칸 반도, 그리고 이탈리아의 토착 주민들을 대체하거나 흡수하였다. 다음에 등장한 것은 또 다른 인도-유럽 어족인 켈트 족이었다. 그들은 기원전 6세기에 도래하여 토착 유럽 주민을 밀어내고 흡수하고 때로는 제거하면서 오늘날의 체코슬로바키아, 오스트리아, 남부 독일, 그리고 스위스에서 아일랜드까지 널리 퍼져 나갔다. 결국 남부 프랑스와 북부 스페인의 바스크 족만이 유일한 생존자로 남게 되었다. 기원전 1세기부터는 게르만 인들이 켈트 족을 동부로부터 라인 강 쪽으로 밀어내기 시작하였다. 그러나 그들과 켈트 족은 또 다른 침략자와 대항하게 되었다. 그것은 다름 아닌 로마 제국으로, 그들은 소아시아와 북아프리카에서 그랬던 것처럼 대부분의 유럽을 정복하고 로마화하였다. 3세기에 게르만 인과 중앙아시아 인들이 새로이 이동을 개시하였다. 결론적으로 그들은 로마 제국의 체제를 모자이크처럼 점점이 들어선 여러 왕국으로 대체하였다. 동쪽에서는 슬라브 족 무리들이 알프스, 카르파티아 유역, 발칸 반도, 그리고 그리스로 침투하였다. 첫 번째 천 년 마지막 주요 인구 유입의 사례는 마자르 족이 다뉴브 평원에 도래한 것과 노르망디와 북부 잉글랜드에 스칸디나비아 인들이 도착한 것이었다. 비록 많은 학자들이 "대이동의 시대"가 첫 번째 천 년이 종식되면서 함께 끝난 것처럼 말하지만, 실제로 마지막 이동은 13세기에서 16세기에 걸쳐 그리스와 발칸 반도에 도래한 터키 인이 기록하였다. 세 번째 천 년이 시작되는 지금도 유럽은 여전히 이 이동기의 여파를 느끼며 살고 있고, 또 다른 이동을 두려워하고 있다. 비교가 명시적으로 이루어지기도 한다. 《르 몽드》에 실린 기사에서 프랑스 저널리스트이자 논평가인 클로드 알레그르는 나의 책, 《메로빙거 세계: 한 뿌리에서 나온 프랑스와 독일Before France and Germany》 ── 마케팅을 위해 프랑스 출판사는 책 제목을 얄궂게도 《프랑스의 탄생》이라 붙였다 ── 의 서평에서 "통제될 수 있다고 추측했던 이동으로 인해 난공불락으로 보였던 세계가 어떻게 내부로부터 격렬하게 폭발했는지"를 알기 위해서는 나의 책을 읽으면 되리라고 말했다.[6] 추측컨대 현재의 역사를 로마 제국 멸망의 재현으로 보면서 현재의 유럽 문명이 새로운 야만인의 무리에 의해 파괴되는 것을 막을 수 있는 방법을 과거의 교훈에서 찾기를 희망하는 사람이 있는 것 같다.

종족 형성과 이동이 일어났던 이러한 초기 시대를 상당 기간 동안 연구한 역사가라면 누구라도 정치적으로 의도된 민족주의나 인종주의의 발전을 염려와 경멸을 가지고 바라볼 수밖에 없다. 이러한 이데올로기를 정당화하기 위해 역사가 도용되거나 왜곡될 때는 특히 그럴 것이다. 이 같은 사이비 역사가들은, 첫째 유럽 민족들은 별개의 안정된, 그리고 객관적으로 입증될 수 있는 사회적, 문화적 단위이며, 애매하지 않고 변화하지 않는 언어, 종교, 관습, 민족적 특성에 의하여 서로 구별된다고 상정한다. 그들은 이 민족들이 불가능할 정도로 먼 선사 시대에 형성된 것으로 믿거나, 아니면 민족 탄생의 과정이 중세의 어느 시점에 일어났으나 그때에 영구히 종식된 것으로 믿는다.

둘째, 민족적 주장은 특정한 민족 집단에 속하는 모든 사람들의 정치적 자치권, 그리고 그것과 동시에 그 민족이 그들의 역사적 영토를 통치할 권리를 요구한다. 그런데 그 영토는 지금 그곳에 누가 살고 있는지에 관계없이, 대체로 중세 초 왕국이 차지했던 지역에 기초하여 결정된다고 본다. 이와 같은 두 기준에 따라 리투아니아 인들은 자신들의 자치권을 요구하면서 폴란드 인과 러시아 인을 억압한다. 마찬가지로 세르비아 인들은 보스니아에서 무슬림이 거주하고 있지만 역사적으로 "세르비아" 지역인 곳과 크로아티아에서 세르비아 인이 [현재] 거주하고 있는 지역 모두를 차지해야 한다고 주장한다. 그 기준에 따라 아일랜드공화국군대IRA는 [현재] 아일랜드 남부에서는 다수의 지배를, 북부에서는 소수의 지배를 요구할 수 있게 된다. 이러한 주장에는 "최초 획득primary acquisition"의 시기 — 게르만 인에게는 1세기, 프랑크 족에게는 5세기, 크로아티아 인에게는 6세기와 7세기, 헝가리 인에게는 9세기와 10세기 등 — 가 있었으며, 바로 그 시기에 영토의 합법적 소유에 대한 지리적 경계가 단번에 최종적으로 결정되었다는 의미가 내포되어 있다. 이러한 순환적 추론을 따르게 되면, 이 최초 획득의 순간 이후에 발생한 유사한 이동, 침입, 혹은 정치적 흡수는 모두 불법적인 것이 된다. 많은 경우에 이것은 1500년의 역사가 말살되어야 한다는 것을 의미한다.

이에 못지않게 걱정스러운 것은 국제 사회가, 미국과 같은 다원적 사회도 포함해서, 민족은 객관적 현상으로 존재하며, 민족이 존재한다는 것 자체만으로도 그 민족은 자치의 권리를 가진다는 기본적 전제를 상당한 정도 받아들인다는 것이다. 다른 말로 표현하자면, 우리는 어쨌거나 정치적, 문화적 정체성은 통합되어 있으며, 또 그래야 할 권리가 있다고 상정한다. 그런 식이라면 리투아니아 인과 크로아티아 인들이 각기 그들만의 언어, 음악, 의복을 가지고 있다면, 그들은 의회와 군대를 가질 권리도 가져야 할 것이다. 정말이지 국제 사회는 종족 간의 전쟁과 같은 고대의 종족적 반목이 초래한 필연적인 결과들을 제한하기 위해 노력해야겠지만, 민족이 자치의 권리를 고래부터 가지고 있었다는 원칙에 대해서는 거의 아무런 의문도 제기하지 않고 있다. 실제로 여기서 더 나아갈 수도 있다. 즉 고래부터의 민족적 권리와 그로 인한 유혈 분쟁의 상속은 미국과 서유럽의 고립주의자에게 모두 유용하게 쓰인다. 이 민족들이 "항상" 서로를 미워했다면, 그리고 그들의 정체성과 반목이 고정되어 변화될 수 없는 것이라면, 그때에는 이러한 전쟁을 수습하기를 기대하고 개입하는 것은 부질없다는 것이다. 국제 사회는 종족적 민족주의를 혐오한다고 고백한다. 하지만 그러면서도 종족적 민족주의의 수사를 끌어안아 종족적으로 "순수한" 국가의 창조를 대량 인명 학살에 대한 유일한 대안으로 정당화하고 있다.

실제로 유럽의 민족이나 그들이 가졌다는 정치적 자치권에서 특별히 고대의 것이라 할 만한 것은 아무것도 없다. 유럽이 현재 동유럽과 중부 유럽에서 목격하고 있는 주권에 대한 주장은 19세기의 창조물로, 그 세기에 루소와 헤겔의 낭만주의 정치 철학이 "과학적" 역사 및 인도-유럽 어 문헌학과 결합되어 종족적 민족주의가 생산되었던 것이다. 이러한 사이비 과학은 유럽을 두 번이나 파괴했으며, 아마 한 번 더 파괴할 수 있을지도 모른다. 유럽의 민족은 현대 민족주의자들이 상상하는 것보다 훨씬 더 유동적이고 복잡하며 역동적이었다. 천 년이 지난 후에도 민족의 이름들은 친근하게 들릴지 모르지만 이 이름들에 담겨 있는 사회적, 문화적 그리고 정치적 실체는 오늘날의 그것과는 근본적으로 다르다. 이러한 이유 때문에 우리는 유럽 인에 대한 새로운 이해가 필요하며, 그중에서도 유럽 정체성의 형성기였던 첫 번째 천 년에 대한 이해는 특히 더 필요하다. 우리는 또한 수백만 명의 사람들을 거리로 불러내고 있으며, 20세기에는 수백만 명의 사람들을 무덤으로 보냈던, 물려받은 전통들이 어떻게 불과 1세기 남짓한 기간 전에 형성되었는지 이해할 필요가 있다.

아래의 장들에서는 이러한 새로운 이해가 개괄적으로 제시될 것이다. 우리는 먼저 근대 종족적 민족주의의 기원과 18, 19세기의 근대 역사 연구에 대해 간단히 검토할 것이다. 그리고 유럽 인들이 기원전 5세기부터 고대 말의 시대까지 자신들을 구별하고 분류하기 시작하면서 사용했던 지적, 문화적 범주들의 발전을 간략하게 살펴볼 것이다. 그런 다음에야 비로소 고대 말과 중세 초라는 결정적 시기, 즉 사이비 "최초 획득의 시기"에 "유럽의 민족"들이 형성되고 발전했던 역사적 환경을 검토할 수 있을 것이다. 그 시기는 유럽 신화에 다시 한 번 불쑥 모습을 드러내고 있으며, 전 세계적으로 "민족" 문제를 다룰 때에 지도적 원칙 중의 하나가 되어 버렸다. 유럽 민족의 형성에 대한 명확한 이해가 민족주의적 긴장을 완화시킨다거나 계속되고 있는 증오와 유혈 사태를 억제할 수 있으리라고 기대할 정도로 순진한 사람은 없을 것이다. 기껏해야 우리는 유럽이나 중동, 아니면 그 밖의 지역에서 이 같은 역사의 도용에 근거한 요구를 현실화하는 데 기여해 줄 것을 요청받고 있는 사람들이 그것에 대해 좀 더 회의적이기를 바랄 수 있을 뿐이다. 이것조차 실패할지 모르지만, 역사가들은 나서서 발언해야 할 의무가 있다. 비록 그것마저 무시되는 한이 있더라도 말이다.

1장 | 유해한 풍경 : 19세기의 종족과 민족주의

근대 역사는 유럽 민족주의의 도구로서 잉태되어 발전된 것으로 19세기에 태어났다. 민족주의 이데올로기의 도구로서 유럽 민족의 역사는 대성공이었다. 하지만 그것은 과거에 대한 우리의 인식을 종족적 민족주의의 독으로 가득 찬 유독성 쓰레기 더미로 만들었으며, 그 독은 대중의 의식 깊숙이 스며들었다. 이 쓰레기 더미를 청소하는 일이 오늘날 역사가가 당면한 가장 어려운 도전일 것이다.

중세 초 유럽에 거주했던 민족들의 진정한 역사는 6세기가 아니라 18세기에 시작되었다. 이것은 먼 과거에 살았던 사람들이 민족의식이나 집단적 정체성을 가지고 있었음을 부정하는 것이 아니다. 하지만 지난 두 세기의 지적 활동과 정치적 대립은 사회적, 정치적 집단에 대한 우리의 사고방식을 완전히 바꿔 놓아서 우리는 이 멀지 않은 과거에 방해받지 않고서는 중세 초의 사회적 범주에 대해 "객관적인" 견해를 가지고 있는 척하기조차 어렵다. 우리가 일반적으로 이해하고 있는 것과 같은 종족적 민족주의는 어떤 의미에서 이처럼 근래에 만들어진 것일 뿐만 아니라, 앞으로 보게 되겠지만, 우리가 과학적 역사 작업을 수행하려 시도할 때 사용하는 바로 그 분석 도구도 넓게 보아 민족주의와 민족주의적 선입견의 풍토 내에서 창안되고 완성된 것이다. 근대적 역사 연구 및 기술記述 방법은 중립적 학문의 도구라기보다는 민족주의적 목적을 신장시키기 위해 특별히 개발되었다. 탐구의 목표와 방법 모두가 의심스러우므로 그것들이 창안된 과정을 간략히 검토함으로써 애초부터 우리의 연구가 주관적 성격을 띨 수밖에 없음을 인정하는 것이 올바를 것이다.

종족적 민족주의와 혁명의 시대

18세기와 19세기 초에 민족주의가 출현한 것에 관한 이야기는 많이 이야기되었다. 민족에 근거한 오늘날의 민족 국가들은 19세기 지식인과 정치인들의 창의적 노력에 의해 만들어진 "상상된 공동체"로 묘사되고 있다.[1] 그들은 예전의 낭만적인 민족주의적 전통을 정치적 프로그램으로 전환시켰던 것이다. 수많은 저서와 논문 ―― 그중에는 학문적인 것도 있고, 일반 대중을 위한 것도 있다 ―― 들은 민족적 정체성에서 스코틀랜드의 격자무늬 어깨걸이에 이르는 "오랜 전통"이라는 것이 사실은 정치인이나 사업가들이 최근에 만들어낸 냉소적인 창안물이라고 주장한다. 이러한 성격 규정에는 상당한 진실이 담겨 있다. 그러한 주장은 고대의 것이라는 이데올로기를 정교화하는 데에 가까운 과거에 개인이나 집단이 행한 결정적인 역할에 관심을 가지게 만들기 때문에 특히 그러하다. 하지만 이와 동시에 이 공동체들이 어떤 의미에서든 "상상된 것"이라는 이유로 그것들을 버리거나 사소한 것으로 여겨야 한다거나, 아니면 "어떻든 상상된 것"이라는 것이 "공상적"인 것이나 "중요하지 않은" 것의 동의어라고 말하는 것은 어리석은 짓이다. 첫째, 19세기 낭만주의자와 민족주의자들의 노력에 힘입어 민족에 기초한 특정한 형태의 근대 민족 국가들이 탄생되긴 했지만, 이것이 다른 형태의 상상된 민족들이 과거에 존재하지 않았음을 의미하지는 않는다. 이들 또한 형태는 달랐더라도 근대 세계의 민족 못지않게 강력했다. 19세기의 학자, 정치가, 그리고 시인들은 단순히 과거를 만들어 낸 것이 아니었다. 그들은 이미 존재하고 있던 전통, 문서 자료, 전설, 그리고 신념 들을 이용하여 과거를 만들어 냈다. 그들은 다만 정치적 통합이나 자치를 이루어 내기 위해 새로운 방법으로 그것들을 활용했던 것이다. 둘째, 비록 이 공동체들이 어떤 의미에서는 상상된 것이었지만, 그것들은 대단히 실질적이며 매우 강력한 것이었다. 모든 중요한 역사적 현상은 어떤 의미에서 심리적인 것이며, 아마도 흑사병을 제외하고는 어떠한 심리적 현상 —— 종교적 극단론에서 정치적 이데올로기까지를 포함한다 —— 도 이보다 더 많은 사람을 죽이지는 않았을 것이다.

　　민족주의가 강력한 정치 이념으로 출현하게 되는 구체적 과정은 유럽 및 그 너머에서 지역마다 달랐다. 독일처럼 정치 조직이 결여되어 있었던 지역에서는 민족주의가 국가 권력을 창조하고 증대시키기 위한 이념을 제공하였다. 프랑스나 영국 같이 큰 국가에서는 정부와 〔민족주의〕 이데올로그들이 먼 과거까지 뻗어 있다고 주장할 수 있는 통합된 민족의 역사나 동질적 언어와 문화를 옹호하기 위해 소수 민족의 언어와 문화적 전통, 그리고 과거에 대한 다양한 기억들을 무자비하게 억압하였다. 합스부르크나 오스만 제국과 같은 다민족 국가에서는 자신을 억압받는 소수 민족의 일원으로 여기는 개인들이 그들만의 독립된 문화 생활에 대한 권리뿐만 아니라 그 결과 정치적 자치권도 가져야 한다고 주장하기 위해 민족주의를 이용하였다.

　민족주의 이데올로기가 어떻게 독립 운동, 특히 동유럽 및 중부 유럽에서 독립 운동을 일으키는가에 대한 상당히 전형적인 설명에서는 이러한 상상된 공동체가 창조되는 과정에 세 단계가 있다고 가정한다.[2] 첫 번째 단계에서는 소수의 "개명한" 지식인들이 피지배 민족의 언어, 문화, 역사를 연구한다. 둘째 단계에서는 "애국자들"이 학자들의 생각을 전 사회에 전달하여 퍼뜨린다. 마지막 단계에서는 민족주의 운동이 대중화되어 정점에 도달한다.[3] 약간의 차이는 있지만 이 과정은 18세기 독일에서부터 19세기의 오스만, 합스부르크, 그리고 러시아 제국을 거쳐 궁극적으로 20세기에 식민지 및 탈식민지 시대의 아시아, 아프리카 그리고 아메리카 대륙에서 일어났다.

　민족주의를 연구하는 대부분의 연구자들은 민족적 자각과 정치화에 관한 이러한 일반적 설명에 대해 이의를 제기하지 않을 것이다. 하지만 기원에 대한 "개명한" 지식인들의 견해가 이미 존재하고 있는 피지배 민족을 단순히 인정한 것인지 아니면 이 지식인들이 자신들이 연구하는 바로 그 민족을 창안했는지의 문제를 두고 뜨거운 논쟁이 전개되었다. 예를 들어 크로아티아의 역사가 이보 바나츠는 대부분의 역사가와는 달리 다음과 같이 주장하였다. "이데올로기가 받아들여지기 위해서는 그것이 현실에서 전개된 것이어야 한다. 민족주의는 어떠한 집단이 종속되는 상황에 대처할 수는 있지만 상황을 만들어 낼 수는 없다."[4] 한 수준에서는 그의 견해가 분명히 옳다. 만약 개인들이 종속과 차별을 경험하지 않았다면 그것을 고치겠다는 그들의 약속은 그리 효과적이지 않을 것이다. 하지만 다른 측면에서 바라본다면, 그런 식의 공식화는 잠재적으로 위험스러운 것일 수도 있다. 그것은 그 집단 —— 말하자면 잠재적 민족 —— 은 지식인들이 인식하기 이전에 존재하고 있었으며, 종속의 조건은 어떤 특정 집단에게 특별한 것이며, 민족주의는 이 모든 질병을 치료하는 데 가장 적절함을 의미한다. 바꿔 말하면 민족주의는 [어떤 집단이 종속되는] 상황을 만들어 낼 수 없지만 민족 자체는 분명히 만들어 낼 수 있다. 19세기 정치의 장에서 오랜 귀족적 질서의 명백한 붕괴를 보면서 지식인과 정치인들은 혁명과 낭만주의의 영향을 받아 새로운 민족을 창조하였다. 그런 다음 그들은 그 민족을 중세 초의 먼 과거에 투영하였다.

근대 민족주의가 태어난 지적 배경은 애초에 유럽, 특히 프랑스와 독일의 학문적 엘리트들의 고대 세계에 대한 매혹이었다. 고전 문화와 문명에의 매혹 —— 그것은 특히 네덜란드와 프랑스, 그리고 괴팅엔과 같은 독일의 대학에서 배양되었다 —— 은 자기 인식과 정체성에 대한 근본적인 반전反轉의 장을 마련하였다. 그래서 사회적 정체성이 아주 달랐던 수세기는 일소되어 버렸다.

민족주의 이전의 집단 정체성

중세 전성기와 르네상스 초기 동안, "민족" ── 종교, 친족, 영주권, 그리고 사회 계층과 함께 ── 은 정치적으로 활발한 엘리트들에게 그들 자신의 정체성을 확인하고 공동 행동을 조직케 하는 하나의 방법을 제공하였다. 그러나 한 민족에 속한다는 의식이 이러한 유대 중에서 가장 중요한 것은 아니었으며, 공통의 민족적 정체성에 의해 상층민과 하층민, 영주와 농노가 하나의 긴밀한 이해 공동체로 통합되지도 않았다. 지식인과 사회의 엘리트들이 민족적 정체성을 대이동기의 먼 과거에 투영함으로써 자신들의 자아 정체성을 찾으려는 시도는 더 더욱 없었다. 먼 과거에서 연대감을 찾으려 했다면, 그들은 차라리 의식적으로 로마의 사회와 문화에 일체감을 느꼈다.

하지만 르네상스부터 점차로 프랑스, 독일 그리고 동부 유럽의 지식인들은 로마의 제국적 팽창의 희생자인 갈리아 인, 게르만 인, 그리고 슬라브 인과 공감하기 시작하였다. 이러한 정체성의 변화는 그것의 방향을 결정하는 정치적 맥락 내에서 일어났다. 군주정에서 확고부동한 연속성을 경험한 르네상스 시대의 프랑스에서, 국가의 실체는 결코 의심받지 않았지만 단일 프랑스 민족의 존재는 의문시되었다. 반면 독일에서는 9세기 이래로 작가들이 독일 민족에 대해 간혹 언급하기도 했다. 그러나 독일이라는 통일 국가가 존재하지 않았기 때문에 독일의 문화적 전통과 일체감을 느낀다고 해서 그것에 상응하는 정치적 전통이 반드시 있어야 한다고는 생각하지 않았다. 폴란드와 같은 다른 지역에서는 귀족들이 "민족" 의식을 자신들만의 배타적인 영역으로 주장하였다. 귀족들은 자신들의 토지를 경작하는 농민들과 거의, 아니 전혀 유대감을 느끼지 않았다.

프랑스의 정체성과 관련된 프랑스 테제는 절대 왕정과 그것에 대한 귀족 혹은 민중의 반대라는 맥락 안에서 발달했다. 통치의 권리를 두고 왕과 귀족, 즉 제1신분들 사이에서 논쟁이 벌어졌다. 왕과 귀족들 모두 자신들 요구의 근거로 삼았던 것은 율리우스 카이사르 이후로 평민 혹은 제3신분은 노예의 종족 — 정복되어 자유를 잃어버린 갈리아 인 — 이고, 그래서 저급한 주민이므로 그들은 정치적 자결권을 가지지 못한다는 주장이었다. 이러한 성격 규정은 다양한 지적 구조물로 농노제를 정당화했던 중세의 옛 전통에 근거하여 확립된 것이었다. 여기서 농민은 거의 인간 이하로 취급되었으며, 그들의 신분은 세습되었다.[5] 대조적으로 귀족은 갈리아 인의 후손이 아니었다. 차라리 그들은 프랑크 족의 후예, 즉 갈리아로 들어와 로마 귀족들과 싸워 이기고 그들을 내쫓은 후 통치권을 확립한 "자유" 전사들이었다. 그러한 주장의 근거가 되었던 것은 1세기의 로마 역사가 코르넬리우스 타키투스가 제시했던 이미지였다. 그는 자기 시대의 로마 인과의 비교를 통해 자유 게르만 인을 칭송했다. 그러한 주장은 또한 프랑스 민족nation française의 자유 게르만적 정체성을 강조하기 위해 투르의 그레고리우스의 저작을 비롯한 중세 초 자료를 특별하게 읽을 것을 요구하였다.

실질적으로 누가 통치할 권리를 가지고 있는가 — 왕인가 아니면 집단으로서의 귀족인가 — 가 논쟁의 주안점이었다. 1588년, 왕 측 선전가 기 드 코키유는 카페 왕조의 시조로 모든 프랑스 왕의 시조인

위그 카페의 조상은 색슨 족이라고까지 주장하였다. 이러한 색슨 게르만적 배경이 왕위 계승자를 "진정한 프랑스 인vrai française"으로 만들었다는 것이다.[6] 18세기에 루이 드 생시몽, 프랑수아 드 살리냑 드 페늘롱, 앙리 드 불랭빌리에와 같은 귀족들은 고대 말 갈리아의 거주민들이 기본적으로 노예였다는 데 의견의 일치를 보았다. 5세기에 자유 프랑크 족 전사들은 정복자의 권리로 갈리아를 획득하였다. 그들만이, 그리고 그들의 후예인 귀족이 진정한 프랑스 인이었다. [그러므로] 왕은 샤를마뉴의 시대에 그랬었던 것처럼 귀족과 권력을 공유해야 한다는 것이다.

폴란드에서도 유사한 전통이 발전했는데, 그곳에서는 엘리트들이 자신들이 슬라브 족의 후예라는 사실을 완전히 부인하고자 했다. 16세기 중반부터 폴란드의 연대기 작가들은 폴란드 엘리트들은 농사를 짓는 슬라브 족 농민이 아니라 그리스와 로마의 민속학자들이 언급했었던 고대 스텝 지역 유목민인 사르마티아 인에게서 정체성을 찾아야 한다고 주장하였다.[7] 17세기가 되면 사르마티아 기원설은 슐라흐타[szlachta: 폴란드 의회의 하원을 구성하는 젠트리] 엘리트들이 사회적 하층 계급과 자신들을 종족적으로 구별하는 수단이 되었다.[8]

혁명적 민족주의

프랑스 혁명은 과거에 대한 이러한 시각을 완전히 바꾸었으면서도, 바뀐 것은 아무것도 없었다. 특히 프랑스에서 당시 혁명기의 대중 선전은 프랑크 족과 갈리아 족의 이분법적 도식을 받아들이지만, 그것에서 추론된 가치를 정반대로 뒤집었다. 프랑스 혁명 이론가인 아베 시에예스는 그의 영향력 있는 제3신분에 관한 팸플릿에서 귀족이 게르만 족에서 유래했음을 받아들였다. 그러나 그는 이것이 그들을 프랑스 외부에서 온 정복자로 만들었다고 주장했다. 진정한 프랑스 인, 즉, 갈리아 인의 후예들은 처음에는 로마 인들 밑에서, 그 다음에는 프랑크 족 밑에서 이방인의 노예라는 멍에를 지고 살아야 했다는 것이다. 그는 이제 이방인 종족인 프랑크 족을 프랑켄의 숲으로 돌려보내고 프랑스를 진정한 주인인 제3신분에게 돌려주어야 할 때라고 주장하였다.

그러나 이 같은 민족주의적 주장은, 각 민족의 독립과 자치권을 선언하면서도 "민족"이 언어, 종족, 또는 기원에 의해 규정될 수 있음을 부정하는 공식적인 혁명 이념에 어긋났다. 오히려 〔혁명 이념은〕 특정의 이익에 반하여 공동의 선을 추구하고, 공화국의 자유와 법을 기꺼이 수용하려는 의지만이 필요하다는 것이다.[9] 그럼에도 불구하고 좀 더 실질적인 차원에서는 모두가 공유하는 문화적 전통, 특히 프랑스 어에 구현된 전통만이 프랑스 민족을 규정한다는 생각이 은연중에 그대로 남아 있었다.

독일 민족주의의 선각자인 요한 고트프리트 헤르더와 괴팅엔 학파 역사가들 역시 타키투스식 신화를 이용하였으나, 처음에는 정치적 통일을 미리 예상하지도 요구하지도 않은 채 언어적, 문화적 통일의 맥락에서 이용하였다. 15세기 말에 타키투스의 《게르마니아》가 재발견된 이래 휴머니스트들은 자유롭고 순수한 게르만 인의 이미지에 매혹되었다. 콘라트 켈티스의 《게르마니아 주해Germania illustrata》(1491년)에서 야코프 빔플레링의 《게르마니카 요약집Epitome rerum Germanicarum》, 그리고 하인리히 베벨의 《게르마니아의 속담Proverbia Germanica》 등에서 작가들은 독일의 통일과 역사를 찾고자 했다. 하지만 이 통일은 순전히 문화적인 것일 뿐 정치적인 것은 아니었다. 독일어권 지역은 한 번도 문화적으로 동질적인 하나의 왕국으로 통일된 적이 없었다. 중세에서도 "신성 로마 제국"에는 항상 슬라브 어권과 로망스 어권의 주요 지역이 포함되어 있었다. 게다가 종교 개혁이 초래한 뿌리 깊은 분열과 30년 전쟁의 재앙으로 인해 적어도 19세기까지는 정치적, 사회적 통일은 이러한 문화적 관점의 영역 밖에 남아 있을 수밖에 없었다.[10]

그럼에도 정치화가 이루어졌을 때 정치적 동원을 위한 무서운 도구가 될 여러 특질들이 이 문화적 민족주의 속에서 모습을 드러냈다. 이 특질 중에는 기원후 9년 아르미니우스가 로마의 장군 바루스와 그의 군대를 토이토부르거 숲에서 물리쳤을 때인 1세기에 이미 독일 "민족"이 존재했었다는 믿음도 포함된다. 이 문화적 민족주의자들은 또한 독일어를 찬양하였다. 그들은 독일어가 독일의 정체성을 구현했다고 보고, 이 유산의 진가를 유지하고 강화하기 위한 수단으로 교육의 중요성을 강조하였다.

독일 "민족"의 존재에 대한 이러한 믿음에는 정치적 사명, 특히 팽창주의적 요소가 들어 있지 않았다. 헤르더의 생각에 정치적 요소가 결여되어 있었음을 보여 주는 증거로 독일뿐만이 아니라 정말로 모든 민족체가 자체의 재능에 맞추어 발전할 자격이 있다는 사상만큼 강력한 것은 없다. 슬라브 족에 대한 그의 열정은 아마도 독일인에 대한 열정보다 더 컸던 것 같다. 그는 슬라브 족에게 "쇠퇴하는 라틴-게르만 문화"를 그들의 문화로 대체할 것을 촉구하였다. 그러나 헤르더와 괴팅엔 학파의 "민족주의"는 정치적 행동의 민족주의가 아닌 문화의 민족주의로 남았다.

독일의 정치적 민족주의는 프로이센이 프랑스에 패배하여 라인란트가 점령된 것에 대한 반응으로 나폴레옹 시대에 서서히 출현했다. 궁극적으로 민중의 반란을 기대하며 프랑스에 대한 민중의 저항을 창조하고자 했던 주요 배후 세력은 프로이센의 재상 프라이헤르 폰 슈타인(1804~1808년 재임)이었다. 그는 시인과 작가들에게 일단 프랑스가 축출되면 통일된 독일 민족의 이미지 형성에 기여해 줄 것을 촉구하였다. 이 독일 민족의 지리적 경계는 물론 분명하지 않았다. 예전의 신성 로마 제국 중 25%만이 독일어 사용 지역이었다. 프로이센에서는 독일어를 포함해 여섯 가지의 서로 다른 언어가 사용되고 있었다. 폴란드 어, 라트비아 어, 루시타니아 어, 그리고 에스토니아 어 등이 사용되었으며, 많은 지식 계급은 프랑스 어를 사용하였다. 독일어 사용 지역도 정치뿐만이 아니라 방언의 차이, 종교, 그리고 30년 전쟁으로 거슬러 올라가는 적대감의 역사에 의해 분열되어 있었다. 게다가 프로이센의 왕조차도 교육적 역할이나 정치적 역할에 민중을 끌어들이려는 대중 운동을 경계하였다.

그리하여 프리드리히 고트리프 클롭슈토크, 헤르더 그리고 고트홀트 에프라임 레싱 같은 작가들이 문화적 통일을 선언했을 때 처음에는 아무런 정치적 반향이 없었다. 독일의 군주들은 정치적 협력에 조금도 관심을 보이지 않았으며, 중간 계층의 민중 역시 정치적 이해

관계나 의제를 가지고 있지 않았다. 교육받은 상층 계급 프로이센 인인 파른하겐 폰 엔제는 예나 전투에서 나폴레옹에게 비참하게 패배한 후 1806년에 베를린을 떠나는 왕을 보며 아무런 애국적 감정을 느끼지 못했다고 회상하였다. 엔제나 그와 같은 배경을 가진 동료들은 왕이 안됐다고 느끼기는 했지만 "정치적 보고서나 성명서를 작성할 정도의 진정한 정치적 열의를 가질 수 없었다"고 말하였다.[11] 반대로 정치에 관심을 가지고 있던 많은 독일 지식인들은 자유주의자였으므로 나폴레옹의 승리를 낙관적으로 바라보았다.

헤르더의 문화적 이상을 정치화하려는 작업에 지지를 보낸 것은 독일의 지식인 세계의 주류나 프로이센의 왕이 아니었다. 지지자는 오히려 나폴레옹에게 지속적으로 압력을 가할 수 있도록 프랑스에 대한 대중적 저항을 동부에서 불러일으키려 했던 영국이었다. 영국은 프로이센의 반란자들을 지지함으로써 "제2의 방데"—프랑스의 보수적인 지역에서 왕당파가 추구했던 것과 유사한 내부의 게릴라 저항 운동—를 열고자 했다. 이러한 영국의 목표는 슈타인의 목표와 일치하였다. 그는 융커 층은 프로이센을 구할 능력이 없다고 보고, 프랑스에 더욱 효과적으로 저항하기 위해 교육받은 문화 엘리트를 중심으로 애국심을 고양하고자 했다. 이 목표는 이전 세대의 문화적 민족주의 감정이 포함하고 있는 다음과 같은 요소들을 동원하여 달성될 것이었다. 공통의 언어에 대한 강조(공통의 종교나 정치적 전통을 강조하지 않았다. 왜냐하면 그런 것은 전혀 존재하지 않았기 때문이다), 국민 교육 프로그램, 그리고 민족의 과거와 미래를 연결하는 고리로서의 시민의 지위에 대한 강조가 그것이었다.[12] 따라서 슈타인의 목표는 문화와 정치를 결합할 용의가 있는 지식인들을 후원했던 영국의 그것과 딱 들어맞았다.

　이러한 독일의 지식인들 중 대표자는 독일 문화의 정치화를 갈망했던 요한 고트리프 피히테였다. 그는 1세기의 로마 인과 당시의 프랑스 인을, 그리고 로마의 팽창에 맞섰던 게르만 저항자와 자신 및 자신의 동시대 게르만 인을 동일시함으로써 문화를 정치화했다. 그리하여 통합된 독일 정체성을 위한 시금석은 타키투스의 《게르마니아》에 나오는 독일인의 미덕에 대한 묘사와 타키투스의 《연대기》에 나오는 아르미니우스가 바루스와 그의 군단을 격파한 이야기였다. 이것은 신성 로마 제국이라는 정치적 복합체가 있기 이전의 시대에서 통일 독일을 발견하는 방법이었으며, 과거에 독일인들이 어떻게 로망스 어를 말하는 침략자를 막아 냈는지를 보여 주는 방법이었다. 《독일 민족에게 고함》에서 피히테가 발전시킨 독특한 독일인의 정체성은 한편으로는 "나머지 유럽 인들과 구별될 만한 그들만의 정체성을 아직 가지고 있지 못한" 슬라브 족의 정체성과 구별되며, 다른 한편으로는 로마화된 "튜튼 족의 후예", 즉 프랑스 인과 대조되었다.[13] 이들 각각과 대조적으로 독일 정체성의 중심 덕목은 지리적 연속성과 그 언어에 있었다. 언어와 정체성의 관계는 19세기에 전혀 새로운 것이 아니었다.[14] 반세기도 전에 프랑스의 철학자 에티엔 보노 드 콩디야크는 "모든 언어는 그것을 말하는 사람의 성격을 표현한다"고 주장하였다.[15] 하지만 피히테는 이 전통을 아주 구체적이고 도발적으로 발전시켰다. 그가 제4차 연설에서 말했듯이, 신新유럽 인 중에서 오직 독일인만이 조상들의 원거주지에서 살고 있고, 본래의 언어를 유지하고 있다.[16] 특히 독일 민족을 통합하고, 그들을 신의 창조물과 직접 연결시켜 주는 것은 바로 이 언어였다. 라틴화된 언어를 받아들였던 프랑스 인 같은 민족은 그런 것을 감히 꿈도 꿀 수 없었다. 이유는 그 자체가 먼 지역에서 형성된 라틴 어와 그리스 어의 어근으로 단어를 만든 로망스 어와는 달리, 독일어는 오직 독일적 요소만을 바탕으로 원래부터 지금까지 독일인이 거주하고 있는 세계를 표현하기 위해서 만들어진 언어이기 때문이었다. 그러므로 이 언어는 모든 독일인 화자에게 즉각적으로 투명하게 전달되어 이해하기 쉬웠다. 언어는 독일인들을 그들의 환경이나 그들 각자와 아주 친밀한 관계를 맺게끔 해 주었기 때문이다.

피히테의 《독일 민족에게 고함》은 반드시 당시의 맥락에서 이해되어야만 한다. 그것을 몇 년 계속될 것이라고 널리 예상되었던 프랑스에 의한 점령이라는 상황에 직면하여 독일인에게 희망을 주고 저항을 조장하려는 의도로 준비된 "생존을 위한 교과서"라 불러도 좋을 것이다. 비록 프랑스 제국의 급속한 붕괴로 그러한 정서가 있어야 할 필요성이 사라져 버렸지만 그것의 사후 생명은 엄청나게 중요한 것으로 판명되었다.

피히테와 같은 지식인들의 정치 참여가 나폴레옹 전쟁의 결과에는 그다지 큰 영향을 미치지 않았지만, 그것으로 인해 그들은 정치와 행동의 세계에 새로운 방식으로 연결되게 되었다. 그들을 정치적 행동의 장으로 끌어들임으로써 정치 참여는 그들에게 새로운 유명세와 재정적 보상, 그리고 공식적 후원을 가져다 주었다. 이 강력한 조합은 나폴레옹 이후 유럽의 재건을 위하여 1815년에 소집된 빈 의회에서도 종식되지 않았다. 전쟁 동안 지식인을 모집하는 데에 지도적 역할을 맡았던 슈타인은 통일된 독일을 찾아 학자와 정치인들과의 관계를 강화해 나갔다. 1819년에 그는 "독일고대사연구학회Gesell-schaft für ältere deutsche Geschichtskunde"를 설립했다. '조국에 대한 신성한 사랑은 용기를 준다Sanctus amor patriae dat animum'라는 학회의 모토는 자명한 이치를 말했다기보다는 프로그램을 요약한 것이었다. 그 학회는 당시 유명한 지식인이었던 괴테나 훔볼트, 그림 형제, 프리드리히 카를 폰 자비니, 그리고 카를 프리드리히 아이히호른 등의 조언을 받아 설립된 사적 조직이었다. 다양한 독일 연방 국가들과 독일 연방의 재정 지원을 받아 학회는《게르마니아 역사 문헌집Monumenta Germaniae Historica》을 편집하고 간행하였다. 처음에는 이 기부금들을 모금하는 데 어려움을 겪었다. 독일 연방 국가들은 기부에 그리 열성적이지 않았으며, 슈타인은 애국적 이유로 러시아 황제 등 외국인의 지원을 거절했다. 정치가들이 애국적 역사가 혁명 이데올로기를 상쇄할 수 있음을 점차 깨닫게 되면서 슈타인은 자신의 프로젝트를 계속하기 위한 기금을 구할 수 있었다.

하지만 자금은 단지 문제의 하나일 따름이었다. 또 다른 문제는 과연 무엇이 독일의 역사 문헌인가를 결정하는 것이었다. 문헌은 네덜란드와 근래 괴팅엔에서 고전 문헌학자들이 개발하고 있던 과학적인 인도-유럽의 문헌학의 원리에 따라 발견되었다.

인도-유럽 어(혹은 인도-게르만 어) 비교 문헌학은 영국의 동양학자 윌리엄 존스 경이 산스크리트 어, 그리스 어, 라틴 어가 공통의 뿌리에서 갈라져 나온 것이고, 고트 어, 켈트 어, 그리고 고대의 페르시아 어가 아마도 같은 어족일 것이라는 점을 인식한 1786년에 탄생했다.[17] 22년 후에 독일의 문헌학자 프리드리히 폰 슐레겔은 그의 저서 《인도인의 언어와 지혜에 관해서Über die Sprache und Weicheit der Inder》에서 산스크리트 어가 그리스 어, 라틴 어, 페르시아 어, 그리고 독일어의 모어라고 주장하며 존스 경과 의견을 달리하긴 했지만 그의 통찰력을 더욱 발전시켰다. 다음 세대에 덴마크 인 라스무스 라스크뿐만 아니라 프란츠 보프와 야코프 그림 등 독일 학자들은 차라리 직관적 착상에 가까웠던 처음의 시도들을 받아들여 그것들을 교정하고 언어 발달 및 유사성을 검토하는 방법론을 정교화하여, 인도-유럽 어 문헌학이라는 새로운 학문 분파를 창시하였다.[18] 급속도로 발전하는 이 새로운 학문은 슬라브 어, 독일어, 그리스 어, 그리고 로망스 어가 유래한 어족의 분류 및 조직을 가능하게 했을 뿐만이 아니라 이 언어들의 최초 형태에 대한 과학적 연구를 가능하게 하였다. 르네상스 이래로 독일의 인문주의자들은 동시대의 게르만 언어들의 유사성에 매혹되었다. 그들은 4세기에 선교 주교 울필라스가 번역한 고트 어 성경과 같은 고대 언어들과 16세기까지도 여전히 게르만 어를 사용했다는 "크림 반도의 고트 족" 사이에 관련이 있음에 경탄을 금치 못했다. 그런데 이제 유럽 언어들에 대한 지식을 상호 연관되고 역사적인 의미를 가진 학문 분파로 조직하는 것이 가능해졌다. 문헌학 —— 그리스 어와 라틴 어 문헌에 초점을 맞춘 전통적인 고전 문헌학과 보다 새로운 게르만 문헌학을 모두 포함한다 —— 이 새롭고 과학적인 《게르마니아 역사 문헌집》 사업을 위한 방법론의 중심에 놓이게 되었다.

슈타인이 조직한 학회의 의제는 단순히 《게르마니아 역사 문헌집》의 자료를 편집하고 발행하는 것 이상이었다. 자료를 편집하기 전에 과거의 기록들 중에서 진정으로 어떤 것이 독일 역사의 사료인가를 정하는 표준을 확립하는 것이 반드시 필요했기 때문이다. 이것은 과거에서 독일의 정체를 규명하는 것이며 이 과거가 내재적으로 독일적임을 주장하는 것이기도 했다. 이 작업을 수행한 학자들은 급진적인 정치적 민족주의자가 아니었다. 그럼에도 불구하고 그들의 과업은 특기하리만큼 광범위하게 민족주의적 요구에 불을 붙였다. 이 편집자들은 게르만 어를 사용했던 주민들이 살았거나 지배했던 지역이나 그 근처에서 쓰인 모든 문헌을 이 자료집에 포함시켜야 하는 기념비적 자료라고 주장했다. 첫째, 《게르마니아 역사 문헌집》의 편집자들은 "독일 민족의 신성 로마 제국"에 속했던 남부 이탈리아에서 발트 해에 이르는 모든 지역을 포함해야 한다고 주장했다. 그것에 더하여 그들은 전 프랑크 왕국의 역사를 병합하여 오늘날 프랑스와 벨기에인 갈리아 지역에 있었던 메로빙거 왕조와 카롤링거 왕조의 연대기와 법령을 포함하였다. 그들은 오늘날 이탈리아와 론 강 유역인 곳에 거주했던 게르만 어권 무리인 서고트 족, 부르고뉴 족, 롬바르드 족 등의 법령을 흡수하였다. 그들은 플랑드르 카운티와 스헬데 강 동쪽의 네덜란드 전부를 단지 그곳에 게르만 어를 사용하던 프리지아인이 거주했다는 이유만으로 자기들 영토로 삼았다. 일련의 고대 작가들의 저작을 발행하기로 결정함으로써 그들은 아프리카의 게르만계 반달 족에 대해 쓴 빅토르 비텐시스와 같은 아프리카 인, 아우소니우스와 같은 갈리아-로마 인, 카시오도루스나 심마쿠스와 같은 로마의 원로원 의원도 삼켜 버렸다. 《게르마니아 역사 문헌집》적 시각의 결과는 "뫼즈에서 메멜까지, 아디제 강에서 벨트까지Von der Maas bis an die Memel/Von der Etsch bis an den Belt"라는 문구로 악명 높은 《독일 가곡집》이 감히 시도했던 것보다도 더 광범위하게 독일을 정의하였다.

독일 역사의 자료를 규정함으로써 《게르마니아 역사 문헌집》은 그 안에서 독일이 과거를 찾을 수 있는 매개 변수를 정하였다. 고트 족, 프랑크 족, 부르고뉴 족, 반달 족 등의 초기 "민족"들은 끊어지지 않는 역사라는 정체성을 가지게 되었다. 그 역사는 중세의 신성 로마 제국의 성립보다도 앞섰으며, 그 영향력은 19세기까지 지속되었다.

문헌학과 민족주의

《게르마니아 역사 문헌집》에 이 "민족"들을 포함시키기로 판정한 기준은 그들이 "게르만 어계", 즉 그들이 19세기의 독일인과 동일한 어족에 속한다는 것이었다. 이 《게르마니아 역사 문헌집》에 포함되어 발간된 문헌이 대상을 만들어 냈다고 한다면, 문헌학은 방법론을 창안하였다. 이것은 두 가지 의미에서 사실이었다. 첫째, 인도-유럽 어 문헌학은 헤르더와 피히테식 신비주의적 언어학의 계열을 따라 민족에 대한 "객관적인" 기준을 제공하였다. 둘째, 고전 연구의 핵심 도구로 이미 발달해 있었던 문헌학이 중세사 연구의 주요 도구가 되어 독일 민족주의의 전사prehistory를 발견하는 데 사용되었다.

독일 민족주의의 양대 도구, 즉 문헌 사료와 문헌학적 분석은 독일 역사를 창조하였을 뿐만 아니라 암암리에 모든 역사를 창조하였다. 그것은 손쉽게 수출할 수 있는 상품으로 어떤 언어로 된 문헌에도 쉽게 적용될 수 있었다. 더군다나 "과학적" 역사 연구라는 독일의 표준이 19세기 유럽과 심지어는 미국의 대학들을 점점 더 지배하게 되었으므로, 독일의 세미나 방식과 문헌 비판 연구로 훈련된 외국의 역사가들은 자신들의 나라로 돌아갔을 때 민족주의적 분석의 전도사 역할을 했다. 이전의 범슬라브주의 같은 헤르더식 운동은 신속하게 정치화되었으며, 민족과 민족이 되고자 하는 집단들은 이를 모방하여 그들 나름의 민족 창조를 위한 기구를 마련하였다. 여기에는 각 민족의 고대 기원을 설명하기 위한 "민족사 문헌집"과 (대부분 독일식으로 교육받은) 문헌학자들이 포함되었다. 역사학 연구와 민족주의는 하나가 되었다.

독일 학문 연구의 정치화에 대한 프랑스의 뒤늦은 반응은 방어적인 것으로 1870년 보불 전쟁의 재앙 후에 나타났다. 문헌학자 레옹 고티에와 같은 사람들은 독일의 승리를 문헌학적 훈련의 덕택이라고 말하기까지 했다. "프로이센 인들은 문헌을 비판하는 것과 마찬가지의 정확성과 방법론을 가지고 전투를 한다."[19] 해결책은 분명하였다. 그들은 독일 모델의 모방이 해답이라고 보고, 대학에 문헌학 및 역사 교수 자리를 만들고자 노력하여 1876년과 1879년 사이에 250개의 교수 직이 새로 마련되었다.[20] 그뿐만 아니라 그들은 독일 전통의 문헌학적 방법론을 받아들였다. 물론 프랑스 인들은 그 안에 포함되어 있는 독일적인 민족적 색채는 제거하고자 했다. 하지만 그들은 처음의 수식어〔독일적〕만 제거하고자 했을 뿐, 두 번째 수식어〔민족적〕는 건드리지 않았다. 문헌학은 계속 민족주의의 도구로서 남아 있었다. 자연적 언어만이 인간을 세계와 올바른 관계에 위치시킨다고 주장했던 피히테를 연상케 하는 방식으로 프랑스의 문헌학자들은 중세의 프랑스 문학 작품들을 "조국의 대지에서 자생적으로 태어난 토착 식물들"이라고 주장하였다.[21] 그리하여 역설적이게도 프랑스 인들은 "낭만주의"를 벗어나기 위하여 과학적 문헌학을 추구했지만, 그들은 "낭만주의"를 기본적으로 "독일적"인 것으로 이해하였다. 이 목적을 위해 프랑스의 문헌학자들은 독일 민족주의가 사용했던 바로 그 도구를 이용하였다. 그 결과 나타난 문헌학은 낭만적 중세관의 찬양에 다름이 아니었으며, 동시에 과학적 정밀함이라는 프랑스 자신이 만들어 낸 신화에 대한 찬양이었다. 그 과정에서 어떤 식으로든 역사화된 민족의 언어와 문화에서 독립된 공화주의적 "시민"의 의미는 종족적 민족주의에 밀려 폐기되었다.

전 유럽에서 언어로 민족을 결정하는 문헌학적 방법론이 초래한 유해한 효과는 무수히 많았다.[22] 첫째, 무한한 차이를 보이는 광대한 유럽의 언어군은 과학적 법칙에 의해 개별적인 언어로 쪼개졌다. 실제 사용되는 구어口語와 문어文語는 결코 이러한 인위적 규칙에 완전히 일치되지 않았으므로, "공식적인" 형태의 언어 —— 보통 한 지역, 대체로 정치적으로 강력한 집단이나 주요 도시의 방언을 체계화한 것 —— 가 창제되어 국가가 후원하는 교육 제도에 의해 강요되었다. 그 결과 언어적 경계는 더욱 더 경직되었고, 모든 전통은, 구체적으로 구어적 전통 및 어떤 경우에는 문자적 전통까지 포함하여, "표준" 용법의 압력에 밀려 실질적으로 사라지게 되었다. 이것은 실질적으로 언어를 새로 창조하는 것과 다름없었다. 창조된 언어에는 우크라이나 어, 불가리아 어, 세르비아 어, 크로아티아 어, 슬라브 어, 라트비아 어, 히브리 어, 노르웨이 어, 아일랜드 어, 네덜란드 어, 루마니아 어 같은 비교적 명백한 것뿐만이 아니라 미묘한 방식으로 독일어와 이탈리아 어도 포함되었다. 놀랄 것도 없이, 이러한 "표준어" 주창자들은 처음에는 공식적 언어의 탄생을 실제의 정치적 경계 또는 희망하는 정치적 경계의 탓으로 돌리고자 했다. 선호도가 가장 높은 방언일지라도 한 특정 정치체의 모든 주민이 그것을 사용하는 경우는 거의 없었다. 수세기 동안 유지되어 온 정치적 국경이 있을 뿐만 아니라, 올바른 언어의 사용법이 수백 년 동안 발달되어 왔던 프랑스 같은 나라에서조차도 1900년에 전체 인구의 약 50% 정도의 남성과 여성만이 프랑스 어를 모국어로 사용했다. 나머지 사람들은 다양한 로망스 어와 방언을 사용했고, 브르타뉴, 알자스, 로렌에서는 켈트어와 게르만 어가 압도적으로 사용되었다. 다른 경우를 보면 노르웨이 같은 곳에서는 민족 언어는 특정 소수에 의해 사용됐으며, 주민들이 교역, 문화, 정치, 또는 일상생활 등 각기 다른 목적에 따라 다양한 언어를 조합해서 사용하기도 했다.

그리하여 어디에서나 개인, 가족, 공동체들은 어느새 "민족 언어"에서 소외되게 되었고 그들이 전통적으로 사용하던 언어를 포기하라는 압력을 받게 되었다. 이것이 의미하는 바는 네덜란드 거주자의 경우처럼 단순히 어휘와 표준 발음, 그리고 변화된 어형 체제를 받아들이는 것에서 남부 프랑스에서처럼 방언이나 프로방스 어 같은 고대의 언어 전통을 포기하는 것까지 다양할 수 있었다. 마지막으로 이것은 프랑스의 브리튼 인과 바스크 족, 또는 헝가리의 루마니아 인과 슬라브 족의 경우처럼 국가의 지원을 받거나 국가가 운영하는 학교에서 완전히 다른 어족의 언어를 배워야 한다는 것을 의미했다.

그 결과 슈타인이 촉구한 방식의 언어 교습을 포함한 야심적인 민족 교육 프로그램은 민족 언어를 사용할 수 있는 주민의 창조를 위해 필수적인 것이 되었다. 따라서 교육 기관은 민족주의 이념을 가르치는 것을 통해서, 그리고 좀 더 교묘하게 이러한 이념이 구현되어 있는 "민족 언어"의 보급을 통해서 민족 국가 창조의 중심 장소가 되었다. 언어는 그 언어를 사용하며 그 언어를 가지고 자신들의 정치적 열망을 표현하는 "사람들"의 민족 역사를 가르치는 도구가 되었다. 그러나 새로운 문헌학은 민족주의적 교육자와 이론가들에게 한 걸음 더 나아갈 수 있게 해 주었다. 그것은 민족 언어와 민족 이념 모두를 먼 과거에 투영하는 "과학적" 민족 역사의 창조를 가능하게 해 주었다.

이러한 투영은 문헌학의 승리가 민족주의의 발전에 또 다른, 그러나 마찬가지로 유해한 영향을 미쳤기 때문에 가능했다. 일단 민족 언어가 확립되면 —— 사람들의 입에까지는 아니더라도 이론적으로라도 —— 인도-유럽 어 문헌학의 규칙에 입각하여 학자들은 어떤 고대 속어 문헌 —— 어떤 것은 1,000년도 더 지난 것도 있다 —— 의 기원이 이 언어들에 있다고 주장할 수 있게 되었다. 언어학의 규칙은 학자들로 하여금 이 초기 문헌에서부터 여러 민족 언어의 근대판까지 이어지는 일직선상의 계통을 주장할 수 있게 해 주었다. 그리하여 언어학자들은 그들 민족의 고대 자료에 대해서 가장 오래된 "게르만 어" 문헌은 8세기에, "프랑스 어" 문헌은 9세기에, "슬로베니아 어" 문헌은 11세기에, "아르메니아 어" 문헌은 6세기에 만들어졌다고 말할 수 있게 되었다. 하지만 비교 문헌학은 이보다 더 위로 갈 수도 있게 해 주었다. 즉 다른 인도-유럽 어의 언어 전통에 대한 비교 연구는 언어의 체계적 변화에 대한 규칙을 정교화할 수 있게 해 주어 역사 문헌학자들로 하여금 잔존하고 있는 언어에서 거꾸로 작업하여 문자 이전의 시대의 더 오래된 고대 언어에 대한 가설적 재구성을 가능하게 해 주었다. 그리하여 문헌학자들은 민족주의자들에게 그들의 민족을 멀리, 문자가 있기 이전의 시대까지 투영하는 방법을 제공해 주었다. 피히테의 전통에 따라 그들은 문헌적 증거가, 그것이 없을 때는 역사적 문헌학이 동일한 삶의 비전과 동일한 사회·종교적 가치, 그리고 동일한 정치 체제를 공유하는 뚜렷이 구별되는 "언어적 공동체"가 존재한다는 것을 증명해 준다고 주장하였다. 민족 탄생의 시기는 이 별개의, 뚜렷이 구별되는 언어들이 공통의 게르만·슬라브·로망스·헬라[그리스] 어계語系에서 떨어져 나와 언어적, 문화적 통일체를 형성할 때와 일치하였다.

위험한 유산

좀 더 원시적인 형태의 사이비 역사적 민족주의는 불신임된 반면, 이 같은 방식의 언어에 기초한 문화적 민족성의 주장은 대체로 비판을 견뎌 냈다. 오늘날에는 신민족주의자들조차 근대 민족주의의 정치적 자각이 19세기 또는 20세기에 와서야 나타난 현상임을 인정한다. 하지만 그들은 정치적 민족성은 최근의 현상인 반면 문화적 민족성은 훨씬 더 오래전의 현상이라고 주장하고자 애쓴다. 다른 말로 하자면 민족은 그것을 알기 이전에 이미 한 민족이었으며, 언어는 결코 변하지 않는 이 정체성을 나타내 주는 표식이자 가장 깊숙이 내재한 실체라는 것이다. 그리하여 소위 종족 분쟁에 대해 보도하는 기자와 국제 기관들은 언어적 차이에 초점을 맞춘다. 예를 들어 리투아니아에서 "리투아니아 인과 러시아 인"이 산다고 했을 때, 그것이 실제로 의미하는 바는 리투아니아 전체 인구의 x퍼센트는 리투아니아 어를 모국어로 사용하고, y퍼센트는 러시아 어를 모국어로 사용한다는 것이다. 또한 브르타뉴나 아일랜드처럼 지난 세기에 그들의 고유 언어가 대거 상실된 경우에 이것이 뜻하는 바는 "x퍼센트의 인구는 그들의 조상들이 그랬던 것처럼 특정 언어를 사용해야 한다"가 될 것이다.

문헌학에 근거한 과학적 역사 —— 그것은 민족주의에 봉사하기 위해 동원되었다 —— 는 궁극적으로는 3세기와 11세기 사이의 시기를 다루게 되었다. 로마 제국이 소멸된 때부터 근대 민족 국가와 민족주의 운동이 자신들의 정당성을 찾고자 했던 새로운 공동체들이 형성된 때까지의 시기는 새로운 언어군이 유럽 내에서 지역적으로 자리를 잡게 되던 시기이기도 했다. "최초 획득"의 순간이라고 알려진 이시기에 근대 민족의 선조들 —— 특정한 문화적, 지적인 양식을 전달하고 표현케 해 주는 그들의 민족 언어를 사용했던 바로 그 선조들 —— 이 최초로 유럽에 등장하여 신성하고 절대로 변하지 않을 그들의 영역을 최종적으로 정복하고, 그리고 그렇게 하는 중에 그들의 천적을 최종적으로 만나게 되었다는 것이다. 이동의 시기(혹은 로망스 어권 국가들에서는 침입의 시기)에 관한 지도와 연구들을 보면 뒤범벅되어 가득 차 있는 선과 화살표들을 통해 제국의 내부와 외부 양쪽에서 언어나 방언, 관습, 의복, 그리고 종교 등에 의해 구분되는 민족들이 나타나고 있었음을 알 수 있다.

민족 고고학

하나의 민족임을 스스로 인식하기 이전의 민족들을 언어학적 도구를 가지고 추적하게 되자, 오래지 않아 또 다른 "과학적" 학문 분야도 동일한 목적에 이용되기 시작하였다. 이것이 바로 민족 고고학이었다. 일단 언어학적으로 "민족"의 위치가 결정되면, 그 민족의 문화적 특징을 보여 주는 물리적 증거를 찾는 것은 민족 고고학의 몫이었다. 만약 언어가 공동의 관습과 가치를 공유했던 특정 민족과 일치한다면, 이 동일한 문화적 차이점은 민족 고고학자가 복구할 수 있는 물질적 문화 유물에서 드러날 것이다. 이러한 탐구는 게르만 민족의 기원에 특별한 열정과 관심을 쏟았던 독일의 고고학자에 의해 행해졌으며, 나중에는 슬라브 족의 기원에 관심이 많았던 슬라브 고고학자들에 의해서도 행해졌다. 특정 전통의 물질 문화가 언어군과 연결될 수 있다는 이론의 가장 중요한 지지자는 구스타프 코시나였다. 그는 초기 민족과 특정한 물질 문화 사이에 직접적인 상응 관계를 수립하고자 시도하였다. 그는 고고학적 유물의 체계적인 분석을 통해, 또 역사 시대를 넘어 철기 시대까지 민족을 추적할 수 있는 탐구를 통해 종족 집단 — 고전 및 중세의 문헌을 통해 먼저 알려지고, 그 다음에 문헌학에 의해 신원이 밝혀진다 — 의 정체를 밝힐 수 있다고 믿었다. 그처럼 뚜렷한 종족적 표지는 종족의 언어학적 매개 변수에 물질적 차원을 부여하였다. 그리하여 코시나는 역사 자료에서 알게 된 언어, 물질 문화, 민족 사이에도 일대일 관계가 직접적으로 존재하리라고 가정하였다.[23] 가장 중요한 것은 이것으로 인해 코시나와 그의 추종자들은 민족들이 원래 살던 고향을 떠나 로마 세계로 흘러 들어왔던 중세 초에 그들이 택했던 이동 경로를 추적할 수 있게 되었다는 점이다.[24]

이 새로운 민족 고고학 전통이 가지는 함축적 의미는 19세기와 20세기에 영토권 주장이 발달하면서 특히 중요해졌다. 이것은 특히 독일과 같은 근대 국가에게 원래 독일 민족의 고향이었음을 근거로 이웃 나라의 영토를 자기 영토라고 주장하도록 고무하였다. 그리하여 13세기 독일 십자군 교단의 동방 원정과 20세기 제3제국의 팽창은 정복이 아니라 단순히 복귀로 정당화될 수 있었다. 더 최근에는 유사한 고고학적 주장이 예를 들어 헝가리와 슬로베니아, 알바니아와 세르비아, 그리고 에스토니아와 독일 간의 분쟁에서 사용되었다.

유해 쓰레기

민족주의적 문헌학과 고고학의 유산이 유럽의 민족 지도를 계속 무겁게 짓누르고 있다. 그들은 민족이 되기 위한 핵심 요소를 "과학적으로" 확립하였다. 옛 과거의 독특한 문화, 언어, 영토가 바로 그것이었다. 많은 사람들은 새로운 역사와 새로운 문헌학을 통해 공동의 통합체가 수립될 수 있고, 고대에 저질러졌던 불의도 키워 나갈 수 있으며, 고대의 권리도 옹호될 수 있다고 믿었다.

서유럽의 역사를 공부하는 학생들이라면 이러한 이야기들에 대하여 충분히 잘 알고 있을 것이다. 부르고뉴 족, 고트 족, 혹은 롬바르드 족 등 스칸디나비아의 남부 지방에 거주하던 게르만 민족들은 날씨의 변화, 기근, 과잉 인구 혹은 아직 잘 알 수 없는 일종의 충동에 의해서 남으로 이동하기 시작하였다. 이 민족들은 전 유럽을 가로질러 이동하여 로마 제국의 변경에 도착할 때까지 그들의 언어, 관습, 전통을 간직하였다가 그들만의 독특한 정체성을 몇 세대에 걸쳐 자손들에게 물려주었다. 그곳에서 그들은 고대 왕족이나 귀족 가문의 후예인 영웅적인 전사-왕의 인도 하에 성공적으로 로마에 도전하여 제국의 일부를 떼어내어 게르만 왕국을 세웠다. 여기에 포함되는 영웅들로는 아말 가家라는 고대 왕실 가문의 후예인 동고트 왕 테오도리크, 발트 왕조의 서고트 족 지도자 알라리크, 그리고 롬바르드 족의 사령관이자 가우티 가家의 일원인 알보인, 마지막으로 메로빙거라는 프랑크 족의 왕실 가문 출신 클로비스 등이 있었다. 약간 뒤에는 크로아티아의 크로바토스 가문이나 불가리아 족 출신 군 사령관 이스베리크 등과 같은 슬라브 족 사령관들이 그들의 민족을 이끌고 폐허가 된 제국으로 들어왔다. 이러한 사건이 발생했던 때가 유럽 민족의 역사가 시작된 바로 그 순간, 즉 "최초 획득"의 시기로 주장되었다.

오늘날 이 사건들은 유럽의 종족 집단을 개괄적으로 구분하는 데 여전히 공통의 기반을 제공한다. 확실히 위에 제시된 이 모든 인종 집단이 아직까지도 존재하는 것은 아니며, 존재한다 하더라도 모두가 민족 국가는 아니다. 하지만 지도자들은 여전히 민족이 될 것을 열망하며, 그들의 민족에게 자치를 위한 투쟁에 참여하도록 독려한다. 이러한 열망에 대하여 국제 공동체는 실질적 가능성이나 경제적 생존 능력을 들어 반대하거나 혹은 폭력을 통해서나 막을 수 있다. 민족 자결의 권리라는 확고한 신념 앞에서 이러한 반대는 너무나 미약하다.

하지만 이러한 언어학적, 역사적 주장이 감정적 호소력을 가짐에도 불구하고, 어떠한 역사 기록도 그것을 정당화해 주지 않는다. 중세 초와 현재의 "민족"들 사이의 일치는 신화에 불과하기 때문이다. 언어학적, 역사적 주장은 현재 벌어지고 있는 민족 간의 차이에 관한 논란 앞에서는 설득력을 잃어버리며, 더군다나 중세 초의 유럽의 "민족"을 구분하는 데에는 더 더욱 부적절하다. 예를 들어 북아일랜드에서는 언어가 아닌 종교가 서로 대립하는 정당을 구분하는 기준이 된다. 또한 구舊유고슬라비아에서 세르비아 어와 크로아티아 어는 동일한 언어의 방언으로, 하나는 전통적으로 동방 정교회 공동체에서 사용되었고, 다른 하나는 전통적으로 로마 가톨릭 공동체에서 사용되었지만 양측의 민족주의 지도자들은 모두 불가지론 혹은 무신론의 정치적 기회주의자 출신이었다. 헤게모니를 가진 큰 국가나 독립을 열망하는 운동 조직 모두가 내세우는 "우리는 항상 한 민족이었다"는 주장은 실제로는 한 민족이 되자는 호소일 뿐이다. 그것은 역사에 근거한 호소가 아니라 역사를 창조하려는 시도인 것이다. 흔히 말하듯이 과거는 외국外國일 뿐으로, 우리는 거기서 결코 우리를 발견하지 못할 것이다.

과거의 혼동

고대 말과 중세 초에 다른 "민족"들이 대체 어떠한 언어를 사용했었는지를 알기가 쉽지 않다. 정말이지 일화적인 증거는 그들이 종종 다양한 언어를 사용하기도 했음을 시사한다. 동시에 고대와 중세의 관찰자들은 종종 그들이 서로 다른 민족이라 규정한 사람들이 동일한 언어를 공유했음을 보여 주기도 한다. 또한 언어가 의복의 형태, 장식, 도기 또는 무기와 같은 다른 문화적 전통에 반드시 상응하는 것도 아니다. 선사 시대 주요 언어군 —— 게르만 어, 슬라브 어, 켈트 어, 발트 어, 로망스 어 등 —— 에 관한 가설상의 지도는 고고학적으로 확인될 수 있는 물질 문화에서의 특정한 차이와 일치하지 않는다. 물질 문화를 지나치게 단순화한 지도는 코시나와 그의 제자들이 정교하게 다듬어 놓은 것으로 사실과 다름이 증명되었다. 종족적으로 물질 문화를 "구별케 해 주는" 특징은 언어가 시사하는 패턴보다 훨씬 더 넓거나 훨씬 더 좁다는 것이 차례차례 밝혀졌기 때문이다. 영국의 역사가 크리스 위컴은 "브래드포드 가家의 사람이 도요타 자동차를 소유했다고 해서 일본인이 아닌 것처럼 어떤 남자 혹은 여자가 롬바르드 족의 브로치를 가지고 있다고 해서 그나 그녀를 롬바르드 족으로 볼수는 없다. 문화 유물은 종족을 알려 주는 확실한 안내자가 아니다"라고 말했다.[25]

명백히 언어는 문화와 일치하지도, 또 그것을 결정하지도 않는다.

역사적으로 정치 엘리트들이 대부분의 종속민들과 아주 다른 언어를 사용한 경우는 종종 있었다. 더구나 중세 초 유럽의 민족을 이해하는 데에서 부딪히는 인식상의 문제 중 하나는 19세기의 종족적 민족주의의 모델을 따라서 역사가들이 지리적으로 사고하는 경향이 있다는 것이다. 그들은 영토, 지역, 혹은 왕국과 그곳에 거주한 종족 집단 사이의 상응 관계를 찾는다. 하지만 복합적인 현대 사회의 사례에서와 마찬가지로 중세 초의 "민족"을 구분하는 경계선은 지리적인 것이 아니라 정치적, 경제적, 사회적인 것이었다. 더구나 지리적인 구분이 존재했다 하더라도, 이러한 구분은 지역 내에 존재했지 지역 사이에 존재한 것이 아니었다.

갈리아, 스페인, 이탈리아, 그리고 발칸 반도의 도시 주민은 그 주변의 농촌 주민과는 구별되었다. 도시의 인구는 제국 전역에서 온 군사령관과 국가 관리들, 시리아와 소아시아에서 온 상인들, 그리고 수 세대에 걸쳐서 이러한 지중해 사회의 전진 기지에서 살아온 유대인들로 구성되어 있었다. 예를 들어 6세기 파리의 주교들 이름을 보면 우리는 그들이 지중해 동부에서 왔다는 것을 알 수 있는데, 이것은 이 종교적 중심 기관을 시리아와 그리스 인 공동체가 장악하고 있었다는 것을 가리킨다. 동시에 농촌 지역은 여전히 토착 귀족들이 지배하고 있었다. 고트 족, 부르고뉴 족, 프랑크 족의 등장 역시 이러한 상황을 바꾸지는 못했다. 고고학적 증거들을 보면 바바리안들은 자신들이 대체한 총독이나 군 사령관들처럼 주로 도시에 정착하였음을 알 수 있다. 그들은 자신들에게 배정된 토지의 세입으로 생활하면서 단합함으로써 정치적 지배권을 유지할 수 있었다. 도시 밖에 주둔한 바바리안 군대의 실제 정착지도 전략적 군사 요충지에 한정되었다.

후에 바바리안의 정착 패턴은 거꾸로 바뀐다. 발칸 반도에서 도시 —— 특히 자다르, 트로기르, 스플리트, 두브로브니크, 부드바, 그리고 코토르 등 해안 도시들 —— 는 그리스 어를 사용하는 로마 문화의 전진 기지로 계속 남았다. 반면에 주변의 농촌 주민들은 궁극적으로 슬라브 사회에 합쳐지는 아바르 족으로 알려진 스텝 연합체에 의해서 지배되었다. 유럽 북동부로의 게르만 족의 팽창 역시 그들이 지배하는 주변 농촌 지역과는 문화적, 정치적, 언어적으로 거의 공통점을 가지지 않는 도시를 창조하였다.

이러한 중세의 패턴은 오랫동안 지속되었다. 20세기에 들어와서도 발트 해 도시들 같은 주요 도시들은 그 주변의 농촌 지역과 "민족적" 긴장을 초래하지 않으면서도 문화적으로, 언어적으로, 그리고 정치적으로 별개로 남아 있었다. 반면에 언뜻 보기에 종족적 차이의 관점에서 이해될 수 있을 것 같았던 언어도 종종 사회적 또는 정치적 차이만을 내포했을 뿐이었다. 19세기에 에스토니아의 농민들이 삭스 saks(색슨 족)라고 했을 때, 그 말은 "영주"나 "주인"을 의미하는 것이었지 종족적, 언어학적, 민족주의적 의미에서의 "게르만"을 의미하는 것은 아니었다.[26] 장기적으로 보아 민족은 단순히 지리학적으로 자리 매김 할 수 없는 것이다.

단지 20세기의 공포가 언어 및 민족의 지도를 그릴 수 있다거나 그려야 한다는 환상을 만들어 냈다. 스페인, 프랑스, 그리고 터키 같은 나라에서 문화적 다양성을 억압함으로써 바스크 족, 카탈루냐 족, 브리튼 족, 아르메니아 족, 쿠르드 족 등의 소수 민족을 민족 국가에서 "사라지게" 만들었다. 유대인 대학살과 제2차 세계 대전 후에 동유럽에서 벌어진 "종족 청소"가 게르만 어를 사용하는 수천의 동유럽 주민들을 서유럽으로 몰아냈으며, 그것으로 인해 단치히, 쾨니히스베르크, 리가, 그리고 빌나 같은 도시의 주민들은 역사상 처음으로 주변 농촌 지역의 주민들과 다르지 않게 되었다. 그러나 계층화된 언어적, 문화적 다양성이라는 예전의 패턴이 재등장하고 있다는 전조가 유럽의 대도시들에서 특히 두드러지게 나타나고 있다. 그곳에서는 언어적, 문화적 계층화가 또다시 인구 스펙트럼의 양끝에서 전개되고 있다. 대규모 다국적 기업과 과학 기구 등의 상층부에서는 지역의 언어적 전통과는 상관없이 대체로 혹은 전적으로 영어가 통용된다. 반면에 이 사회 계층의 아래쪽 끝에서는 원래 터키, 북아프리카, 인도 아대륙, 아시아의 여러 지역 출신의 사람들의 수가 상당히 증가하였다. 이 이민자들은 중산층이 사용하는 언어와 거리가 먼 아랍어, 터키 어나 다른 언어를 사용하며 살고 있다. 사람들은 이러한 발전 양상을 새로운 현상으로 보고 적대감과 두려움을 가지고 맞이하지만, 실제로 이것은 종족적 다양함이라는 훨씬 더 고대의 패턴으로의 회귀를 의미한다. 정말이지 유럽은 다시 한 번 그들의 과거를 닮아 가기 시작한 것이다.

그리하여 언어학적으로, 고고학적으로, 그리고 역사적으로 민족의 지도를 그리려 했던 거의 두 세기에 걸친 노력은 실패로 끝났다고 결론지을 수 있다. 가장 근원적인 이유는 민족이란 것이 처음부터 끝까지 사람들의 정신에 존재하기 때문이다. 하지만 민족이 사람들의 정신에 존재한다는 것이 민족을 일시적인 것으로 만들지는 않는다.

오히려 그렇기 때문에 민족은 더욱 실제적이고 강력할 수 있다. 인간 의지의 창조물인 민족이 단순한 이성적 반박에 의해 흠집이 나지는 않을 것이다.

하지만 19세기와 20세기의 과학적 민족주의자들에게 공정하게 말하자면, 그들이 개발한 민족의 범주는 진공에서 튀어나온 것이 아니었다. 그들은 민족을 판정하는 훨씬 더 고대의 전통에 의존하였다. 그 전통은 역사가와 문헌학자들이 과거에서 민족을 발견하는 데 사용하고자 했던 바로 그 역사적 사료에 이미 개발되어 있던 것이다. 19세기의 민족지학民族誌學은 비록 조금 더 세련된 방법을 사용하기는 했지만 많은 중요한 방식에서 고전 고대 민족지학 전통의 계속일 뿐이었다.

2장 | 고대에서의 민족 상상하기

1장에서 살펴보았듯이 종족적 민족주의는 최근에 생겨난 것이다. 아니 오늘날 우리가 알고 있는 특별한 유형의 종족적 민족주의가 최근에 생겨났다고 말하는 것이 좀 더 정확한 표현일 것이다. 과거에도 사람들은 자신들의 정체성을 확인하고 자신들을 다른 사람들과 구별하고 이 정체성을 정치적 목적에 동원하였다. 그 방식은 오늘날과 다르지만 강력하기는 마찬가지였다. 그렇지만 우리는 종종 이처럼 예전 방식으로 집단의 정체성을 인지하는 것과 오늘날의 태도 사이에 차이가 있다는 것을 제대로 인식하지 못한다. 왜냐하면 우리는 우리가 연구하려고 시도하는 바로 그 역사적인 과정 자체에 갇혀 있기 때문이다. 우리는 이미 "민족", "종족", "인종", 그리고 "종족 탄생"과 같은 용어들을 마치 일종의 객관적이고 변화하지 않는 고정된 의미를 가지고 있는 것인 양 사용해 왔다. 사용하는 특정 방식에서는 새로울지 모르지만, 이 용어와 그 동의어 들은 적어도 기원전 5세기까지 거슬러 올라가는 오랜 역사를 가지고 있다. 그것들은 수천 년에 걸친 논의, 관찰, 기본 관념으로부터 물려받은 것으로 과거의 문화적 편견을 안은 채 우리에게 전달되었다. 이 용어들은 피히테나 헤르더 훨씬 이전에 서유럽의 지적 전통에 중요하고도 큰 반향을 일으키는 요소였다.

과거의 사회 집단을 지칭하기 위하여 새로운 용어를 창안하려는 것은 소용없는 일이다. 우리는 우리가 물려받은 어휘에서 벗어날 수 없다. 그렇지만 우리는 오랜 기간에 걸쳐 그것에 의미를 부여해 온 역사적 과정을 제대로 이해할 필요가 있다. 유럽 인들은 고전 고대 및 성경적 고대 모두로부터 물려받은 범주를 가지고 사회 집단 간의 차이를 이해하고자 시도한다. 간단히 말해 두 종류의 "민족peoples" 이 있다. 하나는 법률적인constitutional 것으로, 법과 충성에 근거를 두며 역사적 과정에 의해 창조된 것이다. 다른 하나는 대체로 역사적 변화의 과정 밖에 위치하는 생물학적인 것으로 혈통과 관습, 그리고 지역에 근거하고 있다. 대략 표현하자면 "우리"와 "그들", "문명"과 "야만"으로 양자를 구분할 수 있다. (그 전통은 오늘날에도 살아 있다. 유럽과 미국의 많은 곳에서 역사 박물관은 오직 "우리"만을 다루는 반면에 자연사 박물관에는 아메리카 인디언과 아프리카 인, 그리고 다른 "원주민"이 동물과 식물, 광물과 함께 전시되어 있다.) 3~4세기에 작가들은 오랫동안 내려오던 이 전통에 의존하여 근대 유럽 인의 조상이 되는 새로운 "민족"을 처음으로 묘사하기 시작했다. 그러므로 우리는 고대 그리스-로마와 성서에서 유래한 기본 관념들이 고대 세계의 막바지에 유럽에서 등장한 새로운 사회에 대한 유일한 정보 제공자인 작가들에게 미친 영향을 이해하는 것이 필요하다.

따라서 이 같은 여러 겹의 문화적 퇴적물 밑에 있는 것을 보기 위해서 우리는 우리의 언어, 종족, 민족의 기원을 먼저 살펴보아야 할 것이다. 우리는 고대의 문헌적 전통, 권력 정치, 종교적 신념, 그리고 제국주의 같은 것들이 어떻게 민족지民族誌학자가 인간 사회를 인지하고 묘사하는 방법을 변화시키고 주조했는지 알아야만 할 것이다.

원주민과 로마 인

유럽의 민족지적 고찰의 기원은 적어도 5세기 중엽에 할리카르나소스의 헤로도토스가 쓴 소위 《역사》(《페르시아 전쟁사》로도 불린다)에서 시작된다. 헤로도토스는 최초의 민족지학자로, 그가 세계를 이해하고 묘사한 방식은 오늘날까지도 우리에게 남아 있다.

헤로도토스는 그리스와 페르시아 사이의 전쟁 기원에 대해 저술함으로써 역사와 민족지를 창안하였다. 그는 "종군 역사가"나 정치 역사가가 되는 것에 만족하지 않고 그리스와 페르시아 사이의 충돌을 유럽과 아시아 간의 치명적 충돌이라는 매우 긴 과정에서의 단지 한 국면에 불과한 것으로 파악했다. 그리하여 페르시아 전쟁의 정치적, 군사적 사건들만을 탐구하는 데 그치지 않았다. 그 대신, 지중해 동부와 소아시아 곳곳을 여행하면서 보고, 듣고, 읽은 것을 근거로 알려진 세계에 대해 오늘날 "전체사"라 불릴 수 있는 것을 제시하였다. 이 세계의 단위는 종족(에트노스ethnos)이었고 그것은 종종 부족(게노스genos)으로 다시 나뉘어졌다. 헤로도토스는 그들의 종교적 전통, 사회적 관습, 언어, 물질 문화, 경제 체제를 정교하고 상세하게 기술했다.

헤로도토스에 따르면 민족은 일반적으로 문화적, 지리적으로 구별된다. 헤로도토스는 민족이 한 지역에서 다른 지역으로 이동했을 수도 있다는 것을 인정하지만, 그의 역사에서 특정 종족은 보통 그들을 따라 이름 지어진 특정 지역에 거주한다. 이집트는 이집트 인이 사는 지역이듯이 킬리키아나 아시리아는 킬리키아 인이나 아시리아 인이 거주하는 지역이다.[1] 헤로도토스는 밀레투스의 지배자였던 아리스타고라스가 리디아 인, 프리지아 인, 카파도키아 인, 혹은 시리아 인, 킬리키아 인, 아르메니아 인, 마티에니 인, 키시아 인의 나라를 보여 주는 동판 지도를 가지고 있었다는 이야기를 들려준다.[2] 모든 민족이 서로 다른 언어를 사용했던 것은 아니지만, 대부분의 민족은 고유의 언어를 가지고 있었으며 그중 프리지아 인의 언어가 가장 오래되었다. 마지막으로 민족은 그들만의 종교와 관습을 가진다. 헤로도토스는 그중 가장 중요한 것을 여성의 활동 범위, 매장 관습, 그리고 경제 활동 들을 규정하는 것이라 보았다.

에트노스(종족)와 게노스(부족) 사이의 차이는 유동적이지만 헤로도토스는 대집단과 소집단을 구분하는 데 아무런 어려움도 느끼지 못했다. 그것은 문화적 특성을 더욱 세분화함으로써 해결되었다. 그에게 그 범주는 매우 객관적이고 자명한 것으로 보였다. 마찬가지로 그는 특정 부족이 왜 이 에트노스 혹은 저 에트노스에 속하는지에 대해 구성원들이 그 분류를 항상 인정하는 것은 아니었음에도 거의 설명하지 않았다. 예를 들어 그는 이오니아 인에 대해 논의하면서 그리스 민족 중 가장 나약한 민족이 이오니아 인이라 규정한 후 본토의 이오니아 인 후손들 대부분이 수치심 때문에 자신들이 이오니아 인의 후예임을 인정하지 않는다고 말한다.[3]

헤로도토스는 민족의 객관적 실체를 인정하기는 했지만 그것이 생겨났다가 사라질 수 있다는 것 또한 알고 있었다. 민족의 기원에 대해서도 그는 기꺼이 각 에트노스의 기원에 대한 토착 신화뿐만 아니라 그들을 헤라클레스나 미노스, 아니면 그리스 신화의 다른 인물과 관련 짓는 그리스의 전설도 들려준다. 그가 말하는 종족 탄생 설화, 즉 종족 형성에 대한 전설에는 기본적으로 두 종류가 있다. 하나는 왕족이나 지배 가문의 기원에 대한 설명으로, 그것은 보통 신화적 혈통의 형식으로 이야기되어 그 가문의 영속적인 특성을 결정해 주고 그들로 하여금 그 민족에 대해 권위를 행사할 수 있는 권리를 수립해 준다. 스키타이 족에 대해 상세히 논의하면서 그는 가장 최근에 형성된 이 민족의 혈통에 대한 두 가지 다른 설을 소개한다. 그가 말하는 첫 번째는 스키타이 족이 자신들의 기원을 설명하는 것이다. 스키타이 족은 타르지타오스의 세 아들인 리포사이스, 아르포사이스, 콜라사이스의 후손으로, 아우카테스 스키타이 부족은 큰아들, 카티아레스와 트라스피에스 스키타이 부족은 둘째 아들, 파랄라타이 스키타이 부족은 셋째 아들의 자손이다. 이 토착 신화를 소개한 다음 그는 스키타이 왕을 그리스 영웅 헤라클레스와 관련 짓는 폰투스 그리스 인들의 설명을 소개한다.[4] 헤로도토스 자신은 이 기원 설화 중 어느 것도 마음에 들어 하지 않는다. 그 문제를 전적으로 피하고 싶었던 그는 스키타이 족은 마사게타이 족에 의해 아시아의 고향에서 쫓겨나 폰투스 지역에 도착했다고 주장한다.

민족 전체가 하나의 동일한 선조의 자손인 것처럼 민족의 기원을 묘사하는 것 외에도 헤로도토스는 또한 때때로 분리나 통혼을 통해 민족이 탄생됨을 기록하였다. 이러한 현상은 말할 것도 없이 그리스 식민주의자에게 친숙했던 것으로, 그것이 비非그리스 인에게도 마찬가지로 투영되었던 것이다. 그리하여 리키아 족은 그들의 지도자 사르페돈과 함께 그의 형 미노스에게 쫓겨난 크레타 인의 후예이고, 사우로마타이 족은 아마존 족을 유혹하여 결혼한 스키타이 젊은이의 후예인 것이다.[5] 민족의 소멸은 좀 이례적인 것이었다. 그래도 헤로도토스는 당시에 어떤 민족이 예전에 다른 민족이 거주했던 지역에 살고 있다는 것을 알고 있었다. 지역의 명칭에 그들 언어의 흔적이 남아 있었다. 스키타이 족에 의해 고향에서 쫓겨나 아시아로 밀려난 키메리아 족은 후에 리디아 족에 의해 아시아에서도 추방된다. 그들이 지나갔다는 증거로는 몇몇 지명만이 남아 있을 뿐이다.

그리하여 민족이 어떻게 생겨나고 소멸하는지에 대한 헤로도토스의 생각은 광범위하고 가치 판단이 배제된 것이었다. 공통된 조상의 후손이든 이전에 존재했던 민족에서 새롭게 분리된 민족이건 혹은 다른 민족에 병합되었거나 원래 거주하던 지역에서 사라졌든 간에, 민족은 시간이 경과함에 따라 태어나고 번성하고 소멸하는 것이었다.

지리적 영역과 언어가 중요하긴 하지만 그것이 각 에트노스를 절대적으로 규정하는 것이 아니듯이, 헤로도토스는 또한 몇 가지 형태의 정치 체제도 상정하였다. 각 에트노스나 게노스에는 왕이나 통치자가 있다. 그렇지만 헤로도토스는 민족에 대해 논의하면서 정치 형태에 큰 의미를 부여하지 않았다. 게다가 정치적 독립의 상실이 민족의 소멸을 의미하지도 않았다. 메디아 왕국과 그 뒤의 페르시아 제국은 아시아를 정복하면서 그 지역 거주민들의 지위에 영향을 미치지 않았다. 부분적으로 이것은 일반적으로 지방 엘리트나 정치 조직을 파괴하는 것이 아니라 흡수하려고 했던 페르시아 통치 방식의 결과였다. 그래서 더 큰 정치적 실체 내에서조차도 민족은 그들의 정체성과 개성을 유지하였다. 어떤 민족에게는 자유가 특징일 수도 있지만 다른 민족에게는 비참한 예속 상태가 특징일 수도 있었다.

헤로도토스는 신체적 특징들을 들어 민족을 묘사하기도 했지만 이것은 유전이라기보다는 지리의 결과이기가 쉬웠다. 게노스나 에트노스라는 언어에 생물학적 은유가 내재되어 있음에도 불구하고 헤로도토스는 알려진 민족들 사이에 후에 인종적이거나 생물학적 차이로 여겨질 수 있는 것이 존재한다고 생각하지 않았다. 에티오피아 사람과 인도인들이 검고, 유럽 북부 종족들이 키가 크고 피부가 희다면, 그 이유는 유전적 특성의 결과가 아니라 적도에서 얼마나 가깝거나 먼가에 달려 있었다.

헤로도토스의 후예들

민족에 대한 헤로도토스의 파노라마식 묘사는 이후 모든 유럽 민족학의 기본이 되었다. 그의 범주, 그가 시도한 분류, 그가 만든 스테레오 타입은 여전히 우리에게 남아 있다. 하지만 많은 지리학자와 역사학자들은 그가 가장 기본적으로 상정했던 것들 중 많은 것에 대해 이의를 제기하였다. 그의 막대한 영향력에도 불구하고 (혹은 아마도 그 때문에) 후대의 고대인들은 일반적으로 헤로도토스를 "거짓말의 아버지"로 여겼다.

첫째, 헤로도토스는 자신이 관찰한 문화와 민족에 대해 본질적으로 가치 중립적이었다. 이러한 그의 접근법은 이후의 로마 인과 그리스 인들에게 혼란을 주었다. 그 자신이 대다수 주민의 문화나 언어가 결코 순수하게 그리스적이지 않았던 소아시아의 이오니아 도시 출신이었던 헤로도토스는 자신이 관찰한 문화나 전통에 대한 가치 평가를 거부했다. 소크라테스 이전의 이오니아 인들이 공유했던 이러한 개방성은 그렇지 않았다면 잊혀졌을 페르시아 역사 기술의 한 특징일 수도 있다. 페르시아 제국의 그리스 어를 말하는 가문에서 태어났던 헤로도토스는 그러한 전통에 영향을 받았을 것이다.[6] 그는 확실히 페르시아 인을 "모든 사람 중에서 외래의 관습을 가장 환영하는 사람들"로 묘사했다.[7] 그는 긍정적인 어투로 다음의 이야기를 소개하고 있다. 다리우스가 그의 궁정에 있는 그리스 인들에게 그들의 아버지 시체를 먹겠느냐고 묻자, 그리스 인들은 놀라 결코 그럴 수 없다고 말했다. 그러자 다리우스는 그들 앞에 부모의 시체를 먹는 인도 사람들을 부른다. 그가 인도인에게 부모의 시체를 태우겠느냐고 묻자 그들 역시 깜짝 놀라며 그 제안을 거부했다는 것이다.[8] 헤로도토스는 스키타이 족, 그리스 인, 이집트 인, 그리고 페르시아 인의 전통은 모두 동일한 가치가 있다고 보았다. 그가 관찰한 바에 의하면, 모든 민족은 의심할 바 없이 자신들의 관습이 가장 훌륭하다고 생각했다. 그는 그러한 시각에 전혀 이의를 제기하지 않았다.

문화에 대한 헤로도토스의 중립적 인식을 이해하는 데는 그가 처한 정치적 상황도 마찬가지로 중요했을 것이다. 이후의 민족지학자나 역사학자들과 달리 그는 페르시아나 그에 적대적인 그리스의 어느 도시와 어떠한 직접적인 정치적 관계도 맺고 있지 않았다. 그는 많은 곳을 여행했고 아테네에서 상당 기간 살았지만 아웃사이더로 남아 있었다. 점점 더 페르시아와 그리스 관점 중 하나를 결정해야 하는 시대에도 그는 고정된 입장을 가지지 않았다. 후대의 작가, 특히 알렉산드로스 대왕의 정복 이후의 작가들은 전혀 그렇지 않았다. 그 이후에 그리스 작가들은 제국주의적 문화 전통의 일부가 되었다. "타자"에 대한 그들의 관심은 지배에 대한 관심과 밀접하게 연관되어 있었고, 이러한 관점은 로마의 제국주의적 작가들에게 자연스럽게 계승되었다.

그래서 미국의 문학 비평가 에드워드 W. 사이드가 "'동방' 과 (대부분 시대의) '서방' 사이에 만들어진 존재론적, 인식론적 차이"로 개발한 개념〔오리엔탈리즘〕을 기준으로 볼 때, 헤로도토스는 "오리엔탈리즘 이전"으로 분류될 수 있는 문화적 시각을 대표한다.[9] 이처럼 타자의 관습을 비하하길 거부한 것 때문에 헤로도토스는 그리스 어를 말하지 않는 사람을 모두 열등한 사람으로 치부하는 후대의 작가들에게서 "친바바리안적 인물"이라는 별칭을 얻게 되었다("바바리안"은 원래 뜻 모를 말을 하는 사람을 의미했다). 동시에 이 동일한 비판자들은 그의 자료를 사용하여 타자, 특히 "동방"의 전통에 비해 그리스와 로마의 전통이 탁월함을 증명하고자 하였다. 거의 끊임없이 이어지는 이와 같은 비하에는 커다란 역설이 담겨 있다. 왜냐하면 어떤 학자가 지적했듯이, "헤로도토스는, 어떤 경우는 간단히 혹은 어떤 경우는 자세히, 대략 50여 개 이상의 민족을 묘사하였기 때문이다. 500년에서 800년 후에 플리니우스, 솔리누스, 그리고 멜라는 같은 민족 34개에 대해서만 언급했다. 그리고 그것도 이 그리스의 역사가가 사용한 것과 동일하거나 아니면 매우 유사한 용어로 다루었을 뿐이다."[10]

그의 친"바바리안적" 태도 외에 후대 작가들이 헤로도토스에 대해 반대한 두 번째 이유는 민족들의 특징을 묘사하는 데에 그가 사용한 방식 때문이다. 각 민족은 관습과 기원, 지역, 그리고 정치 형태를 포함한 복합적인 특징을 가지고 있다. 이 특질들이 그들의 정체성을 나타내고 그들과 그들의 이웃을 구분시켜 주는 데 쓰이지만, 그것이 민족을 구성하지는 않는다. 로마의 박학다식한 대大플리니우스와 같은 후대의 작가들은 이 체제를 거꾸로 뒤집었다. 지리적인 경계와 함께 이 특질들은 단순히 특정 집단에 속한 사람들의 특징이 아니라 민족의 정체성을 결정하는 요소가 되었다. 예를 들어 헤로도토스는 다양한 스키타이 족과 스키타이 족이 아닌 그들의 이웃들을 조심스럽게 구별해 왔다. 네우리 족은 스키타이 족의 관습과 신념을 공유했지만 헤로도토스는 그들을 스키타이 족으로 여기지 않았다. 그것은 아마도 그들이 다른 자기 정체성을 가지고 있었기 때문일 것이다. 멜라클라이니 족도 단지 검은 망토를 입는다는 점에서만 스키타이 족과 달랐으나 그래도 스키타이 족은 아니었다.

애매함보다는 질서 정연함(그리고 아마도 정확함)을 선호했던 플리니우스나 다른 로마 인들은 그런 혼란스런 범주화에 만족할 수 없었다. 민족을 명확하게 구분하기를 원했던 플리니우스는 특히 거주 지역에 따라 분류하고자 했다. 그래서 다뉴브 강 너머에 사는 모든 젠스gens(게노스의 라틴 어 동의어)들은 그들 자신이 어떻게 생각하는지에 관계없이 스키타이 족이었다. 이들 중에는 로마 인들이 다키아 족이라 불렀던 게테 족, 사르마타이 족, 아오르시 족, 비천한 태생의 스키타이 족, 알라니 족, 로솔라니 족, 그리고 사마르티아계 이야지게스 족도 포함되어 있었다.[11] 4세기의 로마 역사가 암미아누스 마르켈리누스는 더 포괄적이어서, 스키타이의 젠스는 헤아릴 수 없이 많고 어디까지 뻗어 나갔는지도 알 수 없다고 말했다.[12] 그는 동쪽으로 중국, 남동쪽으로 갠지스 강까지 뻗어 나간 아시아와 유럽의 스키타이 족들 모두의 신원을 파악하였다.[13] 로마 특유의 정확함과 질서에 대한 관심을 잘 보여 주는 이러한 영역화와 분류는 헤로도토스와는 전혀 다른 방식으로 젠스의 정체성을 객관화하고 구체화한 것이었다.

대부분의 후대 민족지학자들이 제기한 헤로도토스에 대한 세 번째 반대는 종족 탄생이라는 역사적 변화에 대한 그의 인식이었다. 특히 지리학자와 백과사전 집필자들은 영원한 현재형으로 민족을 묘사했다. 그들은 심지어 헤로도토스의 민족에 대한 진행형적 접근에서 신화적 요소를 줄이거나 제거하기도 했다. 예를 들어 플리니우스는 가능한 한 많은 자료를 결합하는 것을 즐겨서 그의 《박물지》에서 당대의 민족 집단과 함께 오래전에 사라진 민족들도 포함시켰다. 그 결과는 어느 민족도 결코 사라지지 않고 그들의 특징도 결코 바뀌지 않는다는 일종의 민족 보존의 법칙이었다. 기껏해야 옛 민족은 새로운 이름과 새롭고 심지어 모순되기까지 한 관습과 특징을 획득할 뿐이었다. 그래도 지각 있는 로마 인은 현재 모습을 보고 그들을 구별할 수 있었다. 어떤 의미에서 그런 민족은 역사 세계의 일부라기보다 자연 세계의 일부였다. 더구나 민족의 지리적인 위치는 로마 인과 바바리안과의 접촉이 늘어나면서 그 중요성이 증가하게 되었다. 지도 제작자들이 그들의 지도에 가능한 한 많은 민족을 채워 넣으려 했기 때문에 로마 세계의 지도는 수많은 민족으로 북적거리게 되었다.

겐스와 포풀루스

관습, 지리적 위치, 그리고 영속성이라는 특성으로 인해 이후의 로마 역사가와 민족지학자들이 사회 집단을 묘사했던 방식에는 미묘하지만 중요한 차이가 나타나게 되었다. 첫째, 그들은 그들 자신과 타자를 근본적으로 다른 특성을 가진 것으로 묘사했다. 오직 로마 인에게만 역사적 발전과 유동성, 복합성의 개념이 주어졌다. 베르길리우스와 리비우스의 저작에 기술된 것처럼 로마 인의 종족 탄생은 다양한 부족으로부터 포풀루스populus〔시민〕를 창조한 것이었다. 리비우스에게 로마 인의 정체성은 끊임없는 정치적 융합 과정의 결과였다. 먼저 아이네이스는 트로이 인과 원주민을 "하나의 법률 아래 하나의 이름으로" 통합했다.[14] 마찬가지로 로물루스는 "다수의 사람"을 불러모아 그들에게 법률을 주어 그들이 하나의 시민 집단a single body of people으로 합쳐질 수 있게 하였다.[15] 그리하여 외래 "사람들

peoples"과는 달리 포풀루스 로마누스populus Romanus[로마 시민]만이 역사를 가졌다. 그 역사는 어떻게 로마 인이 하나의 법률에 따라 사는 개인들의 집단으로 등장하게 되었는지에 관한 이야기였다. 여기서는 상상에 의한 공동 조상, 지리, 문화, 언어 혹은 전통은 문제가 되지 않았다. 기나긴 역사를 통하여 로마 시민이 되는 것은 실정법상의 문제일 뿐 자연법상의 문제가 아니었다. 그래서 이론상으로는 시민권이 모두에게 열려 있었다.

로마 인의 법률적 성격은 바바리안 종족이 형성되고 변모되는 과정에 대한 헤로도토스의 이해를 상기시킨다. 플리니우스나 암미아누스 마르켈리누스 같은 로마 인 관찰자는 그와 달리 생각하였다. 그들에게 로마 인은 다른 민족들과 전적으로 달랐다. 그 민족들의 고정된 정체성은 정치적, 법적 제도를 수립하고 받아들이는 것에서 나오는 것이 아니라 오히려 지리적, 문화적, 언어직 기준들로부디 나왔다. 포풀루스, 겐스, 나티오natio[민족], 혹은 트리부스tribus[부족]와 같은 용어를 사용했더라도 로마 인들은 그들의 이웃, 적, 그리고 신민을 객관적이고 변하지 않는 기준에 따라 분류했다. 그리하여 다른 "민족"은 역사를 가지지 않았다. 그들의 기원은 신화의 시대로 사라졌으며 구성원의 자격은 선택이 아니라 출생으로 결정되었기 때문이다. 로마의 영역에 들어왔을 때에야 비로소 그들은 역사의 일부가 되었다.

"타자"에 대한 헤로도토스의 중립적인 관점을 적어도 부분적으로라도 채택한 로마의 작가로는 코르넬리우스 타키투스가 유일했다. 브리튼의 주민을 묘사한 《아그리콜라》나 특히 라인 강 너머 유럽의 주민들에 대해 설명한 《게르마니아》 둘 다에서 그는 다른 고대 민족지에 결여되어 있는 이 사람들에 대한 공감을 나타냈다. 타키투스는 브리튼 족을 소개할 때 그들의 입을 빌려 로마의 제국주의를 가장 점잖게 비난하였고, 게르만 인에 대한 그의 묘사도 스키타이 족에 대한 헤로도토스의 묘사 이래 가장 자세한 민족지적 소개였다. 그렇지만 타키투스도 비로마 인을 "타자"로 그리는 민족지적 전통을 완전히 벗어날 수 없었다.

타키투스는 브리튼 족의 성품이 갈리아 인보다 훨씬 고결한 것으로 분류했다. 왜냐하면 갈리아 인과는 달리 브리튼 족은 아직 자유와 용기를 잃지 않았기 때문이다. 그는 자신들을 노예로 만든 자들에 대해 복수하려는 브리튼 족의 고귀한 욕망을 칭찬했다. 그는 브리튼 족의 지도자 갈가쿠스의 입을 빌려 "그들〔로마 인들〕은 사막을 만들고 그것을 평화라고 부른다"라는 말로 로마 정책의 특징을 단순하게 묘사한다.[16] 하지만 브리튼 족에 대한 타키투스의 감동적인 묘사 중 많은 세부 사항들은 그가 그들에 대해 많이 알지 못했으며, 비실증적인 다른 로마 작가들이 사용했던 스테레오 타입으로 되돌아간 경우가 많았음을 보여 준다. 그는 칼레도니아 족이 붉은 머리와 긴 팔다리를 가졌다고 게르만 인으로 분류하는 실수를 저질렀다. 그는 남부의 실루레스 족은 어두운 얼굴색과 곱슬머리 때문에 스페인에서 이주한 것으로 생각하였다. 그는 동남부 브리튼 족에 대해서는 비교적 많이 알아 그들의 언어나 종교, 관습이 갈리아에 더 가깝다는 것을 인지했다. 그러나 이와 같이 매우 일반적이고 대체로 외형적인 구분을 넘어서게 되면 다양한 겐스의 구체적인 관습, 조직, 그리고 전통에 대해서는 거의 말하지 않았다. 타키투스는 그들의 종교를 미신으로 묘사했다. 용맹함이나 독특한 군사 전술과 같은 그들의 특징은 바바리안 관습에 대한 개별화된 묘사라기보다는 상투어에 불과한 경우가 많았다.[17] 브리튼 족의 고귀함과 용기, 그리고 자유에 대한 사랑은 그들에 대한 진정한 이해를 반영한다기보다는 타키투스가 자신이 싫어하는 네로 황제와 도미티아누스 황제를 비난하기 위한 도구였다.

　더욱 상세하고 많은 정보를 담고 있긴 하지만 게르만 인에 대한 타키투스의 묘사 역시 헤로도토스 이후 고전적 민족지의 폭넓은 전통을 벗어나지 못했다. 그는 대단위 주민과 그것을 구성하는 집단을 규모에 따라 구별하지 않고 겐스라는 하나의 용어를 사용했다. 하지만 그는 다른 "민족"의 흥망성쇠, 수에비 족과 같은 대집단과 그것에 속하는 다양한 개별 겐스 사이의 차이, 그리고 그 민족들 내에서의 다양한 문화적, 정치적 전통을 섬세하고 정확하게 묘사하였다. 그래도 물려받은 민족지적 전통은 여전히 남아 있었다. 만누스의 세 아들에게서 나온 게르만 인의 기원에 대한 설명, 그리고 그 다음의 헤라클레스의 여행에 관한 설명을 고려해 보라. 두 전설에 대한 타키투스의 공공연한 의심과 게르만 인의 기원에 대한 그 자신의 견해는 스키타이 족의 기원에 대한 헤로도토스의 설명과 아주 비슷하다. 그리고 그것은 기원전 1세기의 그리스의 역사가 포시도니우스에게서 빌려온 것일지도 모른다. 게르만 인에 대한 타키투스의 다른 묘사에서는 율리우스 카이사르, 리비우스, 플리니우스의 영향을 받았음을 보게 된다. 《아그리콜라》에서 브리튼 족에 대해 칭찬한 것과 마찬가지로, 《게르마니아》에서도 타키투스는 게르만 인에 대해—특히 로마의 악습에 아직 크게 물들지 않은 부분에 대해 —— 칭찬을 아끼지 않는다. 하지만 여기서도 그는 바바리안의 관습에 대해 가치 판단을 내리는 헤로도토스 이후의 민족지적 전통에 완전히 속해 있다. 타키투스가 〔바바리안의 관습에서〕 비난할 것보다 칭찬할 것을 더 많이 보았더라도, 그는 여전히 민족의 관습은 본질적으로 평등하다는 헤로도토스의 신념에서 멀리 떨어져 있었다.

타키투스가 다른 로마 작가들에 비해 비로마 인에 대해 미묘한 차이점까지도 잘 파악하여 묘사했을지라도, 그의 저술은 후대 작가에게 거의 영향을 미치지 못했다. 로마 세계가 종말을 고할 때까지, 아니 실제로는 훨씬 더 나중까지 역사가들은 세계가 로마 인과 바바리안, 즉 "우리"와 "타자"로 분리되어 있는 것으로 보았다.[18]

이교도와 하느님의 민족

로마 세계만이 이분법적이었던 것은 아니었다. 유대인도 이와 유사한 사회적 인식을 가져 민족을 하느님의 민족인 암am과 그 외의 민족인 고임goyim, 혹은 이방인gentiles으로 분류하였다. "민족"에 대한 라틴 어 번역에서 고임은 보통 이방인으로 번역된다. 성경은 두 유형의 민족을 소개하고 있다. 고임의 번역 용어(70인 역譯 그리스 어 구약성서에서는 에트노스로 번역되었고 히에로니무스는 겐스로 번역하였다)에 함축된 첫 번째 모형은 생물학적인 것이다. 《창세기》나 《출애굽기》 같은 책들은 대개 선조의 생물학적 기원과 관련이 있다. 가계도와 바벨 이야기는 인류가 원래 하나였음에도 불구하고 현재 다양한 이유를 설명해 준다. 많은 면에서 그것은 그리스-로마적 의미의 에트노스와 비슷하지만 단지 특정 개인을 배출한 지배 가문보다는 전 "민족"의 가계를 나타낸다는 게 다르다. 그리하여 성서의 다양한 민족들은 심지어 그리스와 로마 민족지의 사람들보다 더 동질적이게 되었다. 바바리안 젠스의 경우에서처럼 고임의 구성원이 되는 자격도 추측컨대 객관적이고 불변일 것이다. 성서의 고임과 고전·고대 민족지의 에트노스나 젠스는 사실상 동일하다. 그들은 역사의 세계가 아니라 영구적인 자연 세계에 속한다.

또 다른 모형은 암(라오스laos나 포풀루스로 번역된다)으로서 이스라엘 민족은 로마 인처럼 법률적 집단이다. 로물루스가 알반 인과 라틴 인 대중을 받아들여 법을 통해 그들을 한 민족으로 만들었던 것처럼, 시나이 산에서의 맹약을 통해 이스라엘 후예들은 이스라엘, 즉 하느님의 민족이 되었다. 모든 이스라엘의 후손들이 그 맹약의 자손은 아닐 것이다. 둘은 모두 생물학적 집단이라기보다 법률적으로 결정된 집단이다.

이스라엘 민족의 법률적 성격이 헤브루 성서를 구성하는 각양각색의 책들에 항상 반영된 것은 아니다. 에스드라스 서書와 느헤미야 서에서 이방인 여자와 결혼한 이스라엘 사람의 아이들은 [바빌론] 유수에서 돌아온 사람들에게서 배제되었다. 여기서 선택된 민족의 배타적이고 생물학적인 정의에 대한 기원이 보인다. 그렇지만 적어도 후대의 예언자들에게는 암의 구성원이 되는 자격이 아브라함, 이삭, 야곱의 생물학적 후손에게만 한정되어 있지 않았다. 아브라함의 아들은 마치 로마 시민이 모두에게 개방되어 있는 것과 마찬가지로 맹약을 받아들인 모든 사람을 포함하였다.

고대 기독교 시대에서의 사회 정체성

고대 말의 기독교 작가들은 민족지의 성서적 전통과 고전 · 고대의 전통을 모두 물려받았다. 그들은 그것들을 종합하여 인간 사회에 대한 새로운 이해를 형성하였다. 기독교 성서에서는 물려받은 종족적, 사회적, 법적 지위가 중요하지 않음이 더욱 강조되었다. 하느님의 새로운 민족은 종족적 범주, 혹은 법이나 젠더의 범주에 묶여 있지 않았다. 예수의 마지막 명령은 "가서 모든 민족nation(에트노스)을 가르쳐라"라는 것이다(마태복음 28:18). 바울로는 "유대인도 그리스 인도 노예도 자유민도 남성도 여성도 없다. 왜냐하면 너희는 주 안에서 모두 하나이기 때문이다"(갈라디아 서 3:28)라고 썼다. 그러므로 하느님의 민족은 차별 없이 모두를 통합한다.

물론 모든 사람이 복음의 메시지를 받은 것은 아니었다. 그래서 4세기가 되면 사고방식에서나 교육에서 철저히 로마적인 기독교 사상가들은 유대인과 로마 인 모두에게 오랫동안 친숙했던 포섭과 배제라는 구별이 그대로 남아 있는 세계를 상대해야 했다. 히에로니무스는 성경 번역에서 암시적으로, 또 아우구스티누스는 《신국》에서 명백하게 로마 인과 유대인의 민족지를 섞어 하나로 만들었다.

에트노스나 고임은 그들의 생물학적 기원, 객관적 지위, 그리고 비역사적 연속성을 간직한 채 여전히 두 사람의 저서에 남아 있다. 대조적으로 하느님의 민족인 구약성서의 이스라엘 민족과 신약성서의 기독교인들은 로마와 유대인 전통에서 말하는 민족의 특성을 갖추고 있다. 용어 사용에서 양자의 구분은 어떤 이들이 말하는 것만큼 항상 명백한 것은 아니지만, 라틴 교부들은 하느님 도시의 시민을 법적인 구조를 갖춘 공동체의 관점에서 보았다. 로마와 이스라엘의 공동체처럼 그 공동체도 법과 계약에 기초를 둔 것이었다.[19]

아우구스티누스에게 아브라함에서 다윗에 이르는 기간인 세계의 세 번째 시기는 이스라엘 민족이 탄생되는 시기이다. 그것은 [신에 의해] 선택되는 시기이며, 하느님의 사람이 겐스에게서 분리되는 시기이며, 아브라함과 약속의 시기이며, 망명의 시기이며, 출애굽의 시기이다.[20] 이 경험들을 통해 —— 그리고 특히 시나이 산에서 맹약의 갱신, 방랑의 세월, 부족으로의 정치적 조직화, 가나안 땅의 정복을 통해 —— 이스라엘 민족이 태어났다.

하느님의 민족만이 진정한 정의와 올바른 사랑 위에 건설되었으므로 그것만이 하나의 완전한 포풀루스임에도 불구하고, 아우구스티누스는 세속 사회도 역시 민족의 특성을 공유한다는 것을 인정하고자 했다. 그렇지만 로마의 전통이 로마 인과 타자를 구분한 반면, 기독교적 해석은 적어도 이론적으로는 그들을 같은 수준에 놓았다. "로마의 포풀루스뿐만이 아니라 아테네 인, 그리스 인, 이집트 인, 아시리아 제국의 초기 바빌론 인, 그리고 어떤 겐스의 사람"도 각자가 "그 사랑의 대상에 대한 공통의 합의에 의해 친교로 결합"되었으므로 진정한 포풀루스였다.[21]

그리하여 5세기 초가 되면 로마 세계의 거주자들은 기독교인이든 유대인이든, 혹은 이교도이든 간에 두 가지 유형의 민족이 있음을 알고 있었다. 하나는 **종족적**이라고 불리는 것으로 혈통, 관습, 거주 지역에 근거한 것이며, 다른 하나는 **법률적인** 것으로 법과 동의에 기초하고 있다. 둘을 분리할 수 있는 일정한 용어도 없고, 둘을 구분할 수 있는 명확한 특질도 없었다. 차이는 대개 관점의 차이였다. 내부의 관찰자 —— 로마 인이든 유대인이든, 기독교인이든 —— 는 공동체의 복합성과 이질적 성격을 보았다. 그 구성원이 되는 것은 공동체가 개인을 받아들이는 것과 공동체의 법과 가치를 받아들이려는 개인의 자발적 의지에 의해 결정되었다. 그러므로 구성원 자격은, 적어도 부분적으로는, 주관적이고 부수적이었다.

이 "우리" 집단을 볼 때와는 대조적으로, 타자를 바라볼 때는 동일한 개인이 〔그들에게서〕 동질성과 단순함, 그리고 비역사성을 보았다. 기껏해야 로마, 고전 시대의 그리스 도시들, 아마도 페르시아와 이집트라는 대제국만이 법률과 공통된 목표에 기초한 법률적 체제로 보였을 것이다. 하지만 또 다른 모델 —— 신화적인 혈통 모델, 즉 지리, 언어, 관습에 기초한 생물학적이고 불변하는 범주화 모델 —— 이 유력했다. 로마니타스Romanitas〔로마와 관련되는 모든 것을 포함하는 광의의 개념에서 로마적 세계를 의미한다〕 밖에서 그것을 둘러싸고 점점 더 그것을 위협하고 있던 바바리안 종족들을 볼 때 특히 더 그러했다. 이러한 구분은 사회적 혹은 문화적 실체에 대한 〔올바른〕 인식에 따른 것이 아니라 만들어진 것이었다. 그것은 가치 판단을 배제하고 알려진 세계의 민족을 탐구하는 헤로도토스의 관점을 거부한 이래 수세기 동안 물려받은 편견에 따라 만들어졌다.

고전 민족지와 바바리안의 이동

고대 말의 역사가, 특히 암미아누스 마르켈리누스, 프로코피우스, 프리스쿠스는 물려받은 전통과 3세기와 6세기 사이에 제국을 변모시킨 바바리안 민족들에 대한 자신들의 개인적인 경험 사이에 모순이 존재함을 인식했다. 멀리 떨어져 있어 실제 바바리안과 접촉할 기회가 없었고, 그들에 대해 무지했기 때문에 거리낌 없이 포괄적이고 권위적으로 세상의 민족을 분류했던 플리니우스와 같은 관념론적 민족지 학자와 달리 그들은 이 겐스들과 길고도 긴밀한 접촉을 가졌다.

예를 들면 암미아누스는 로마 황제 율리아누스가 4세기에 알레만니 족에 대해 취했던 군사 행동을 묘사했을 때, 그는 알레만니 족이 복합적 동맹을 형성하고 있다는 것을 알고 있었다. 일곱 왕이 그들을 이끌었는데 그들 중 두 명의 주요 인물인 크노도마리우스와 세라피오는 다른 왕들보다 더 큰 권력을 행사했다. 하지만 이 군대는 하나의 알레만니 겐스gens Alamannorum가 아니었다. 오히려 그 군대는 "일부는 탐욕에 의해, 일부는 상호 지원 협정에 의해 모인 다양한 민족(나티오natio)들"로 이루어졌다.[22] 프로코피우스는 "과거에도 지금처럼 많은 고트 민족nations이 있었다"는 것을 설명하는 것으로 고트 족에 대한 묘사를 시작한다. 그 다음 그는 이들 중 가장 중요한 에트노스로 고트 족, 반달 족, 서고트 족, 게파이데스 족 등을 들었다.[23] 프리스쿠스가 아틸라의 궁정을 방문했을 때, 그는 훈 족을 훈어, 고트 어, 라틴 어를 쓰는 복합 민족으로 묘사했다.[24]

그런데 아직은 전통의 무게가 너무나도 강력해서 이 직접적인 관찰자조차도 고전 민족지의 기본 관념에서 자유로울 수 없었다. 예를 들면 암미아누스는 서방의 알레만니 족이나 다른 변방 종족들에 대해 개인적으로 잘 알고 있었으면서도 여전히 그들을 단순히 게르마니Germani[게르만 인]나 바바리barbari[바바리안]로 지칭했다. 그는 고트 족과 같은 동방의 사람들을 게르마니 ── 여기서 게르마니는 언어적인 의미가 아니라 지리적 의미를 가졌다 ── 에 포함시키지 않았다. 프로코피우스는 다양한 고트 족을 논의한 후에 전통으로 돌아가서 그들의 옛 이름을 헤로도토스 때부터의 이름을 따라 사우로마타이 족과 멜란클라이니 족이라고 선언했다. 그 다음 그들 역시 고트 에트노스로 알려졌다고 말했다. 실제로 그들은 단지 이름에서만 달랐을 뿐 외양과 법, 종교에서 정확히 일치했다.[25] 상세한 정보를 가지고 있었음에도 불구하고 그는 분명히 아직까지 이전부터 전해져 온 고전 민족지 문헌의 포로였던 것이다.

그는 왜 경험보다 전통을 우선시하여 다른 민족에서도 자신과 같은 복합성이 있다는 것을 인정하지 못했을까? 물론 오만과 문화적 우월주의가 중요한 원인이었을 것이다. 의심할 것도 없이 무지도 한 몫을 했을 것이다. 비로마적인 모든 것에 대한 뿌리 깊은 편견도 작용했을 것이다. 하지만 그의 관점에도 어느 정도 실용적인 면이 있었다. 즉 로마의 제국주의자들은 "타자"가 로마 인 자신들처럼 복잡하고 유동적일 수 있음을 인정하는 것보다 그들이 인종적으로 동질의 민족인 것처럼 다루는 것이 더 쉽다는 점을 알았던 것이다. 그런 간결한 범주화를 절대로 허용하지 않는 공동체 ── 특히 전통적으로 로마의 이분법적 세계관을 공유했지만 그 핵심에 로마 인이 아닌 자신들을 두는 유대인과 기독교인들 ── 는 특히 곤란했다. 마르쿠스 아우렐리우스 황제는 유대인 처리에 대해 논하면서 다음과 같이 말했다고 한다. "오, 마르코마니 족, 콰디 족, 사르메티아 족이여. 마침내 나는 너희보다 훨씬 더 무질서한 다른 부족을 발견했도다." 율리아누스는 그를 흉내 내어 기독교인에 대해 불평하며 다음과 같이 말했다. "알레만니 족과 프랑크 족도 들었던 나의 말을 들으라."[26] 이 말이 내포한 의미는 유대인과 기독교인들이 바바리안 겐스처럼만 행동한다면 제국에서는 모든 것이 괜찮으리라는 것이다. 물론 문제는 바바리안 겐스 자체도 역시 로마 인들이 그들에게 부여한 패턴에 들어맞지 않았다는 것이다.

로마 세계로 들어와 그 세계를 근본적으로 변모시키게 되는 바바리안 민족들은 로마의 범주화에도 불구하고 종족적 정치체가 아니었다. 그들은 차라리 로마 인과 마찬가지로 귀족 전사 가문의 지휘 하에 다양한 문화적, 언어적, 지리적 기원을 가진 집단을 통합한 법률적 정치체였다. 알레만니 족, 고트 족, 알란 족, 훈 족, 프랑크 족 등 다른 종족들의 구성을 보면 그들 역시 다양한 언어를 쓰고 다양한 관습을 따르고 여러 전통에서 자신들의 정체성을 찾았다.

그들 역시 상당히 빠른 속도로 나타나고 사라졌던 것으로 보인다. 다만 그들이 이전 "민족"의 이름을 받아들이는 경향이 있었고, 로마 인들이 헤로도토스나 플리니우스, 혹은 다른 고대 권위자들에서 골라낸 이름을 새로운 "민족"에게 붙이는 경향 때문에 그들은 실제보다 더 오래 존재했던 것처럼 보였을 것이다. 마지막으로 바바리안들이 로마의 궤도 안으로 들어왔을 때, 로마의 관습을 받아들이고자 했던 그들의 자아 인식이 로마 인 이웃의 분류 체계에 깊이 영향을 받왔던 것과 마찬가지로, 그들의 정치적, 사회적, 경제적 구조도 로마 문명에 의해 주조되게 되었다.

고대 말 유럽의 민족

어떤 사회 분류 체계를 선택하느냐에 따라 1세기 제국의 유럽 거주민은 다양하게 중복되고 심지어 모순된 방식으로 분류될 수 있다.

2세기 내내 제국 내의 자유민에 대한 전통적인 구별은 시민이냐 아니냐였다. 1세기에 이것은 중대한 분리 선이었는데, 성聖바울로의 시민권 주장과 그 결과가 잘 보여 주듯이 그 선이 반드시 언어나 에트노스, 지리에 따라 그어지는 것은 아니었다. 시민권과 그에 따른 로마법의 한계는 일반적으로 속주와 키비타스civitas〔도시〕에 전적으로 달린 것이었으므로 시민권의 제한은 로마 이전의 지역적, 정치적, 문화적 차이를 강화하였다. 하지만 대체로 세수 증대를 위한 조처로 시민권이 실질적으로 제국 내의 모든 자유민 —— 이교도나 유대인도 똑같이 —— 에게 확대된 212년 이후에는 이러한 구분은 아무런 의미도 없게 되었다. 중요한 것은 주로 정치적 영향력과 부에 기초한 호네스티오레스honestiores와 후밀리오레스humiliores 사이의 사회적 구분이었다. 호네스티오레스는 사형에 처할 만한 범죄로 기소되었을 때 황제를 자동으로 면담할 자격이 있는 엘리트 구성원이고, 후밀리오레스는 항소할 희망도 없이 속주 총독의 권위에 종속되어 있는 시민 대중이다.

시민권의 보편화는 또한 보편적 로마법을 위하여 비로마적인 법적 전통을 확실히 폐지하게 만들었다. 그런데 이 확대가 결코 법률의 지역적 다양성을 완전히 제거하지는 못했다. 그것은 특히 그리스화된 동방에서 지역적 정체성의 의미를 약화시켰다. 제국과 제국 이후의 역사 내내 개별 엘리트들은 계속해서 그들의 키비타스와 일체감을 느꼈지만 이런 종류의 지역적, 감정적 애착은 로마 인으로서의 자아 정체성을 대체하기보다는 오히려 보완하는 것이었다. 이러한 정체성은 한 공동체를 다른 공동체에 맞서게 하는 방어적인 것도 아니었다. 그것은 오히려 비옥한 농촌과 자연적 이점, 농작물, 그리고 전통에 대한 찬미에서 표현되는 일종의 지역적 자부심에서 나타났다.

중앙 정부가 쇠퇴함에 따라 로마의 행정 구역 분할과 로마 이전의 "종족적" 어휘에서 유래한 용어로 표현되는 이러한 지역적 정체성은 속주 담론에서의 수사修辭를 압도하게 되었다. 로마의 행정 단위가 어느 정도 지역에서 부족이 차지하고 있는 영역의 윤곽과 비슷했던 갈리아에서는 이 부족 이름이 지역적 정체성을 가리키는 명칭으로 선호되어 다시 나타났다.

마찬가지로 제국 통치가 서방에서 사라지게 됨에 따라, 로마계 바바리안Romano-babarian 엘리트들은 물려받은 정치적, 민족지적 전통의 관점에서 새로운 정치적, 사회적 실체를 바라보고자 했다. 그들은 수세기간의 고전·고대의 문헌을 통하여 정교화된 종족성에 대한 얄팍한 관념을 거부하기는커녕 로마 인들이 바바리안에게 현실인 것처럼 오랫동안 투영시킨 특성을 받아들여 내면화했다. 그 결과 바바리안 왕국과 콘스탄티노플 양쪽에서 모두 이 새로운 정치체는 그 바바리안 지배자와 함께 그리스-로마적 민족지로부터 물려받은 용어에서 "타자"로 이해되게 되었다. 이전 제국의 전 지역에서 통치 엘리트들은 자신들을 한 종족적 왕 하에서 공통의 혈통, 언어, 관습에 의해 통합된 겐스로 인식하고 또 그렇게 인식되었다. 그래도 이 새로운 엘리트들은 여전히 그들의 겐스와 포풀루스 로마누스 사이에서 평형을 구하였다. 그 결과 두 사회적 범주 모두가 이해되는 방식이 변모되었다.

동등하기 위해서는 마찬가지로 동등한 수준의 학문, 덕성, 그리고 긴 역사가 요구되었다. 그러므로 제국의 변경에 나타난 "새로운" 민족들에게는 로마의 역사만큼이나 오래되고 영광스런 역사가 주어져야만 했다. 로마의 트로이 기원설은 그리스 역사에 대항하여 로마 역사에 그러한 배경을 제공했다. 유대인 및 그 후의 기독교 옹호론자들도 같은 문제에 직면하여 헤브루 민족의 역사를 그리스-로마의 역사적 맥락 안에 설정함으로써 그 문제를 해결했다. 그들은 단지 동등함 뿐만이 아니라 그리스 철학자와 법률 제정자가 헤브루 장로와 예언자들과 오랫동안 접촉하고 그들에게서 많은 것을 빌려왔으리라고 상정했다. 바바리안 민족을 재평가하려는 것으로 알려진 최초의 시도에서 카시오도루스는 동일한 접근법을 취했던 것으로 보인다. 그는 자신의 동고트 족 통치자를 위하여 고트 족이었을 것 같은 민족에 대해 서술한 고대 작가들의 글을 골라내고, 고트 족의 구전 전승을 보편적인 역사, 즉 그리스-로마식 역사로 엮어 냈다. 지금은 사라진 《고트 족의 역사》에서 그는 자신이 "고트 족의 기원을 로마 역사로 만들었다"고 주장했다.[27] 이것이 정확히 무엇을 의미하는지를 두고 오랫동안 많은 논란이 있었다. 한 역사가는 카시오도루스가 고트 족의 역사를 로마 역사가의 방식을 따라 "연속적 전기"로서 단순하게 이야기했을 것이라고 설명했지만 그것은 그보다는 확실히 더 많은 것을 의미할 것이다.[28) 17세대(이는 아이네아스와 로물루스 사이의 왕 숫자와 같다)의 고트 족 왕이 있었음을 확증하고 단순히 구전 전통이 아니라 (그리스와 라틴의) 책에서 그들의 업적을 발견함으로써, 그는 고트 족이 바바리안이지만 로마 인과 동일한 세계에 속함을 보여 주었다. 요르다네스의 《게티카 족의 기원과 관습》 앞부분 —— 이 책은 적어도 부분적으로는 카시오도루스의 사라진 저작에서 따왔다 —— 에는 고전·고대의 역사서에서 말하는 게티 족과 동일한 고트 족이 아말 가家의 용감한 전사와 덕이 높은 왕을 알아봤고, 로마의 궤도로 들어오기 이전에 이미 학문과 철학을 장려했다고 되어 있다.

고트 족을 고전적 역사학 전통에 편입시킨 요르다네스의 저서는 "바바리안 역사"를 다루는 이후 모든 역사가들이 따르게 되는 모델을 제공했다. 그들이 어떠한 정치적, 종교적, 문학적 과제를 수행하더라도, 6세기에서 12세기까지 대략 민족의 기원Origines gentium이라고 말할 수 있는 것에 대해 저술한 작가들은 통상 그들의 민족을 트로이 영웅의 직계 후손으로 만들거나, 그렇지 않으면 이 목적을 위하여 고전·고대 민족지와 로마의 역사에 의거하여 그들을 그리스-로마 역사의 무대에 가능한 한 일찍 등장시켰다.

그러나 바바리안 왕국의 엘리트들은 바바리안에 대한 로마 전통을 내면화하는 것과 동시에 오랫동안 지켜져 왔던 로마 인과 바바리안 사이의 구분을 지워 버렸다. 이러한 의도를 요르다네스는 명시적으로 드러냈다. 그는 마지막 아말 가의 아들이며 유스티니아누스 황제의 조카인 게르마누스 포스투무스의 탄생으로 이루어진 아말 가와 안키이 가의 통합으로《게티카》를 끝맺었다. 고트 족과 로마 인을 예기치 않은 결혼 동맹으로 하나로 합쳐질 수 있는 두 가족으로 줄이는 것은 바바리안 에트노스에 대한 이해를 위해서 뿐만 아니라 로마 인에 대한 이해를 위해서도 역시 많은 의미를 내포하고 있었다. 6세기가 되면 포풀루스 로마누스는 적어도 요르다네스와 같은 사람들의 눈에는 바바리안 겐스와 질적으로 동일한 것으로 보였다. "그들"과 "우리" 사이의 구분은 사라지고 있었다. 확실히 로마 겐스의 개념은 로마 인의 사고에 낯선 것은 아니었다. 베르길리우스와 같은 시인들은 로마 겐스를 창시하는 데 들어간 엄청난 노력에 대해 이야기할 수 있지 않았는가. 그래도 그러한 사회 집단이 정말로 창시될 수 있고 그래서 탄생과 혈통의 자연적 질서 밖에 존재한다는 오랜 인식은 (좀더 유기적인 개념인 나티오와 마찬가지로) 희미해져 가고 있었다. 로마 인들도 그들의 바바리안 이웃과 그 후예들처럼 겐스가 되어 가고 있었다.

로마 인이 더욱 더 겐스가 되어 가고 있는 그 순간에 바바리안은 더욱 포풀루스가 되어 가고 있었다. 그리하여 바바리안 왕국의 시대에 종족적 분류 표시가 "그들"에서 "우리"라는 범주로 변모함에 따라 고전·고대의 민족지에서는 중요하지 않은 요소지만 로마의 법률적 정체성에서는 결정적인 요소인 민족의 정치적 성격이 새롭게 강조되게 되었다. 바바리안 민족의 구성원이 되는 것은 생물학적 혈통이나 문화, 언어, 지리적 기원보다는 그 민족의 전통 —— 그 정치적 지도자, 즉 왕실 및 귀족 가문과 기본적으로 군사적 봉사를 통해 그 전통에 기여할 수 있는 능력에 구현되어 있었다 —— 과 동일시하고자 하는 의지에 달려 있었다. 이제 우리는 지식인의 정신과 로마 제국의 영토 모두에서 유럽 민족이 창조되는 복합적이고 상호 모순적이지만 흥미로운 과정에 대해 눈을 돌리려 한다.

3장 | 바바리안과 로마 인

로마 인들은 자신들과 자신들의 세계를 바바리안들의 세계와 나란히 놓고 비교하기를 좋아한다. 그러나 우리가 앞 장에서 제안했듯이 두 범주는 거의 상응하지 않는다. 즉 포풀루스 로마누스의 의미에서 로마 인의 정체성은 법률적인 것이다. 그것은 내적으로 생성되었으며, 공통의 문화적·지적 전통과 법률 체제, 그리고 공통의 정치·경제적 전통에 자발적으로 참여하고자 하는 의지에 기초한 것이었다. 요컨대 로마 인은 용어의 의미로 볼 때 종족적 범주라기보다는 법률적 범주였다. 대조적으로 바바리안은 몇 세기에 걸친 고전 민족지와 제국주의의 편견과 억측과 함께 다양한 민족에 투영되어 창안된 범주였다. 로마 인들이 둘 사이의 차이점을 강조하고 있음에도 불구하고 그들이 반드시 상호 배타적이지는 않았다. 어떤 사람은 로마 인이면서 동시에 바바리안일 수 있었다. 항상 실제적인 것이라기보다는 이론적이었던 양자의 구분은 4, 5세기에 더욱 불분명하게 되었다.

제국의 계급적, 지역적 그리고 종교적 정체성

로마 인이라는 것이 로마 제국에 영구적이거나 일시적으로 거주하는 수백만의 사람들에게 자신의 정체성을 결정하는 제일의 요소는 아니었다. 개인들은 민족적 혹은 종족적 정체성을 공유하기보다는 오히려 일차적으로 계급, 직업 혹은 도시에 더 애착을 느꼈다. 확실히 3세기 초부터 시민권은 별 의미가 없었다. 212년 이래로 실질적으로 제국의 모든 거주자들은 한때 모두가 탐내던 지위(엄청난 돈을 지불하고 시민권을 획득한 로마 관리에게 자신은 태어날 때부터 로마 인이었다고 선언하면서 성바울로가 얼마나 자랑스러워했는가를 생각해 보라)였던 로마 시민이었으므로, 그것은 이제 단순한 재정상, 군사상의 편의를 위한 방책일 뿐이었다. 모든 사람이 군대에 복무할 수 있게 하기 위하여, 그리고 로마 시민만이 내는 상속세를 모든 사람이 납부하게 하기 위해서, 황제 카라칼라가 모든 사람에게 로마 시민권을 주었기 때문이다.

실질적으로 로마 제국에서 거주하는 모든 자유민이 "로마 인"이었으므로, "로마 인"으로서의 자기 정체성은 그 중요성을 상실했다. 정체성에 대한 근대 민족지학의 연구는 중요한 "종족적" 정체성을 생성하는 집단은 흔히 변경 지역에 거주하는 사람들임을 보여 준다. 그들은 중앙에 거주하는 사람들과는 달리 지속적으로 변경 너머의 사람들과 상호 작용을 하므로 그 "다른" 사람들에 반하는 자신들의 정체성을 만들어 낸다는 것이다. 그런데 대다수의 로마 시민들은 다른 시민에 둘러싸여 지냈다. 또 대부분은 다뉴브 강 너머 "자유 게르만 지역"을 결코 보지 않았고, 사하라 사막 건너의 베르베르 부족민들을 만나지 않았으므로, 그들의 핵심적 정체성을 결정하는 데에 그들의 로마성Romanness은 다른 요소만큼 중요하지 않았다. 진정한 결속(과 대립)은 계급, 지역, 직업에서, 그리고 몇몇 제한된 상황에서는, 종교적 차이에서 도출되었다. 바바리안이 존재했다고 하더라도, 그들은 이론적 범주로서나 존재했지 실제 경험의 일부로서는 존재하지 않았다.

로마 세계에서 가장 큰 경계는 노예와 자유민 사이에 있었다. 제국은 항상 노예제에 근거한 사회로, 노예 —— 제국 밖에서 들어온 전쟁 포로 출신이거나 세습이나 처벌로 내부에서 노예가 되었다 —— 가 대부분의 농업, 수공업 그리고 산업 노동력을 제공하였다. 노예는 주인의 변덕에 종속되었고 그들의 경제적 가치로써만 보호받았다. 하지만 주인과 노예를 구분하는 분명한 인종적, 종족적, 종교적 경계는 없었다. 진실을 말하자면 아프리카 사하라 이남이나 독일의 삼림에서 수입된 노예들도 있긴 했다. 그들은 모두 그들의 피부색, 큰 키, 이국적인 외모 때문에 두드러졌고, 값어치도 높았다. 그러나 대부분의 노예는 그들이 노예임을 나타내는 낙인이나 문신, 혹은 주인에게 맞아 생긴 흉터가 아니면 일반 사람들과 구분할 수 없었다.

노예와 자유민의 경계는 이론적으로는 절대적이었지만, 그것은 또한 투과될 수 있는 것이었다. 자유민 남자나 여자가 민·형사상 재판에 의해 노예로 전락될 수 있었던 것과 마찬가지로 노예도 자유 사회의 영역에서 활동 범위를 찾고 또 개척하기도 하였으며, 그리고 때가 되면 노예 지위를 벗어나 신분 상승을 이룰 수 있었다. 로마의 노예는 주인의 허락으로 그들이 자유 시간에 획득한 자신의 재산peculium을 소유할 수 있었다. 비록 보통 그 액수는 상징적인 것이긴 했지만, 드문 경우에 그들은 그 재산을 가지고 자신과 가족들의 자유를 살 수도 있었다. 이것이 아니더라도 로마 인들은 관대함을 오랫동안 공개리에 과시하기 위해서 흔히 죽을 때 노예를 해방시켜 주곤 하였다. 그것은 수많은 해방 노예들이 주인의 죽음을 애도하며 장례식을 지켜볼 수 있도록 하기 위함이다.

해방 노예들은 중간 세계에서 살았다. 그들은 법 앞에서 자유로웠고 (이전 주인을 제외한) 나머지 사회에 대해 독립적으로 행동할 수 있었으나, 여전히 이전 주인에게 경의, 상환금 지불, 지원 등의 특정 의무에 속박되어 있었다. 적어도 이론적으로는 해방 노예의 신분은 자식에게 상속되지 않았다. 노예의 자손들은 행운과 재능만 있으면 얼마든지 최고의 지위까지 올라갈 수 있었다. 눈부시게 출세하는 일은 거의 일어나지 않았지만, 노예에서 부자로 상승하는 꿈을 키울 수 있을 만큼은 충분히 일어났다. 물건의 지위에서 법 앞의 인간의 지위로 이동할 수 있는 가능성이 드물기는 했지만 실현될 때도 있었다.

제국의 자유 시민 사이에서 엘리트와 대중 사이의 간극은 엄청났다. 소작농으로 다른 사람의 토지를 경작했던 일반 농민들은 노예와 거의 다를 바가 없었다. 호네스티오레스, 즉 엘리트 시민들은 그들이 가진 부와 로마 국가에 대해 그들이 갖는 가치로 인하여 법적으로 보장되는 권리를 향유하였다. 보통 시민들, 즉 후밀리오레스와는 달리 그들은 대중에게 가장 부담스럽고 굴욕적인 책무인 체형을 면제받았다. 보통 시민에 대해 말하자면, 순전히 경제적 지위 면에서 특권층 노예보다는 못했고, 그들 생활의 대부분을 통제하는 부유한 지주들과는 아무런 공통점도 가지지 못했다. 3세기 동안 세금과 징병, 그리고 인구 감소의 압력으로 콜로누스, 즉 소작농의 지위는 점점 노예의 지위와 비슷해졌다. 지주들은 그들의 농장에서 세금을 거둘 의무가 있었고 공지空地에서는 세금을 거둘 수 없었으므로 지주에게는 그들의 노동력을 통제할 수 있는 권한이 주어졌다. 농사일도 (다른 직업과 마찬가지로) 세습되었다. 지주들은 도주한 소작인을 추적해서 영지로 데려올 수 있는 권한을 부여받았다. 3세기와 4세기에 지주들은 점점 더 그들의 소작인에게 전통적인 로마의 보호자로서의 권리뿐만 아니라 정치적 권한까지 포함하는 권위를 행사하게 되었다.

로마 제국의 지주들은 지방이나 지역 차원에서의 경제권과 정치 권력을 독점하였다. 제국의 모든 지역에서 토지 소유로 자신들의 지위를 공고히 한 시의회 의원들은 공공 생활을 지배하였다. 로마의 통치 체제와 로마 세계를 이루었던 "자유 교역 지대"에서 가장 많은 혜택을 직접적으로 받은 사람은 바로 그들이었다. 동시에 그들은 의무도 지고 있었는데, 그중 가장 중요한 것은 대리인을 통해 매년 세금을 징수하는 것이었다. 이 세금의 일부는 국고로 들어갔고 나머지는 공공 사업을 위해 공동체에 남겨졌다. 지역 시의회 의원들은 누가 이 과세액 중 얼마를 낼 것인지 그리고 이 지역의 자금을 어떻게 사용할 것인지를 결정하였고, 그리하여 그들 자신의 후원 네트워크를 만들고 키워 나갔다. 큰 비용을 들이지 않고 이 세금을 징수할 수 있는 한, 이러한 업무는 큰 포부를 지닌 지역 귀족이 꿈꾸는 첫 번째 목표였다.

이 엘리트들이 단지 그들의 부만으로 대중과 구분되는 것은 아니었다. 부와 함께 파이데이아paideia, 즉 문화가 따라왔는데, 이것은 다른 어느 특징보다도 단순히 로마 인이 아니라 문명화된 로마 인이 무엇인지를 나타내 주는 표시였다. 속주 엘리트인 호네스티오레스의 생활양식의 일부분으로 배양되는 교육을 통하여 엘리트들은 보다 넓은 로마 문화 세계의 일부로서 자신들의 정체성을 발달시켜 나갔다.

그러나 아무리 파이데이아가 그들에게 열어 준 문화의 세계가 넓다고 하더라도, 대부분의 지역 엘리트들은 자신들의 농장이 있는 지역에 강한 애착을 느끼며 살고 있었다. 시리아에서 갈리아, 북아프리카에서 다뉴브의 변경까지 지역 지주들은 그들의 파트리아patria, 즉 지방의 특수성에 깊이 뿌리를 내리고 있었다. 여기에는 수많은 이유가 있다. 제국은 그 시초부터 로마 시와 도시들(과 그 주변 영토) 간에 특별 조약으로 연결된 네트워크였다. 많은 지역 유력자들은 로마 제국의 도래 이전부터 그 지역을 지배했던 지역 엘리트 가문의 후손이었다. 로마 제국은 항상 이전에 존재했던 지방 권력을 가능한 한 많이 로마의 궤도 안으로 끌어들여 팽창해 왔다. 다원적인 종교적, 문화적 전통을 가진 로마 제국에서 중앙 정부는 배타적으로 로마의 가치에 충성할 것을 요구하지 않았다. 가능하다면 언제든지, 지역의 전통은 로마의 전통에 동화되거나 그것과 동등시되었다. 그러나 어느 누구도 로마 도래 이전의 부족적 혹은 문화적 전통에서 자신의 가문이 차지했던 지위를 잊어버려야 할 필요는 없었다. 그 지위는 지역 명사들에게 자부심의 핵심이 될 수 있었고, 실제로 되기도 하였다. 그리하여 로마 인이 된다는 것은 새로운 방식을 위해 옛 방식을 포기하는 것을 의미하는 것이 아니라 오히려 새 방식에서 옛 방식을 발견하는 것을 의미하였다.

사회적, 정치적 동화 과정은 종교 영역에서도 똑같이 작용하였다. 메소포타미아에서 브리튼까지 새로운 신들은 오래되고 친숙한 신들이 지역에 현시顯示한 것으로 여겨져 숭배될 수 있었다. 켈트의 테우타테스 신은 로마의 메리쿠리우스 신으로 포섭되었고, 헤라클레스는 종종 소아시아에서 페니키아와 카르타고의 신으로 등장하였다. 아마도 그러한 [종교적] 혼합주의의 가장 두드러진 예는 이시스 여신으로, 아풀레이우스[124년경~170년 이후(?), 로마의 작가]의 《변신》〔혹은 《황금 당나귀》)에 나오는 설명에 의하면, 프리지아 사람들은 그녀를 어머니 신인 페시눈티아로, 아테네 사람들은 팔라스 아테나로, 아프로디테를 숭배하는 사람들은 비너스 파피아로, 크레타 사람들은 다이아나로, 시칠리아 사람들은 프로스페르피나로, 엘루시니아 사람들은 케레스로 불렀다.[1] 그 밖에도 사람들은 그녀를 주노, 벨로, 헤카타, 네메핀 등의 이름으로 불렀다. 알지 못하는 사이에 다른 사람들이 신앙에서 하나로 통합되었던 것이다.

로마가 예외적으로 자신들의 종교로 흡수할 수 없었던 종교는 유대교와 그것의 분파인 기독교였다. 급진적인 일신교는 로마 종교 정책에 극복하기 어려운 문제를 일으켰다. 성바울로의 예가 보여 주듯이, 유대인은 로마 인이 될 수 있었고, 실제로 그렇게 된 유대인도 몇 있었다. 그러나 그들은 자신들의 종교가 가지고 있던 전통적인 유대로 인하여 로마 세계에 완전히 통합될 수 없었다. 그렇지만 기원후 70년에 마지막 신전의 파괴와 팔레스타인과 유대에서의 유대인 추방 이후, 제국 전역에 퍼져 남아 있던 유대인들은 제국의 체제와 평화적 관계를 유지했던 것으로 보인다. 분산되어 있던 이 소수의 공동체가 분리주의적 혹은 선동적 행동을 했다는 보고는 더 이상 없었다. 대신 그러한 파괴적 행동은 기독교인에 의해 실행되었다.

그들 역시 급진적인 일신주의자로 제국의 로마화된 종교뿐만 아니라 로마의 전통적인 종교조차도 거부함으로써 위험한 무신론자라는 명성을 얻었다. 그러나 유대인과는 달리 기독교인들은 자신들을 어느 한 지역이나 사회 계층과 동일시하지는 않았다. 기독교 공동체는 사회 계층의 통상적 기준을 무시하기로 악명이 높았다. 각 공동체는 로마 세계의 나머지 부분과 마찬가지로 도시에 중심을 두고 있는, 그리고 지역에서 선출된 주교가 인도하는 지역 에클레시아ecclesia, 즉 집회[교회]로 발달하였다. 안티오크, 알렉산드리아, 그리고 로마의 "교회"는 거의 동일하지 않았다. 하지만 기독교는 동시에 제국 후기의 특수주의를 초월한 종파로써, 역설적이게도 모든 지역 교회의 지역적 전통을 초월하는 보편적인 문화를 기꺼이 끌어안은 몇 안 되는 운동 중의 하나였다. 그리하여 기독교도는 지역적이면서 보편적인, 그 구성원이 보통 시민인 동시에 이웃과 근본적으로 유리되어 있는 변칙적인 형제상을 제시하였다. 이 분파의 구성원이 제국 질서의 수호자에게서 뿐만 아니라 일반 사람에게서도 비이성적인 두려움을 일으켰던 데에는 그들이 종교 영역 밖에서 식별할 수 있는 분명히 구분되는 특징을 가지고 있지 않았다는 점도 기여했을 것이다.

기독교인은 자신이 동료 시민들과 다를 바가 하나도 없다고 주장하였다. 즉 그들은 의무를 다하고, 도덕적이며, 황제와 그들의 도시, 그리고 그들의 계급과 직업에 대한 충성스러운 지지자였다. 하지만 그들의 믿음은 그들을 로마 세계를 통합하고 있던 신성한 연대로부터 근본적으로 분리하였다.

종교적 통합은 지역의 유력자들이 이전에 맺었던 동맹으로부터 완전히 쫓겨나지 않고 로마 세계에 흡수될 수 있었던 과정의 일부분일 뿐이었다. 결혼과 인척 관계로 로마의 엘리트들은 그들의 도시는 물론 속주와 연결되어 있었다. 로마의 퇴역 군인과 관료들은 새로 건설된 속주로 은퇴하여 그 지역 가문과 결혼함으로써 그들에게 로마의 문화적 전통을 전달했으며 동시에 속주 도시의 농업 경제에 그들 스스로 흡수되었다. 제국의 더 넓은 세계에서 큰 성공을 거둔 사람은 흔히 자신의 고향으로 은퇴하여 그 지역에서 보호자로서의 명예와 의무를 수행했다. 신참자와 옛 가문은 함께 어우러져, 그 지역 지주 엘리트로서의 지위를 유지했다. 몇 세대에 걸쳐 형성된 지역 가문들끼리의 결혼 네트워크로 인해 지역의 풍경은 전통에 더 깊게 일치되었다. 이러한 지역적 정체성은 로마니타스를 대체하지도, 그것과 경쟁하지도 않았다. 정말이지 로마니타스는 지방의 특수성이 번창하기 위해 반드시 필요한 상황을 제공하여 줄 뿐이었다.

로마의 귀족적 정체성은 여러 층을 가지고 있었다. 엄격한 전통적 귀족 교육을 통해서 로마의 엘리트들은 중심적 로마 전통과 완전히 동일시할 수 있게 되었고, 베르길리우스, 키케로, 호라티우스에서 자신들의 과거를 인지할 수 있게 되었다. 동시에 그들은 자신들이 살고 있던 지방에, 특히 도시에 확고히 뿌리를 내리고 있었다. 그들은 자신들의 도시에 거주하면서 자기 도시의 아름다움, 비옥함, 강과 숲을 찬양하였다. 그들은 도시의 시장에서, 그리고 지역 원로원, 즉 시의회에서 그들이 행하는 공적 역할에서 그들의 미래를 보았다. 그들은 로마만큼 보편적이면서 동시에 그들이 사랑하는 풍경만큼 지역적인 도시의 신전에서 신을 숭배하였다.

어떤 역사가들은 노예와 자유민, 그리고 소작농과 지주를 구분 짓는 냉혹한 차이에 집중하여 계급적 정체성이 지역적, 인종적, 혹은 사회적 연대보다 훨씬 더 중요했으리라 생각한다. 어떤 의미에서 이것은 분명히 사실일 것이다. 즉 제국 후기의 삶에서 경제적, 법적 현실은 사회의 강력한 수직적 연대에 좋지 않게 작용하여, 억압적 지주에 반대하여 일어나는 폭동이 매우 일반적인 현상이 되었다. 그러나 사회 계층을 구분 짓는 사회적 차이가 사회의 유동성이나 후원 네트워크를 통해서 결코 메워질 수 없을 정도로 크지는 않았다.

제국의 역사 내내 제국에서는 이론적으로나마 노예에서 원로원 의원으로 신분 상승을 이룰 수 있는 사회적 유동성의 가능성이 존재하였다. 아무리 지위가 낮다 할지라도, 실제는 아니지만 적어도 이론적으로는 출세가 가능하였다. 오래 계속된 3세기의 위기 동안 일반적으로 군 복무를 통한 그러한 움직임은 실현 가능성이 없는 단순한 이상이 아니었다. 디오클레티아누스 황제도 달마티아 해방 노예의 아들이었다. 디오클레티아누스가 선택한 계승자 갈레리우스(305~311년 재위) 역시 비슷하게 그저 그런 신분 출신으로 카르파티아 산맥의 목동으로 인생을 시작하였다.

대부분 농민들이 미천한 신분에서 권력자로 신분 상승을 이루지는 못했지만, 그들은 로마 사회의 가장 오랜 유대 관계 중의 하나인 보호와 종속의 끈을 통하여 윗사람과 연결되어 있었다. 피정복민의 사회인 속주에서도 유사한 유대 관계가 지주들과 그들의 소작농 및 종속민 사이에 형성되어 있었다. 농민들은 제국의 세금 징수업자와 신병 모집자를 피해 그들의 후원자에게서 보호를 구하고, 지주들은 자신들 농장의 거주민 중에서 민병대를 양성하고자 하였으므로, 고대 말의 혼란스러운 시기에 스펙트럼의 양쪽 끝 모두에서 이러한 유대 관계의 중요성은 증가하였다. 5세기에 노예와 소작농뿐만 아니라 그들의 주인까지도 제국 정부에 대해 반란을 일으켰다. 그러나 그러한 연대 관계로 인해 인종적 혹은 민족적 정체성이 얼마만이라도 형성되었음을 암시하는 증거가 전혀 보이지 않는다. 그것은 개인이나 가문에 대한 충성이었던 것이다.

세계의 중심 로마

물론 몇몇 가문의 구성원은 지역의 대단한 유력자 혹은 지방의 막후 실력자 이상이었다. 제국의 대大가문들은 여러 속주, 즉 아프리카나 갈리아에 토지를 소유하고 있었다. 그리고 원로원 의원이 되려면 반드시 이탈리아 자체에 농장을 가지고 있어야 했다. 제국에서 최고 수준의 생활을 영위했던 이 가문들은 완벽한 로마 전통의 전달자였다. 그것은 그들의 속주적 뿌리를 거부하거나 억제하는 것을 의미하였다. 2세기 내내 이러한 가문들은 출신에서는 아니더라도 거주지나 자기 정체성에서는 이탈리아 사람이기 쉬웠다. 비록 그들의 수입원이 제국의 먼 구석에 있을지라도 과거에 그랬던 것처럼 로마 시를 향해서 이동하였다.

그러한 신분에 오르는 유일한 길, 혹은 세대를 걸쳐 그것을 유지하는 가장 확실한 방법은 제국 정부에서 일하는 것이었다. 3세기의 말까지 공직 근무를 통하여 권력과 부를 누릴 수 있는 최고의 지위에 오르기를 희망하는 젊은 귀족에게 가장 좋은 길은 군 및 민간 관료의 직책을 번갈아 맡는 것이었다. 제국 정부에서 복무하는 것은, 오늘날 다국적 기업에서 근무하는 것처럼 끊임없는 이동을 의미하였다. 젊은이는 군대 복무와 민간 관직을 통하여 더 높은 명예를 향해 이동하면서 제국을 종횡으로 누비고 다녔다. 이탈리아와 로마 시는 계속해서 야심 있고 부유한 사람들을 유인하였다. 로마 문명의 요람인 그곳은 끊임없이 완벽한 로마 인이 되고자 하는 의욕을 가지고 있고, 또 그렇게 될 수도 있는 사람들에게 제공되던 끝이 없을 것처럼 보이는 자원의 창조 및 분배의 중심지였다.

그렇지만 고향은 그러한 지역 출신으로 출세한 소년들을 잊지 않았다. 제국 도처에 그러한 인물들이 태어난 도시나 은퇴한 뒤 지낸 공동체가 세운 그들의 동상 받침대에 쓰여 있는 수백에 달하는 비문은 어지러울 정도로 높이 올라간 사람들조차 지역에 계속 묶어 두는 끈이 있었음을 증명해 준다. 디오클레티아누스처럼 신격화된 황제까지도 그의 고향 일리리쿰으로, 물론 황제의 위용은 갖춘 채, 은퇴하였다.

만약 주요 원로원 가문이 로마성의 한 중심을 이루었다면 군대는 다른 중심을 제공하였다. 어떤 점에서 군대는 다른 종류의 정체성을 상징하는데, 그것과 지역 특수성과의 관계는 아주 미약했다. 로마 군대는 제국 전체에서 병사를 모집하여 변경 요충 지역에 주둔케 하였다. 1세기 이래로 보조군은 인접 지역 주민들 중에서 모집되긴 했지만 평상의 관례는 이러한 부대를 나눠서 제국 도처에 분포시키고 그들의 친인척들에게서 가급적 멀리 떨어뜨려 배치하는 것이다. 그래서 게르만 군대가 이집트에서 발견되고, 스키타이 족들이 갈리아와 브리튼에 주둔했던 것이다. 제국의 주변 지역에 거주하는 주민은 물론 자신의 고향과 친척과 멀리 떨어져 변경 너머에 배치된 보조 군대 병사들에게, 군대는 제국 유일의 진정한 로마적 제도로서 로마화의 일차적인 수단이었다.

제국에서의 이러한 개별적 정체성은 3세기에 점점 변화하기 시작하였다. 시민권의 확대로 군단의 입대 자격은 실질적으로 전 주민에게로 확대되었으며, 군단은 그들이 몇 십 년 간 혹은 몇 세기에 걸쳐 주둔하고 있는 지역에서 신병을 충원하였다. 게다가 이미 2세기 말쯤에 현역 병사의 결혼이 허가되었다. (몇 십 년 전부터 그들은 이미 비공식적으로 결혼을 하고 있었다.) 지역 주민 출신인 그들의 아내들이 군대가 지역 공동체로 합쳐지는 과정을 촉진시켰다. 침략의 위협에 대처하기 위하여 제국의 다른 지역으로 군대를 이동시키려 했을 때 반란이 일어날 정도였다. 보조 군대 역시 그들의 고향에서 다른 곳으로 보내려는 시도에 저항했다. 360년에 동쪽 국경에서 페르시아의 강력한 공격에 직면해서 황제 콘스탄티누스는 보조 군대와 게르만 국경의 다른 부대를 동쪽으로 옮기도록 명령하였다. 그 결과 군대는 반란을 일으켜 서로마의 부황제 율리아누스를 황제로 선포했다.

바바리안 세계에서의 사회적 정체성

이 광대한 제국의 전 국경에서 로마 군대는 그들이 바바리안이라 부르고 싶어한 세계를 감시하였다.

로마 인들은 그들의 바바리안 이웃의 사회적 단위를 겐스(그리스 어로는 에트노스), 즉 "종족"이라 부르며, 우리가 앞에서 살펴보았듯이, 헤로도토스 이래의 고전적 민족지학의 일부였던 불변의 모든 특징을 그들에게 부과하였다. 이 집단들이 정말로 어떠했는지, 그들 자신의 자기 정체성, 즉 "종족적 의식"이 과연 있었다면 무엇이었는지를 확인하기는 불가능하다. 그러나 그들의 이웃인 로마 인들의 눈을 통하여 그들을 관찰함으로써 우리는 그들의 "문명화된" 당대인들이 가지고 있던 이미지와는 다른 몇 가지 결론에 도달할 수 있다.

바바리안은 북해와 발트 해에서 흑해에 이르는 강과 해변과 산림을 따라 생겨난 마을에서 농업과 목축업에 종사하며 사는 소규모 공동체로 구성되어 있었다. 이 사회의 대부분 구성원들은 자유민 남자와 여자들로, 남편이나 아버지에 의해 지배되는 핵가족으로 조직되어 있었다. 마을 내의 계층은 가족이 소유하고 있는 가축의 수에 의해 결정되는 재산과 군사적 용맹에 달려 있었다. 좀 더 부유한 몇몇 사람들은 그들의 아내나 아내들과 자식들뿐만 아니라 주인의 집 주위의 딴채에 거주하는 자유 종속민과 노예를 포함하는 가구를 통솔하였다.

가구는 다시 학자들에게는 십sip, 즉 씨족clan으로 알려진 더 큰 친족으로 통합되었다. 이 더 넓은 친족 집단은 부계와 모계 친족 집단을 모두 포함하였으며, 공통의 조상을 가지고 있다는 인식을 공유하였다. 이러한 인식은 씨족 내의 폭력적인 충돌을 보상이나 속죄가 불가능한 범죄로 만드는 특별한 "평화"에 의하여 강화되었다. 씨족은 근친상간 역시 금기시하였으며, 아마도 어느 정도의 상속권을 요구할 수 있었을 것이다. 이러한 확대 친족을 토대로 하여 상호 방어를 실시하고 분쟁이 전개되었을 것이다. 그러나 이 큰 집단에의 가입은 가변적이었다. 개인은 주어진 상황에 따라 가입이 가능한 다양한 확대 친족 집단 중에서 선택할 수 있었으므로, 가입은 공동 행동의 필요성이 아니라 가능성만을 제공할 뿐이었다. 더 넓은 씨족이 아닌 핵가족이 바바리안 사회의 기본 단위였다.

씨족장 지배 하의 자유민 의회가 촌락의 생활을 이끌었다. 씨족장의 지위는 그의 부, 가문의 영향력, 그리고 초촌락supra-village 지도층, 즉 종족과의 관계와 같은 여러 요소가 결합하여 결정되었을 것이다. 촌락 수준을 넘어서는 더 넓은 집단인 종족은 불안정하지만 강력한 통합 의식을 전해 주는 종교적, 법적, 정치적 전통이 결합되어 하나로 통합되었다.

"종족"의 구성원들은 공통의 조상 신화, 문화적 전통, 법적 체제, 그리고 지도자를 공유하였다. 그러나 이 모든 것들은 가변적이고 다면적인 것으로 협상이나 심지어 분쟁의 소지가 있었다. 조상 신화는 영웅적인 인물의 가계도와 그들의 영웅적 행위라는 형태를 띠었다. 이 가계도의 창시자는 신이었고, 그 후손들의 이야기도 그리스-로마적 의미에서 역사라 할 수 없는 것으로 사건과 그것의 좀 더 광범위한 의미를 구조적으로 서술하는 형태를 취하지 않았다. 오히려 이 신화들은 많은 개인과 가족들이 유대감을 느낀다고 주장할 수 있는 친족 관계와 복수, 피비린내 나는 싸움 이야기를 가지고 엮어진 개인에 대한 비시간적이고 비정치적인 설명을 담고 있었다.

학자들은 이러한 복합적인 전통에의 믿음을 "핵심적 전통traditi-onskern"이라고 부른다. 독일 중세사학자이자 민족지학자인 라인하르트 벤스쿠스의 연구 이래, 학자들은 왕의 가문이 이 핵심적 전통의 전달자이며 허구적이지만 역동적인 종족적 정체성의 정수를 그 안에 구현하고 있다고 주장한다.[2] 많은 경우에서 이것은 사실이었다. 그러나 동시에 다른 가문이 다른 혹은 경쟁적인 전통을 고수하면서 그들의 전통을 강요하는 것이, 그리하여 기존의 가문을 물리치고 공동체에서 자신들의 권위를 세우는 것 역시 가능하였다. 또 다른 경우에 그러한 전통은 아마도 개별 가문의 배타적인 소유물이 되기보다는 사회 내에 훨씬 더 광범위하게 확산될 수도 있었을 것이다. 확실히 4세기와 5세기 중에 개인들이 지배적인 지위를 굳히게 되면, 그들은 이러한 전통을 자기 것이라고 주장하거나 영광스러운 전설적인 가문이나 신화 속의 영웅과 관련 짓고자 하였다. 때때로 이것은 성공을 거두기도 했지만 재앙을 초래할 때도 있었다.

언어나 무기, 전술, 의복 그리고 머리 모양 같은 다른 문화적 전통 역시 사회 집단을 통합할 수 있는 유대 관계의 연결 고리를 제공할 수 있었다. 그러나 이것 역시 통합을 창조할 수도, 아니면 차이를 주장할 수도 있는 유동적이고 융통성이 있는 방법이었다.[3] 심지어 로마 인들조차도 이상적인 도식에 따라 민족을 언어로 구분할 수 있지만, 언어의 수보다 민족의 수가 더 많다는 것을 알고 있었다. 9세기 이전의 어느 누구도 많은 바바리안들이 사용하는 게르만 어들이 언어학적으로 통일성을 가지고 있다는 것을 인식하지 못했던 것 같다.

바바리안들은 각기 다양한 무기와 전술을 가지고 있었지만 이것들이 특정 바바리안 종족에게 통일성의 표시로서 정말로 중요했는지는 확실하지 않다. 예를 들어 훈 족의 활, 다키아 족의 창, 고트 족의 창이나 프랑크 족의 도끼와 같은 개별 종족의 독특한 무기나 전술이 로마의 사료에서 나타나기는 하지만 전혀 일관성이 없이 나타나고 있다. 이러한 언급들은 바바리안들의 실제 관습을 반영한 것이라기보다는 분류에 대한 로마의 광적인 집착에 대한 반영일 것이다. 심지어 5세기 말경에 프랑크 족의 특징으로 보였던 도끼의 경우를 들자면, 프랑크 족 자신들은 그들의 적인 서고트 족이나 비잔틴 인보다도 도끼가 "프랑크적" 전통임을 알고 있지 못했다.

비슷하게 기병 위주의 스키타이 족(고트 족, 훈 족, 아바르 족)과 보병 위주의 게르만 인이나 켈트 인 사이의 구분도 로마 사료에서는 과장되어 있다. 확실히 스텝 지대의 유목민들은 마상 전사들이었다. 그러나 부와 지위가 허락하기만 하면 서쪽의 게르만 전사들도 마상 전사가 되었다. 게다가 바바리안 부대가 로마 군대로 징집되었으므로, 그들은 종족의 전통적인 특기보다는 로마 군대의 필요성에 상응하는 전문화된 역할을 부여받았을 것이다. 약 400년 무렵의 고위 무관과 문관의 공식 명부notitia dignitatum는 기병 부대가 알레만니 족과 프랑크 족으로 구성되었음을 보여 준다. 이 전사들은 그들의 기병 기술로 제국의 군대에 징집되었을까, 아니면 그들이 로마군의 필요를 알고 전문적인 마상 전투 기술을 습득했기 때문에 선발되었을까?

의복과 장식품도 확실히 너무 다양해서 집단 정체성의 상징이었을 수도 있다. 사회의 구성원들이 어떤 옷을 입고, 어떤 종류의 브로치와 벨트를 착용했으며, 그들의 머리 스타일이 어땠는가는 모두 중요한 상징적 의미를 가질 수 있었다. 그 의미가 무엇이었는지를 소급하여 알아내는 것은 불가능하다. 로마 인들은 의복과 머리 스타일의 차이에 대해 설명하기를 즐겼다. 그러나 이것 또한 정확한 관찰에 따른 것이었다기보다는 분류에 대한 로마 인들의 관심에 더 상응하는 것이었다. 이러한 특징들을 변화하지 않는 문화적 결속의 증거로 보는 것은 무리이다. 그보다는 차라리 이 특징들이 집단이 형성되는 와중에 변화하는 이해관계에 맞추어 조작되고 조정될 수 있는 것이었다고 결론을 내리는 것이 최선일 것이다.

법적 전통 —— 즉 갈등을 처리하는 방법 —— 은 종교적 및 문화적 정체성의 부산물이었다. 중앙 권력이 매우 약한 상황에서 분쟁은 가문의 지도자, 촌락 회의, 군대 지휘자를 통해서 제어되었다. 통제는 평화를 지키기 위해서, 아니면 적어도 분쟁이 일어나더라도 그것이 정해진 규칙에 따라 처리되어 공동체에 파괴적인 영향을 미치지 않도록 규칙을 정하기 위해서 고안되었다. 마지막으로 이러한 종교적, 문화적 집단은 로마와 접촉했던 초기 몇 세기 동안 격심한 변화를 경험했던 정치적 지도력 하에서 조직되었다.

로마 인들이 처음 켈트 인이나 게르만 인과 접촉했을 때, 대체로 그들 종족의 정체성을 형상화한 세습적인 제사장 왕이 이 사람들을 통치하였다. 1세기와 2세기 동안 로마 주변에 살던 종족들은 대체로 전통적인 제사장 왕을 버리고 옛 왕실 가문이나, 이들만큼 흔하게,

성공한 전사 중에서 선택된 전사 지도자를 지지하였다. 이러한 변화는 제국에 유리하였다. 왜냐하면 로마는 고대의 종교적 권위를 계승한 왕보다 귀족 출신 지도자에게 영향력을 행사하기가 더 쉬웠기 때문이다.

이 지도자들은 다민족으로 이루어진 혼성 군대에 의해 권력의 자리에 오르게 되었는데, 그들을 중심으로 그 주위에 새로운 전통의 정치적, 종교적 정체성이 발달될 수도 있었고, 어떤 경우에는 그 중심에 이전의 제사장적 정체성의 개념이 접합될 수도 있었다. 이 지도자들의 정통성은 궁극적으로 그들의 군대를 승리로 이끌 수 있는 능력에서 나왔다. 전쟁에서의 승리는 그들에게 지배할 수 있는 권리를 주었으며, 그들의 정체성을 받아들이고 공유하려는 사람들을 점점 더 많이 끌어들이게 해 주었다. 운이 따르면, 승리는 로마의 인정과 지지를 가져다 주기도 했다. 그리하여 카리스마적인 지도자들은 새로운 종족을 창조할 수 있었다. 얼마 후 그 지도자와 그의 후계자들은 옛 전통과 자신들을 동일시하고, 전쟁에서의 승리로 증명되었다시피 신이 자신들로 하여금 몇몇 고대의 "종족"을 형상화하고 영속시킬 것을 승인했다고 주장하게 된다. 그리고 이 종족들이 정체성과 계속성을 확보하여 법률적 정체성을 지키는 것은 전쟁과 정복에 달려 있었다. 그들의 경제가 약탈이나 목축업 및 화전 농업의 결합에 달려 있다고 하더라도 그들은 군인이었다. 로마나 다른 바바리안에게 패배를 당하는 것은 지도자 개인의 최후일 뿐만 아니라 종족의 종말을 의미하였다. 그렇게 되면 그들은 다른 더 많은 승리를 거둘 수 있는 부족 연합체로 흡수되었다.

그러나 3세기가 되면 제국은 그 변경 밖에 사는 유럽의 주민들조차 변모시켰다. 로마는 호전적인 바바리안과의 접촉으로부터 제국을 보호할 수 있으며, 교역 상대자에게 가축, 원료, 노예, 그리고 보조 군대를 공급해 줄 수 있는 예속적인 완충국을 창조할 수 있도록 하는 정책을 필요로 하였다. 이것은 전혀 새로운 것이 아니었다. 몇 세기 동안 제국은 바바리안 세계 내에 친로마적인 파벌의 힘을 길러 주기 위하여 로마에 우호적인 족장들에게 무기, 금, 곡물을 제공하여 왔었다. 어떤 부족장들은 시민권을 받기도 하였다. 토이토부르거 숲의 전투에서 바루스를 물리쳤던 유명한 승리자 아르미니우스는 시민권을 받았을 뿐만 아니라 심지어 기사 계급에 편입되기도 했다.[4]

로마와의 접촉이, 국경 근처에 거주했던 사람뿐만 아니라 멀리 떨어져 살았던 사람까지도 포함하여, 바바리안에게 미친 영향은 상당하였다. 로마의 경제력과 정치력은 능력 있는 친로마적 부족장으로 하여금 이전에 가능했던 수준을 훨씬 더 넘어서는 부와 권력을 축적하게 함으로써 바바리안 세계 내에서의 힘의 균형을 깨뜨려 버렸다. 시민권을 받고 로마의 과세 방법을 배운 이 부족장들은 부대를 이끌고 로마 군대에서 동맹군으로 복무함으로써 군사적, 정치적 경험을 쌓았다. 동시에 로마 인과 그들의 동맹 세력에 대한 두려움 때문에 반로마 파벌이 생겨나 종종 더 크고 불안정하지만 강력한 연합체로 발전하여 이따금 국경의 양쪽에서 로마의 이해에 상당한 피해를 입히기도 하였다. 이것은 카이사르 통치 때 갈리아와, 1세기 말엽 브리튼에서 발생했다. 2세기 말에는 마르코만니로 알려진 광대한 연합체가 일시적으로 다뉴브 변경 지방을 정복했다.

그러므로 언제든지 이 방대한 연합체 내부에서 다양한 개인들이 "종족"의 일정 부분에 대한 왕권을 주장할 수 있었다. 그들은 자신들의 전통이 "핵심적 전통"이 되어 집단이 그것을 중심으로 뭉쳐야 한다고 제안하거나, 아니면 그들이 모두가 공유하는 고대의 전통을 합법적으로 상속받았다고 주장하였다. 이처럼 새로운 집단이 끊임없이 등장하고 옛 집단은 계속 사라지고 있었으므로, 바바리안들 사이에서 "종족적" 정체성은 엄청나게 유동적이었다. 남아 있는 것은, 아무리 상상의 것이라 할지라도, 그 집단이 오래되고 신성하게 승인된 과거를 소유하고 있다는 믿음뿐이었다.

위기와 회복

3세기 동안 내외의 압력으로 제국은 안팎으로 근본적인 사회적, 제도적 개혁을 단행하게 되었다. 그 결과는 광범위한 것으로 고대 말의 사회 구조뿐만 아니라 사람들의 자기 인식까지 변화시켰다. 오랜 유대 관계는 붕괴되었고 새로운 정체성이 등장하였다. 어떤 사람들은 로마 이전의 고대의 정체성에 귀 기울이기도 했다.

3세기의 위기는 복합적 현상으로 다뉴브 지역, 북아프리카, 사산조朝 페르시아 국경에서의 압력 증가는 물론 인구의 감소와 이탈리아에 기반을 둔 전통적인 로마 권력의 중심에서의 지도력의 위기로 인해 발생하였다. 근본적인 원인이 무엇이든 간에 그 결과 권력의 균형이 이탈리아에서 군대가 바바리안을 묶어 두는 임무를 수행해야 하는 속주로 옮겨졌다. 황제는 더 이상 제국의 옛 중심지에서 배출되지 못했으며 오히려 변경의 군대에 의해 사령관 중에서 추대되었다. 이러한 "병영 황제"들은 병사들의 월급 인상 요구를 감당하지 못하거나 경쟁 부대나 바바리안 적과의 대결에서 승리하지 못하면 자신의 군대에 의해 암살당하였다. 235년에서 284년 동안 20명의 황제 중 17명이, 그것도 종종 정통성에 의문이 제기된 가운데 몇 달만 통치한 후에 살해당하였다.

점점 비용이 많이 들면서도 성과를 거두지 못하는 군사 조직의 유지 비용은 과거의 제국 체제에서 가장 큰 이득을 보았던 바로 그 집단, 즉 속주의 지주들에게 견디기 힘든 부담이 되었다. 그들은 다시 그들의 소작농과 노예에게 부담을 전가했다. 그 결과 제국은 점증하는 농민들의 소요, 간헐적 반란, 농민의 도주를 경험하였다. 약탈에서 심각한 반란까지 다양한 것을 의미할 수 있었던 산적질은 오랫동안 제국에서 저차원의 문제였다. 이제 많은 반란에서 소작농은 점점 더 심해지는 지주나 주인들의 요구에 저항하여 노예들과 연합하는 것으로 보였다.

이들 지주들, 특히 지역 시의회의 의원들의 처지도 그들의 농민만큼이나 절박하였다. 도시에서 세금이 제대로 징수되었건 되지 않았건 간에 도시에 부과된 세금 전부를 지불하라는 제국 세금 징수자의 압력에 짓눌려 많은 사람들이 파산에 직면하였다. 지역의 유력자들은 멀리 떨어져 있고 비효율적인 로마의 대리인들을 바바리안 약탈자보다도 더 위험한 존재로 생각하게 되었다. 폭력과 무질서의 피해가 가장 심했던 제국의 유럽 지역에서는 새롭게 떨어져 나가 분리된 정치체가 나타나기 시작하였다. 제국 체계가 효력을 잃게 됨에 따라

259년에 프랑크 족과 다른 바바리안들은 론 강을 건너 갈리아 깊숙이, 심지어 스페인까지 침입하여 파괴를 일삼았다. 갈리아에 있는 부대는 그들의 사령관 카시우스 라티누스 포스투무스를 황제로 추대하였다. 그는 자신을 갈리아, 브리튼, 그리고 스페인 일부 지역의 사령관으로 임명하였다. 포스투무스와 그의 계승자들은 그것을 "갈리아 제국"이라 명명하여 273년까지 통치하였다.

이렇게 분열된 정치체를 갈리아나 서로마에서 "민족적" 정체성이 발달한 징후로 보는 것은 잘못이다. 서로마의 귀족들은 갈리아 황제를 지지했는데, 그것은 그가 서로마 속주를 보호하고 안전을 보장했기 때문이다. 또한 그것은 그들에게 중앙 권력에 더욱 직접적으로 접근할 수 있게 해 주었으며, 그들로 하여금 중앙 집중화된 제국 체제에서보다 더 직접적으로 정치 생활에 참여할 수 있게 해 주었다. 그러므로 갈리아 제국은 불합리한 압력에 대한 합리적인 대응이었던 것이다. 포스투무스와 그의 계승자에 대한 지지가 로마니타스의 전통에 대한 헌신이 줄어들었다는 것을 의미하지 않았다. 그러나 그것이 "갈리아 민족주의"의 증거가 아니라고 한다면, 그것은 로마 속주가 로마의 통일성이라는 시대착오적인 이상보다는 지역적인 환경에서 부, 안전, 그리고 지위의 유지와 같은 실질적인 문제에 더 관심을 가졌다는 때 이른 증거였던 것이다. 어떤 의미에서 그것은 5세기 서유럽의 분열에 대한 총연습이었다.

3세기의 위기는 바바리안 세계의 위기이기도 했다. 3세기 동안 마르코만니 전쟁의 여파로 새로운 바바리안 "종족"들이 라인 강과 다뉴브 변경 지역에 생겨났다. 로마의 작가들은 그들을 일괄적으로 게르마니Germani라 불렀다. 그들은 이전에도 라인 변경에 살던 모든 사람들을 언어나 다른 "종족적" 기준에 상관없이 그렇게 불렀었다. 그들은 이 게르만 인을 좀 더 구분하여 라인 강 하류에 사는 사람들은 프랑크 족, 즉 "사나운 사람들" 또는 "자유로운 사람들"이라고 불렀고, 라인 강 상류에 사는 사람들은 "알레만니", 즉 "사람들"이라고 불렀다.

두 명칭──프랑키[프랑크 족]와 알레만니──이 모두 게르만 언어였으므로, 로마 인들은 이 명칭을 이들 집단 사람들이나 게르만 어를 쓰는 이웃에게서 배웠음이 틀림없다. 어느 이름도 라인 강 오른편에 살았던 사람들을 지칭하던 "고대" 이름 중에서는 보이지 않았다. 그것은 새로운 용어였다. 근대의 역사가들은 "새로운 사람들"이 당연히 어딘가에서 왔으리라고 여겼으므로, 많은 역사가들은 알레만니 족의 기원을 타키투스가 언급했던 엘베 강 유역의 수에비 족에서 찾으려고 하였다. 그들은 3세기 초 몇 십 년 동안 수에비 족의 일부가 로마의 변경으로 이주하였으리라고 가정하였다. 좀 더 신빙성 있는 설명은 알레만니 족은 어디에서도 오지 않았다는 것이다. 즉 그들은 단순히 라인 강 상류에서 오랫동안 살고 있었던 토착 집단의 연합체로, 다만 새로운 집단 정체성을 가지게 되었던 것뿐이다. 마찬가지로 프랑키도 라인 강 하류 종족들의 연합체였다.

마르코만니 전쟁 후에 다뉴브 강 하류에서 게르만 인, 사르마티아 인, 그리고 심지어 로마 인들이 고트 족 장군 크니바의 휘하에서 뭉쳐 다른 연합체를 조직하였다. 로마의 변경에 위치한 이 연합체들 뒤에는 예를 들어 프랑크 족 너머의 색슨 족, 알레만니 족 너머의 부르고뉴 족, 고트 족 너머의 반달 족과 같은 또 다른 연합체가 있었다.

바바리안이 3세기의 위기를 초래했던 것은 아니었지만 그들 때문에 위기는 확실히 가중되었다. 예를 들어 250년대에 고트 족의 왕 크니바는 그의 혼합 연합체를 이끌고 다키아 속주로 쳐들어갔고, 고트 족 해적들은 다뉴브 강 어귀에서 흑해 연안을 습격하였다. 라인 강변에 주둔해 있던 군대가 안팎에서의 문제에 대처하기 위하여 동쪽으로 이동하자, 바바리안들은 기회를 놓치지 않고 방어가 허술해진 국경을 습격하기 시작하였다. 로마 군대가 론 강과 다뉴브 강의 상류에서 퇴각한 후, 알레만니 부대들은 (아마도 어떤 속주의 로마 사령관의 허락을 받아) 데쿠마니아라 불리는 이 지역으로 이동하였다. 그러자 프랑크 군대들이 갈리아와 심지어 스페인 깊숙이까지 진출하였다.

회복과 변모

일련의 정력적인 황제들이 위기를 종식시킬 수 있었으나 그렇게 하는 가운데 그들은 로마와 바바리안의 세계 양쪽을 변모시켰다.

급선무는 바바리안의 위협을 억제하는 것이었다. 갈리에누스 황제(253~268년 재위)와 그의 계승자들은 프랑크 족과 알레만니 족을 상대로 결정적인 승리를 거두었으며, 아우렐리아누스 황제(270~275년 재위)는 일련의 군사 작전을 통해 고트 족을 분열시켜 격파하였다. 산발적 습격은 계속되었으나 기본적으로 변경은 다른 한 세기 동안 안전했다. 제국의 방책은 비록 다키아와 데쿠마니아 지역을 완전히 되찾지는 못했지만 4세기의 대부분 동안 상대적으로 안전했다.

몇몇 바바리안 군대에게 패배는 결집력을 갖춘 사회적 단위로서의 정체성의 파괴를 의미했다. 바바리안이 로마로 습격하여 끼친 피해의 정도는 라인 강이나 다뉴브 강 너머로 원정한 로마 군대가 자행한 파괴와 학살에 비하면 아무것도 아니었다. 310년의 공식적 찬사에는 콘스탄티누스 황제가 브룩테리 족을 상대로 한 보복 원정에서 그들을 어떻게 처리했는지가 묘사되어 있다. 그들은 바바리안들을 숲과 늪으로 된 아무도 들어갈 수 없는 지역에 가두어 두고 수없이 죽이고 가축을 몰수하고 마을을 불태웠다. 모든 성인 남자들은 원형 경기장에서 야수의 먹이가 되었다. 어린 아이들은 아마도 노예로 팔렸을 것이다.

그렇게 되었을 때 최악의 경우, 패배는 종족의 소멸, 그 사회적, 정치적 유대 관계의 전면적 해체, 로마 세계로의 흡수를 의미하였다. 살아남은 전사들은 로마 군대에 강제로 입대해야 하는 경우도 있었다. 데디티키이deditici 혹은 라이티laeti라 불리는 바바리안들은 항복 의식에 따라서 무기를 버리고 로마 정복자의 자비에 자신의 몸을 의탁한 자들이었다. 그들은 제국 전역에 작은 단위로 퍼져 있거나 아니면 바바리안의 공격과 납세자의 도주로 인해 황폐화된 지역을 회복하고 군사력을 제공하기 위해 인구가 감소한 지역에 거주하였다. 흑해 연안에 보내진 프랑크 족의 한 부대는 영웅적인 탈출에 성공하여 배를 탈취하여 지중해를 건너 지브롤터 해협을 거쳐 마침내 자신의 고향에 도착하였다. 그러나 대부분은 로마 군대라는 용광로에서 그들의 생애를 마쳤다.

그러나 만약 공화정 시대 이래로 정식 항복인 데디티오deditio가

무조건적 항복의 종교 의식으로 종족과 사회로서의 절멸을 의미했다고 할지라도, 현실은 언제나 승리에 도취한 로마 이데올로기의 수사와는 상당한 차이가 있었다. 마찬가지로 초기부터, 정복되어 파괴된 종족에게는 일정 수준의 정체성과 자치권이 도로 주어지기도 했는데, 정복되기 이전의 정치적, 사회적 엘리트들에게 그것이 주어지는 경우도 종종 있었다. 로마의 자비(그것은 정치적 필요에 따른 것이기도 했다)는 실제로 패배하고 "절멸된" 종족이 황제에 대한 그들의 의무를 규정한 조약, 즉 포이두스foedus로 재구성되어 생존하는 것을 의미하였다.[5]

그러나 군대에 복무하면서 동화되거나 노예로 팔려 가지 않은 제국의 국경 지역 바바리안 종족에게 패배는 또한 중요한 변화를 의미했다. 바바리안의 군사적 왕들은 패배로 인하여 약탈을 통해 자신들의 정치 및 경제 체제를 유지할 수 없게 되자 로마 제국의 군대에서 복무하는 대안을 선택하였다. 270년에 반달 족의 군대를 물리친 후 아우렐리우스 황제는 반달 족을 제국의 동맹군으로 삼는 조약을 체결하였다. 그 세기 말에 프랑크 족 및 고트 족과 비슷한 조약들이 잇달아 체결되었다. 동맹군foederati은 제국의 국경을 존중하고, 제국 군대에 군사력을 제공하며, 경우에 따라서는 부가적으로 가축이나 물품으로 지불할 의무를 지녔다. 로마에 호의적인 바바리안의 지도자들은 제국에 대항해서가 아니라 제국을 위해 싸움으로써 이전에는 상상도 할 수 없었던 강력한 권력과 영향력을 획득할 수 있음을 발견하게 되었다. 그리하여 국경 주변 바바리안 연합체 내에서 친로마 파벌과 반로마 파벌이 발생하게 되었고, 그들의 이웃인 로마가 적극적으로 조장한 바 있는 긴장과 불화가 어느 정도 그들 사회 내에서 유지되었다.

　이들 "새로운" 종족들이 로마의 강력한 힘을 인정하고 받아들이게 되면서, 라인 강과 다뉴브 강을 따라 새로운 형태의 비교적 안정된 바바리안 정치체가 발달하였다. 그러한 집단의 구성원들은 자기에게 어떠한 정체성을 부여했을까? 바바리안들이 자신들을 어떻게 생각했는지를 직접적으로 밝혀 주는 자료는 없지만 우리에게 간접적인 지표는 있다. 그것에 의하면, 개인은 동시에 여러 가지 정체성을 가지고 있어 자신을 작은 집단의 일원일 뿐만 아니라 좀 더 큰 연합체의 일원으로 보았다. 로마의 보고자들이 옛 "종족"의 이름을 계속 들을 수 있었던 것은 그 때문이다. 알레만니 족은 데쿠마니아 지역에 정착했지만, 통상 그들이 가지고 있던 정체성은 느슨하고 심하게 분열되어 있었으며, 보통은 이웃인 로마를 극심하게 두려워하며 지냈고 아주 이따금 합쳐질 뿐이었다.[6] 예를 들어 357년에 알레만니 연합체를 이끌고 율리아누스 황제와 전쟁을 벌였던 지도자는 "다른 왕들 앞에서 가장 뛰어난 권력"을 지녔다는 삼촌과 조카였다고 한다. 그 "다른 왕들"에는 다음 지위의 왕 다섯 명, 레갈레스regales〔부왕〕열 명과 일련의 유력자들이 포함되었다. 로마의 작가들은 이들 모두를 알레만니 족이라 불렀는데, 그들은 또한 알레만니 족이 부키노반테스, 렌티엔세스, 주퉁기와 같은 집단으로 구성되어 있음을 관찰하였다. 이 하위 집단들은 사회적, 정치적 구성체를 의미하여 겐스라 불리거나, 혹은 그들의 조직이 적어도 일부라도 영토적임을 암시하는 파기pagi라 불리기도 하였다. 렌티엔세스의 경우처럼 두 가지 모두 해당되는 경우도 있었다.

유사하게 초기의 프랑크 족도 카마비, 카티아리이, 브룩테리, 암시바리와 같은 집단으로 구성되어 있었으며, 수많은 레갈레스와 두케스duces[공]가 있어 그들이 연합체의 일부를 통치하고 주도권을 놓고 서로 분쟁을 벌였다. 게다가 프랑크 족은 이러한 작은 집단들과 보다 큰 프랑크 족 연합체뿐만 아니라 로마 세계와도 일체감을 느낄 수 있었다. 3세기 동안 로마 군에 복무했던 한 프랑크 전사를 위해 세워진 판노니아에 있는 한 무덤의 비문에는 "나는 프랑크의 시민이지만, 로마의 군인이다Francus ego cives, miles romanus in armis"라고 쓰여 있다.[7] 이것은 바바리안의 자아 정체성에 대한 단순한 진술이 아니다. 그 언어와 전문 용어는 시민이라는 로마적 사고가 얼마나 철저히 이 전사 사회에 침투했었는지를 보여 주고 있다. 한 사람이 프랑크의 시민이라고 말해진다는 것은 용어상 모순된 것처럼 보이지만 그가 이 프랑크적 통일성이 가지는 법률적 성격을 인식하고 있었음을 의미한다. 게다가 그 전사가 로마 군에 복무하고 있음을 선언함으로써 비문은 3세기 후반 중에 새로운 근본적인 현실이 등장하고 있음을 강조하였다. 그 새로운 현실은 바로 로마의 군대 자체가 바바리안화되고 있다는 사실이다.

바바리안 출신 로마 전사들은 이러한 이중적 정체성을 이용하여 제국과 그들의 종족 사이에서의 지위를 강화하였다. 예를 들어 4세기 말에 프랑크 출신 전쟁 지휘자 아르보가스트는 비록 로마 군에 복무하고 있었지만 라인 강 너머의 프랑크 족 레갈레스인 마르코머와 순노와 싸움을 벌이는 데에 로마에서의 그의 지위를 이용하였다.

아르보가스트는 로마 인이면서 프랑크 인이라는 그의 이중적 정체를 교묘하게 잘 이용할 수 있었던 일련의 프랑크 지도자 중 한 명일뿐이었다. 황제는 그들의 부상浮上을 적극적으로 지지하였다. 왜냐하면 그는 내적 갈등과 페르시아의 압력이 초래한 로마 군대에 대한 이중의 요구에 대응할 수 있는 가장 경제적인 방안을 여기에서 찾았기 때문이다. 바바리안을 모병하는 것은 제국 자체 내에서 전통적인 군대를 양성하는 것보다 훨씬 더 경제적이고 효율적이었다. 콘스탄티누스 1세가 이 방법의 선구자였다. 그는 프랑크 족의 군대 조직을 보조 군대로 제국의 군대에 통합했을 뿐만 아니라 프랑크 인 보니투스와 같은 바바리안을 군 고위 관리로 승진시켰다. 보니투스는 그러한 수많은 "제국의" 프랑크 인 중 최초의 인물이었다. 355년에 철저하게 로마화되었던 그의 아들 실바누스는 쾰른의 로마 수비대의 사령관이었는데, 그의 부대에 의해 황제로 선언되었다. 실바누스는 프랑크 인들에게 돌아가기를 원했지만 그가 그렇게 한다면 죽임을 당할 것이 확실했다. 실제로 그는 콘스탄티누스의 사절에게 바로 암살당하였다. 말라리크, 튜토메레스, 말로바우데스, 라니오가이수스와 아르보가스트와 같은 그 후의 바바리안 사령관들은 황제라는 직함이 위험스러운 것이라는 교훈을 얻게 되었다. 그들은 왕위 찬탈을 피하고, 대신 서로마 제국 내에서 엄청난 권력을 행사하는 데 만족하였다.

대체로 이 로마의 장군들은 제국 밖에 있는 그들 종족들과 긴밀한 유대 관계를 유지하였다. 실바누스의 암살 직후에 프랑크 족은 쾰른을 공격하여 약탈하였는데 아마도 그것은 그를 살해한 데에 대한 보복이었을 것이다. 378년, 알레만니 족과의 전쟁에서 그라티아누스가 승리를 거두었을 때 그의 편에서 전쟁에 참여했었던 말로바우데스를 로마의 역사가 암미아누스 마르켈리누스는 동시에 "국내의 백comes domesticorum"과 "프랑크 인의 왕rex Francorum"이라 불렀다. 아르보가스트 같은 다른 사람들은 제국에서의 지위를 이용하여 라인 강 너머의 적들을 공격하였다. 여전히 그들이 처한 상황은 제국의 내부 및 외부 모두에서 매우 위험하였다. 그들은 대개 로마 인 고위 사령관 못지않게 믿음직스러웠음에도 불구하고 그들의 로마 인 경쟁자들은 그들을 종종 의혹의 눈길로 보았다. 동시에 로마의 관리이며, 기독교도이든 이교도이든 간에, 로마 종교의 추종자로서 그들은 항상 고향에서 반로마 파의 공격 대상이었다. 로마의 고위 지휘관 직을 받아들이는 것은 일반적으로 제국 밖에서 바바리안 종족의 우두머리로서의 지위를 유지할 수 있는 가능성을 포기하는 것을 의미하였다.

더 동쪽에서는 군사적 왕권을 가진 고트 족 연합체가 로마의 압력으로 분열되었다. 오늘날의 우크라이나인 가장 동쪽 지역에 살았던 고트 인들은 새로운 유형이면서도 고대에서 유래된 신의 후예임을 주장하는 왕실 가문의 권위를 받아들였다. 반면에 서쪽의 고트 족들 사이에서는 수많은 레이크스reiks(전쟁 지도자)들이 과두제적 지배 권력을 공유하거나 아니면 그것에 이의를 제기하였다.

4세기가 되면 더 동쪽의 고트 족인 그레우퉁Greutungs 부족(이 이름은 대략 "스텝의 거주자"를 뜻한다)은 스키타이 족의 특성을 흡수하였다. 서쪽 지역에서는 테르빈지Tervingi 부족("숲의 사람들")이 로마의 직접적인 영향 하에 놓이게 되었다. 비록 그레우퉁 부족에서는 군사 엘리트가 주로 보병으로 구성된 반면 테르빈지 부족에서는 고대 스키타이 족의 전통을 따라 말을 탄 전사가 군대의 핵심을 형성하긴 했지만, 이 두 사회는 모두 정주定住 농민 사회였다. 4세기에 테르빈지 고트 족은 다른 언어적, 종교적, 문화적 전통을 가진 다양한 범위의 사람들에게로 그들의 지배권을 확장하였다.

그렇지만 농촌 촌락에 정착하고, 자유민으로 이루어진 지역 회의체의 통치를 받았던 이 고트 연합체의 주민들은 고트 군사 지도자들—그들 자신은 초왕실 판관super-royal judge, 즉 킨딘스kindins의 권위 하에 있었다—의 과두제적 권위에 종속되었다. 332년 콘스탄티누스와 테르빈지의 판관 아리아리크가 조약을 체결하였다. 아리아리크와 아오리크, 그리고 그의 아들 아타나리크 하에서 이들 서쪽 고트 족들은 제국의 동쪽 지역에 보조 부대를 제공하면서 점진적으로 로마 제국 체제에 통합되었다. 이처럼 제국과 밀접한 관계를 맺게 된 결과 그들은 제국 내부의 정치와 경쟁에 연루되게 되었다. 365년에 찬탈자 프로코피우스는 테르빈지 고트 족에게 발렌스 황제가 아닌 자신을 콘스탄티누스 왕조의 후계자로 지지해 주도록 설득하였다. 프로코피우스의 처형 후에 발렌스는 다뉴브 강을 건너 테르빈지 부족에 대한 무자비한 보복전을 개시하였다. 공격은 359년에 아타나리크와 황제 사이의 조약인 포이두스를 체결할 때까지 계속되었다.

종교가 고트 연합체를 묶는 힘이었다. 그러나 연합체의 다인종적 구성은 이러한 종교적 통일성을 유지하기 어렵게 만들었다. 기독교인들—많은 수는 크니바의 시대에 크림 반도에서 고트 족의 세계로 통합되었고, 나머지 사람들은 다뉴브 강을 가로지른 습격을 통하여 끌려왔다 —— 은 대단히 배타적인 이 일신교 신앙 때문에, 그리고 로마 제국의 정치 전략에서 기독교의 중요성 때문에 동화시키기에 가장 어려운 소수 종교 집단임이 판명되었다. 고트 족 기독교도들은 각양 각색의 기독교 신앙을 대변하였다. 그들은 크림 반도의 정통("올바로 믿는", 즉 가톨릭) 기독교도에서 테르빈지 고트 족 중에 보이는 하느님의 육체성을 인정하는 아우다이우스 교파나 발칸 반도의 다양한 아리우스 파나 반半아리우스 파 고트 족 공동체에 이르기까지 각양 각색이었다. 고트 족 중 가장 영향력 있는 기독교도는 울필라스(그의 고트 이름의 뜻은 "작은 늑대"이다)였다. 260년대의 카파도키아 습격에서 포로가 된 조상의 자손인 그는 비교적 높은 사회적 지위를 지닌 제3세대 고트 족이었다. 330년대에 울필라스는 콘스탄티노플에 사절단의 일원으로 파견되어 얼마간 제국에 거주하였으며, 341년에 안티오크 교구에서 "고트Getic 지역의 기독교 주교"로 서임되어 발칸 반도의 고트 족에게 파견되었다. 울필라스의 주교 서품과 고트 연합체의 고트 족과 다른 종족들에 대한 그의 선교 활동은 고트 족에 대한 제국의 계획 중 일부였다. 그 계획이 348년 아오리크 하에서 고트 기독교도에 대한 최초의 박해를, 그리고 369년 아타나리크 하에서 두 번째 박해를 촉진시켰을지도 모른다. 첫 번째 박해 동안 울필라스와 그의 추종자들은 로마의 모이시아로 추방되었다. 그곳에서 그는 다민족으로 구성된 이질적인 군중에게 고트 어, 라틴 어, 그리스 어로 설교하였으며, 신학 서적을 저술하고, 다른 사람들과 함께 성경을 고트 어로 번역하였다. 울필라스와 그의 추종자들은 삼위[성부, 성자, 성령]의 본질에 대하여 가톨릭과 아리우스 파의 중간 노선으로 나아가고자 하였다. 미래의 정통 가톨릭 세대는 그러한 입장을 필연적으로 아리우스 파로 분류하게 되었다. 그러나 단기적으로는 아타나리크의 박해는 로마의 초기 기독교 박해와 마찬가지로 거의 영향을 미치지 못하였다. 아타나리크는 단지 고트 인들을 심하게 분열시키는 데만 성공했을 뿐이었다. 고트 족 귀족인 프리티게른은 이것을 기회 삼아 로마의 황제 발렌스에게 접근하여 아타나리크에 반대하는 그를 지원하는 대가로 아리우스 파 기독교도가 되기로 합의하였다.

내부의 변모

위기를 종식시키기 위하여 택해진 조치는 제국의 통제 구역 바깥에 사는 사람들뿐만 아니라 제국 내에 거주하는 사람에게까지 심대한 영향을 미쳤다. 생산성을 유지하고 세수 기반이 붕괴되는 것을 막기 위한 노력의 일환으로 제국 전역에서 직업은 세습되게 되었다. 농민들은 그들이 일하는 토지에 얽매이게 되어 토지 소유자에게 더욱 더 종속되게 되었다. 국가가 점점 더 부담스럽게 되면서, 무장 반란의 완곡 어법인 "산적질"이 더욱 더 흔하게 되었다. 더 효과적이나 덜 과격했던 것이 도주였다. 농민들은 세금과 지대가 그들을 경제적으로 붕괴시킬 정도로 높은 농장에서 도주하였다. "빈 터agri deserti"라 명명된 지역이 제국 내에 생기기 시작하였다. 그것이 실제적으로 비어 있는 지역이었는지 전쟁과 세금으로 인해 인구가 격감한 지역이었는지 또는 단순히 제국의 세리들이 세금을 부과할 수 없는 지역이었는지는 확실하지 않다.

세금 징수는 점차적으로 지역 시의회 의원, 즉 쿠리알레스curiales 에게 부담이 되었다. 어떤 시의회 의원은 정치적 연고나 고용된 불량 배를 통하여 제국의 국고 세입을 마음대로 주무를 수 있을 정도로 강력하였다. 다른 사람에게는 시의회 의원으로 선출되는 것은 재정적 파산을 의미하였다. 걷지 못한 세금은 모두 시의회 의원 자신이 내야 했기 때문이다. 시의회 의원 중에는 농민과 마찬가지로 제국의 부담을 피해 도주하여 도시에서 그들의 농장으로 물러났다. 그곳에서 그들은 사병私兵의 보호를 받아 국고 관리자를 위협하고 저항하였다. 그리하여 사회적 스펙트럼의 양쪽 끝에서 과중한 세금 부담으로 인해 지역 공동체를 로마에 묶었던 충성의 고리가 약화되었다.

지역 시의회 의원이 주로 접촉했던 중앙 정부의 관리는 세금 징수관과 군인이었다. 이들 모두는 4세기가 진행되면서 로마 주민들에게 점점 낯설고 위협적인 존재가 되었다. 이들에게서 재정 지원을 받는 관료제 역시 철저하게 구조 조정되고 확장되었다. 디오클레티아누스 하에서 민간 행정과 군사 행정이 혼합되었던 예전의 체제는 종식되고 양자의 철저한 분리가 이루어졌다. 지역 총독의 편에서 분리주의 행동을 효율적으로 취할 수 있는 가능성을 줄이기 위하여 속주의 수가 증가되었고, 그 다음에 속주는 민간 관리가 통치하는 (관구diocese라 불리는) 대형 속주로 묶여졌다.

군대도 마찬가지로 제국 도처에서 발생하는 긴급 사태에 더 잘 대비하기 위하여 개혁되었다. 옛 군단 체제를 대신하여 두 부대가 창설되었다. 제1선 수비는 리미타네이limitanei라는 변경 주둔 수비대가 맡았다. 정상 상태를 그대로 유지하는 것이 그들의 임무였다. 이 부대의 인적 자원은 지역적으로 변방 주민들 중에서 충원되는 경향이 많았다. 훈련도 제대로 받지 못했고, 장비도 갖추지 못했기 때문에 리미타네이는 라인 강이나 다뉴브 강 너머에 있는 바바리안의 습격을 막아 내기 위하여 국경을 따라 건설된 거대한 요새에 의존하였다. 국경 지역의 군대가 패하면, 국경선 훨씬 뒤에 자리 잡고 있는 고도의 기동력을 갖춘 엘리트 야전 부대인 코미타텐세스comitatenses가 문제 지역으로 파견되었다.

이러한 행정적, 군사적 개편은 좀 더 효율적인 제국 체제를 만들어 냈다. 그러나 그것은 또한 제국의 사회적 변모에 관해 주요한 의미를 내포하고 있었다. 특히 군사 구조는 군대라는 가장 로마적인 제도를 지역화와 바바리안화를 위한 강력한 기제로 변모시켰다. 국경을 따라 주둔하고 있는 군부대인 리미타네이는 그 지역에서 징집된 사람들, 그것도 주로 병사의 아들들로 구성된 일종의 향토 수비대로 변모되었다. 이들은 제국의 주민들 중에서 가장 로마화가 되지 않은 부분이었으므로, 이 국경 부대는 점차 그들이 방어해야 하는 바바리안과 구별할 수 없게 되었다.

코미타텐세스 역시 점차 제국 외부에서 충원된 바바리안 부대로 구성되었다. 다뉴브 강 하류 스텝 지역의 고트계 전문 마상 전사들은 동맹군으로 제국의 동쪽 지역에서 광범위하게 이용되었다. 제국의 어떤 지역에서는 "고트"와 "병사"라는 단어는 혼용되어 사용되었다. 서로마에서는 라인 강 하류에서 온 바바리안 —— 프랑크 족 —— 이 군대 계급 제도에서 중요한 위치에 올라섰다. 기본적으로 바바리안이 로마화의 주요 견인차가 되고 있었던 것이다.

행정적, 군사적 조직과 기능 면에서의 이러한 근본적인 변화와 함께 콘스탄티누스의 개종으로 도입된 문화적 정체성에 근본적인 변화가 일어났다. 3세기의 여러 가지 원심력으로 로마 사회를 통합할 수 있는 종교적 유대를 유지하기 위하여, 디오클레티아누스는 기독교인에 대한 격렬하며 체계적인 박해를 계획하였다. 자신들의 신만을 숭배하는 기독교인들의 배타성과 거의 모든 다른 종교적 전통들을 성공적으로 흡수했던 유서 깊은 의식儀式에 대한 기독교인들의 거부가 이러한 박해를 초래한 핵심 원인이었다. 기독교인들이 대체로 주변인이었던 이전 세기에서는 이러한 거부가 산발적인 박해를 가져왔다. 그러나 3세기 중반쯤 되자 기독교는 로마 사회의 상류층, 즉 원로원이나 기사 계급, 심지어 황실 가족에게까지 파고들었다. 그러한 사람들이 황제의 영혼, 즉 게니우스genius에 제물을 바치기를 거부한다는 것은 도저히 용납될 수 없는 것이었다.

어떤 의미에서 콘스탄티누스와 그의 계승자들은 이러한 식의 추론을 거부한 것이 아니었다. 그들은 단순히 그것을 뒤집어 버렸다. 기독교를 합법화하고 기독교에 특혜를 베풂으로써 콘스탄티누스는 기독교의 역동성을 자신의 제국 프로그램에 이용하고자 했던 것이다. 그의 후계자들은 더 나아가서 그 세기 말에 로마의 전통적 종교를 기독교로 대체하고 그들의 선조들이 한때 예수의 추종자들을 박해했었던 것만큼이나 철저하게 기독교 이외의 대안 종교를 박해하였다.

그러나 이러한 해결책은 그것이 해결하고자 하는 문제만큼이나 심각한 문제를 야기하였다. 기독교가 국교로 되면서 사람들은 기독교 세계와 로마 세계 사이의 관계에 대해서 의문을 품게 되었다. 제국에 거주하는 모든 사람이 기독교도는 아니었다. 그렇다면 그들은 완전한 로마 인이 아니란 말인가? 게다가 기독교는 그 자체가 통일되어 있지 않았다. 이것은 전통적인 다신교 종교에서는 별 문제가 되지 않았으나 기독교의 절대적인 배타성은 전면적인 일치를 요구하였다. 이것은 또한 모두가 자신들만이 올바른 정통의 길을 걷고 있다고 확신하였으므로 다른 교회나 종파 간에 타협이 배제된 가운데 이루어져야 했다. 마지막으로 3세기 말 무렵에 바바리안 기독교인과 이교도 로마 인이 존재하게 되면서, 점증하는 로마 세계와 기독교 세계의 일치는 딜레마를 낳게 되었다. 제국의 개종으로 인하여 그 주민은 더 지역화되고 분열될 위협에 직면하였다.

그러나 이러한 문제가 논의되고 있는 중에 훨씬 더 큰 위기가 로마 인들과 그들과 이웃한 바바리안들에게 닥쳐왔다. 그것은 바로 훈족의 출현이었다.

4장 | 새로운 바바리안과 새로운 로마 인

제3장에서 살펴본 로마 세계와 바바리안 세계 내부 및 두 세계 사이에서 발생한 정치적, 종교적 긴장은 훈 족의 도래로 갑자기 문제가 되지 않게 되었다. 훈 족은 중앙아시아 인 지배 하의 스텝 지역 유목민들의 연합체로, 375년에 흑해 지역에 살고 있었다. 훈 족은 로마 인이나 그들의 이웃들이 이전에 보았던 사람들과는 전혀 달랐다. 즉 신체적인 외형에서부터 유목민의 생활양식이나 전쟁 방식에 이르기까지 모든 것이 구세계에는 이질적이었고 무섭게 보였다. 그들은 한 세기가 조금 넘게 별개의 민족으로 존재했음에도, 그들의 출현은 주요한 변화를 야기하였으며, 껍데기만 남아 있던 로마 제국의 서쪽 부분에 바바리안 왕국들이 수립되는 것으로 절정에 다다랐다. 그 결과 이 바바리안 지배층과 그들의 신민인 로마 인이 자신들을 이해하는 방법에 극적인 변화가 일어나게 되었다.

4세기에서 5세기까지 스텝 유목민의 이동은 중국과 유럽을 두려움에 떨게 만들었다. 훈 족 연합체의 도래로 이러한 긴 이동의 역사가 시작되었다. 서로마의 바바리안 종족들과 비교해서도 그들의 발달과 팽창은 놀라웠다. 그들은 카리스마 있는 지배자 하에서 소수 핵심 전사들로부터 급속하게 성장하였고, 패배한 유목민 전사들을 끌어들여 폭발적으로 팽창하였다. 후대의 터키 어 비명碑銘은 이 과정이 어떻게 일어났는지를 설명하고 있다.

카간khagan인 나의 아버지는 남자 17명과 떠났다. 〔그가―인용자〕
출정했다는 소식을 듣고, 마을에 있던 사람들은 산으로 올라갔고, 산
에 있던 사람들은 (그곳에서) 내려왔다. 그렇게 모인 사람이 70명이
었다. 하늘이 힘을 부여하셨기 때문에 카간인 나의 아버지의 병사들
은 늑대와 같았고, 적은 양과 같았다. 이곳저곳에서 전투를 계속하면
서 아버지는 사람들을 모았는데, 그 수가 700명이 되었다. 그들의 수
가 700명이 되자 〔나의 아버지는―인용자〕 그들의 국가와 그들의 카
간을 잃어버린 사람들, 노예나 하인이 된 사람들, 터키의 관습을 잃
어버린 사람들을 우리 조상들의 법에 따라 조직하여 통치하였다.[1]

이 설명은 훈 족이나 그 후의 몽골 족과 같은 유목민의 연합체가
갑자기 나타나 엄청나게 중요한 존재로 성장한 과정의 본질을
포착하고 있다. 전사 지도자는 일련의 승리를 통해 다른 전사들을 끌
어들이게 된다. 부대는 군대가 된다. 그러한 군대는 계속적인 정복과
희생자들의 군사력 편입을 통하여 살아남을 수 있다. 이러한 정복과
통합으로 병사의 수는 늘어난다. 그리고 결정적인 순간에 이 군대는

민족으로 변경된다. 그것은 그 군대에 법적, 제도적 구조를 부여하고, 그리고 아마도 그 군대가 신의 특별한 인가를 받았음을 주장함으로써 이루어진다. 이 민족들은 새롭게 창조되었지만, 그들은 자신들이 고대의 전통을 회복했음을 주장함으로써 정당성을 이끌어 냈을 것이다.

그러한 연합체가 활동했던 지역의 방대함을 고려해 볼 때, 실질적인 중앙 집권화는 언제나 일시적으로만 이루어졌던 것으로, 친족이나 가까운 지지자들이 급속히 이동하고 변화하는 제국의 일부에 대한 통치권을 공유하였다. 아틸라의 짧은 재위 기간(444~453년)을 제외하고 훈 족은 결코 중앙 집권화된 통일 민족이 아니었다. 오히려 그들은 이질적인 전사들의 집단으로, 그들이 공유했던 것은 공통의 유목 문화, 기병이 기습하는 군사 전통, 그들이 정복한 사람들을 그들의 연합체로 흡수하는 특별한 능력이었다. 그들이 놀랄 만한 군사적 성공을 거둘 수 있었던 것은 그들의 탁월한 기병 전술, 말을 탄 채로 매우 정확하게 수많은 화살을 쏠 수 있게 해 주는 짧고 이중으로 휘어진 활, 그리고 서아시아와 중앙유럽의 스텝과 평원을 이용하여 예고 없이 나타나서 엄청난 타격을 입히고, 그들이 왔던 것처럼 재빨리 초원으로 다시 사라지는 그들의 능력 때문이었다.

한 세대 이내에 이들 유목 전사 부대는 로마 제국의 주변에서 부닥치게 된 바바리안 연합체들을 파멸시켰다. 그중에는 먼저 동고트 족, 즉 그레우퉁 족의 왕국과 서고트 족, 즉 테르빈지 연합체도 포함되어 있었다. 고트 족 지배층의 권위가 무너지자 예전 고트 족 연합체의 구성원들은 훈 족의 무리에 합류할지 아니면 로마 제국으로 들어와 살 수 있게 해 달라고 황제에게 청원해야 할지를 결정해야 했다. 대부분은 자의이든 타의이든 훈 족에 합류하는 길을 선택했다.

훈 족 연합체

훈 족에게 패배한 대부분의 고트 족에게 훈 족 연합체에 들어가는 것은 패배의 당연한 결말이었다. 처음 세대에서는 중앙아시아 출신 핵심 전사들이 훈 족 군대를 이끌긴 했지만, 그들이 정복한 민족들은 그들의 특수한 정체성을 반드시 잃지 않고도 연합체에 쉽게 동화될 수 있었다. 역설적으로 보이는 이러한 현상은 대이동 시기에 종족 정체성이 얼마나 깨지기 쉬웠고 탄력적이었나를 이해하는 데 중요하다. 고트 족, 반달 족, 프랑크 족, 심지어 로마 인 할 것 없이 우수한 전사라면 누구나 훈 족의 계급 질서 내에서 빨리 출세할 수 있었다. 심지어 중앙의 지배층 내에서도 이러한 다종족주의는 분명히 드러났다. 훈 족의 지도자 중 하나였던 에디카는 훈 족이자 스키리 부족이었다. 훈 제국이 붕괴한 뒤, 그는 단명했던 흑해 북쪽의 스키리 왕국을 지배하였다. 가장 위대한 훈 족의 지배자였던 아틸라는 고트식 이름(혹은 직위)을 지녔는데, 고트 어로 아틸라는 "아버지"를 의미한다. 그들의 궁정에서 고트 어, 그리스 어 그리고 라틴 어가 훈 족의 언어와 함께 사용되었고, 조언자 중에는 다양한 바바리안 종족의 지도자들뿐만 아니라 심지어 예전에 로마 인이었던 사람들도 있었다. 판노니아의 귀족 오레스테스 ── 마지막 서로마 황제 로물루스 아우구스툴루스의 아버지 ── 는 5세기에 한동안 훈 족 왕의 신하였다. 아틸라의 궁정에 파견되었던 한 사절단이 전하는 유명한 이야기가 있다. 그 이야기에 따르면, 동로마 제국의 사신 프리스쿠스는 한때 그리스 상인이었던 사람을 만났다고 한다. 그 상인은 훈 족에게 포로가 되었으나, 전쟁에서 활약을 하여 자유를 되찾았으며, 훈 족 여자와 결혼하여, 마침내 아틸라의 측근 중의 한 명이 되는 영예를 안았다고 한다.[2]

그러나 훈 족에 완전히 동화되는 것만이 훈 족에게 정복되었던 모든 희생자들이 맞이한 운명은 아니었다. 이러한 동화의 가능성은 오로지 뛰어난 전사에게만 열려 있었다. 훈 족 군대의 엘리트에게도 역시 군대를 충원해 줄 사람들뿐 아니라, 식량을 제공해 줄 예속적 주민이 필요하였다. 고트 족과 같은 민족이 이러한 목적에 알맞았다. 그들이 완벽하게 훈 족에 동화되었더라면, 그들의 유용성은 아마도 떨어졌을 것이다. 그러므로 비록 훈 족은 대체로 그들이 정복한 민족의 중심적인 정치 제도를 파괴하고, 사로잡힌 사람들 중 몇몇 개인에게는 "훈 족이 되는 것"을 허용하였으나, 몇몇 토착 지도자에게 자신들이 정복한 사람들을 통치하는 책임을 맡겼던 것 같다. 이러한 토착 지도자들은 개인적 혹은 집단적 생존의 대가로 충성을 맹세하였다. 그 후부터 훈 족은 이처럼 예속적인 사람들을 군대 복무를 위해서나 그들 스스로가 생산할 수 없는 물품을 공급해 주기 위하여 자신들의 연합체에서 필수 불가결한 요소로 보게 되었다.

이러한 조처가 언제나 훈 족이 바라는 대로만 된 것은 아니었다. 프리스쿠스가 남긴 기록에 따르면, 훈 족의 이러한 관습 때문에 460년대에 아틸라의 아들인 덴지즈가 공격하던 도중에 로마 군대의 훈 족 부대에서 반란이 일어났다. 훈 족 지휘관은 군대의 고트 족 부족 장들에게 다음과 같이 말해 주었다고 한다. 훈 족은 "농사에는 아무런 관심이 없고, 늑대처럼 고트 족의 식량 공급을 공격하여 훔치는 데에만 관심을 보인다. 그 결과 고트 족은 하인의 신분에 머무르며, 식량 부족에 시달릴 수밖에 없었다."[3] 이러한 대접을 받았던 기억에 자극받아서, 고트 족들은 그들 부대에 있던 훈 족을 공격하여 살해하였다.

그러므로 때가 되면 피정복민 집단 중에는 [정복민에 동화되어] 그들의 정체성을 완전히 잃어버리는 집단도 몇 있었던 반면에, 로마 인들은 훈 족의 역사에서 개인, 무리, 그리고 더 큰 집단들이 떨어져 나와 안전한 로마 영토 내로 들어오려고 시도하는 경향이 있음을 알게 되었다. 그러한 무리들이 반드시 "민족" 전체이거나 혹은 심지어 훈 족 정복의 희생자였던 것은 아니었다. 그들은 작은 부대, 개인들 그리고 심지어 그들의 지배자에게서 떨어져 나온 훈 족을 포함하였다. 아틸라가 조약을 맺을 때마다 도망자를 돌려보내 줄 것을 늘 요구했던 것에서 드러나듯이, 이러한 손실은 훈 족의 지배에 위협이었다. 이렇게 강제로 돌려보내진 무리의 지도자는 십자가에 못 박히거나 창에 찔려 죽기 마련이었다.

이처럼 이질적인 훈 족 연합체의 통합을 유지하기 위하여 그 부족 장들은 끊임없는 재물의 유입을 필요로 했다. 그 주요 수입원은 로마를 습격하는 것이거나 다른 적들에게서 황제를 보호해 주는 대가로 연간 보조금을 받는 것이었다. 처음에 그들은 제국의 일리리아와 트라키아 국경을 습격하여 다량의 전리품을 얻었다. 그러한 습격에서 나오는 전리품은 단지 시작일 뿐이었다. 왜냐하면 황제들이 훈 족 사령관들에게 미래의 침입을 막기 위하여 연간 보조금을 지급하였기 때문이다. 그러므로 성공적으로 군사 작전을 수행할 수 있는 능력이 훈 족 지도자들의 생존에 필수적이었음은 분명하다.

훈 족 연합체가 결성된 지 처음 몇 십 년 동안에 왕실 가족이 지배권을 공유하였다. 그러나 훈 족의 성공이 흔들리기 시작하면서 444년에 아틸라는 동생인 블레다를 제거하였고, 훈 족을 자신의 지배 하에 통합하였다. 아틸라 하에서 로마 황제 테오도시우스 2세가 지불하는 연간 보조금은 금 350파운드에서 700파운드로, 그리고 마침내 2100파운드로 증가하였다. 이 금액은 바바리안들에게는 엄청난 액수였지만, 로마 제국에게는 제국을 황폐화시킬 정도의 부담은 아니었다. 테오도시우스는 분명 훈 족의 공격에 맞서 제국을 수비할 군대를 기르기보다는 아틸라에게 돈을 지불하는 것이 더 싸다는 것을 깨달았다. 더구나 훈 족은 제국의 바깥에서뿐만 아니라 필요시에는 제국의 안에서도 유용한 동맹자임이 판명되었다.

450년에 테오도시우스 2세가 죽고 난 뒤에 후계자인 마르키아누스는 훈 족에게 주어지던 특별 대접을 중단하기로 결정하였다. 이처럼 자금원이 끊겨 버렸기 때문에 아틸라는 자신의 힘이 동로마 제국을 습격하여 충분한 전리품을 얻어내기에는 역부족이라고 생각한 듯하다. 그리하여 그는 발렌티니아누스 3세의 서로마 제국으로 눈을 돌렸다. 그는 서쪽으로 군대를 이끌고 가서 두 번에 걸쳐 긴 공격을 가했다. 451년의 첫 번째 공격에서 그들은 트루아와 샬롱-쉬르-마른 사이의 카탈루냐 평원 전투에서 제지당하기 전까지 갈리아 깊숙이 쳐들어왔다. 아틸라의 군대는 아마도 주로 그의 지배 하에 있는 서쪽 지역에서 온 게피드 족, 고트 족, 중앙아시아의 훈 족의 후예들 외에 수에비 족, 프랑크 족, 부르고뉴 족과 같은 종속적 게르만 인들로 이루어져 있었던 것으로 보인다. 그런데 그처럼 이질적인 아틸라의 군대는 그것 못지않게 이질적인 군대에게 제지당했다. 훈 족의 오랜 친구이자 동맹자였던 파트리키우스[귀족으로 제국의 고위 관리를 말한다] 아이티우스가 이끌던 이 군대 역시 고트 족, 프랑크 족, 브리튼 족, 사르마트 족, 부르고뉴 족, 색슨 족, 알란 족, 그리고 로마 인들로 이루어져 있었다. 아마도 단언하건대, 잘 모르는 관찰자는 두 군대를 거의 구별하지 못했을 것이다.

두 번째 습격은 이듬해 아틸라가 다시 군대를 이끌고 이탈리아로 쳐들어왔을 때 일어났다. 훈 족이 우선시하는 것에 맞추어 원정대는 영속적인 정치적인 목표를 위해서가 아니라 약탈을 위해 출격하였다가 질병과 익숙한 지형에서 너무 떨어져 있게 되어 힘이 약해지자 베로나 근처에서 멈추었다가 퇴각하였다. 그들의 퇴각이 교황 레오 1세의 공으로 돌려지게 되는 것은 이후에 일어난 일이다. 실제로, 그들은 아마도 이미 스텝으로 돌아갈 준비가 되어 있었을 것이다.

아틸라 제국의 본질적인 취약성은 그의 죽음 후에 제국의 급속한 해체로 잘 드러나게 되었다. 승리 위에 세워진 스텝의 제국은 패배를 극복해 낼 수 없었다. 게피드 족인 아르다리크가 이끄는 분리주의자 연맹이 아틸라의 아들들에 대해 반란을 일으켰다. 반란자들의 승리와 아틸라 아들들의 패배는 오래된 연합체의 분열과 새로운 종족 형성의 과정으로 이어졌다. 게피드 족 연맹 외에 다뉴브 강을 따라서 루기 족, 스키리 족, 그리고 사르마티아 족이 등장하였으며, 동고트 족은 그레우퉁 족의 나머지를 규합하여 동맹군으로서 로마의 군대에서 복무하게 되었다. 아틸라의 아들 중 몇몇은 분열된 무리들을 여전히 이끌었다. 몇몇은 남부 러시아로 돌아간 것으로 보이며, 다른 이들은 로마의 군사 귀족에게 고용되어 군 복무를 하였다. 몇 세대 안에 그들과 그들의 추종자들은 동고트 족, 게피드 족, 혹은 불가리아 족이 되었다.

로마 제국 안에서의 바바리안 종족 탄생

375년 훈 족의 공격을 피해 달아난 바바리안들은 다른 운명을 맞았다. 그레우퉁 족과 알란 족 대부분은 새로운 훈 족 연합체에 흡수된 반면에, 소수는 훈 족 탈주자와 함께 로마의 국경으로 도망쳤다. 따라서 아타나리크의 지배를 거부하고 프리티게른과 함께 다뉴브 강을 건너 도망친 대부분의 테르빈지 족 역시 그러했다. 테르빈지 족이 제국으로 도주한 것은 프리티게른 추종자들의 정체성에 결정적인 전환을 가져왔다. 로마의 입장에서 그들은 단지 로마 행정관의 지휘 아래 제국으로 받아들여진 패배한 적의 병사인 데디티키이일 뿐이었다. 그들은 트라키아에서 군사 인력을 제공하는 한편 농사를 지으며 자급자족하면서 살도록 허용되었다. 실제 상황을 보면, 양적으로나 질적으로나 테르빈지 족 난민들의 상황은 초기 데디티키이의 상황과는 매우 달랐다. 우선 이 고트 족들은 제국에 들어와 살도록 허용되었던 초기 바바리안 무리들보다 훨씬 수가 많아서 로마의 행정 능력을 압도하였다. 두 번째로 로마 인들은 평소의 관행과는 달리 그들의 무기를 압수하지 않았다. 로마 인들의 학대와 굶주림을 견디지 못하고 난민들이 무력 저항을 일으켰을 때, 결과는 고트 족의 연이은 승리였다. 곧 그레우퉁 족, 훈 족, 알란 족 출신 난민 기병대가 테르빈지 족에 가세하였고, 이미 로마 군대에 속해 있던 고트 족 부대, 트라키아의 광부, 바바리안 노예, 그리고 가난한 사람들도 합세하였다. 고트 족의 승리는 제국 군대가 전멸되고 황제 발렌스가 사망한 378년 아드리아노플 전투에서 절정에 달했다.

아드리아노플 전투 후에 로마는 더 이상 고트 족을 패배한 예속민으로 취급할 수 없었다. 382년에 체결된 조약에서 그들은 동맹 민족으로 인정받았고, 다뉴브 강과 발칸 반도 산악 지대 사이에서 그들의 총독 통치 하에서 살게 되었다. 그것은 실제로는 나라 안에 나라를 만들어 사는 것이 허용되었음을 의미하였다. 전통적으로 군대를 지원하기 위하여 거두었던 세금은 바바리안을 지원하는 데 쓰이도록 조정되었다. 이에 대한 대가로 바바리안들은 제국에 군사력을 제공해야 했다. 그러나 그들은 로마 인 장군의 하급자인 자신들의 사령관 하에서 그렇게 하게 되었다.

동시에 테르빈지 족과 그들의 동맹자들이 거둔 유래 없는 성공은 이처럼 다양하고 이질적인 난민의 무리들을 근본적으로 변모시켜 새로운 문화적, 정치적 정체성을 가진 새로운 종족인 서고트 족으로 태어나게 하였다. 서고트 족은 그레우퉁 족, 알란 족, 훈 족이 발렌스와 전투를 벌일 때 효과적으로 사용했던 기마 전술에 재빨리 적응하여, 실질적으로 자신들을 스텝 전통을 따르는 대단히 기동성 있는 기병대로 변모시켰다.

프리티게른과 그의 추종자들 대부분은 아리우스 파 기독교도였는데, 그는 아마도 처음에 〔아리우스 파인〕 발렌스 황제를 기쁘게 하려고 아리우스 파를 선택했을 것이다. 아드리아노플 전투 이후에 이 아리우스 파 신앙은 서고트 족의 자기 정체성에 없어서는 안 될 부분이 되었다. 그것은 이 새로운 종족을 제국 내 다수의 정통 기독교인에게서 구별하는 방법이었던 것이다.

다음 세대 동안 서고트 족은 스스로를 고트 족 연합체이면서 동시에 로마 군대로 유지하기 위해서 고심하였다. 왕실 가문인 발트 가의 일원이라고 주장한 그들의 왕 알라리크는 동맹 민족의 지도자로서, 그리고 그의 권위 하에 있는 지역에서 민간 및 군사 행정에 관한 사실상의 통치권을 가지는 제국 군대의 고위 장군, 즉 마기스테르 밀리툼magister militum으로서 자신을 인정해 줄 것과 그에 따른 보수를 지불해 줄 것을 요구하였다. 그는 이 두 가지 목표를 모두 추구하였다. 이를 위해 그는 동로마 및 서로마 제국의 황제, 그리고 제국의 바바리안 사령관들을 위해 봉사하거나 아니면 그들을 상대로 한 원정에 차례로 나서야 했다.

두 가지 역할을 고집한 점에서 알라리크는 서로마 제국 최고의 사령관으로 간헐적으로 그의 상관이다가 동맹자이고 또 어떤 때는 숙적이기도 했던 스틸리코와 대조를 이루었다. 스틸리코는 알라리크와는 또 다른 제국의 바바리안의 옛 모델을 대변하였다. 반달 족 출신의 스틸리코는 이전의 이교도 프랑크 족이나 알레만니 족 출신 로마 사령관들과 마찬가지로 자신을 낳아 준 민족과의 관계를 끊어 버렸다. 그는 로마 시민이었고, 정통 가톨릭 신앙을 가지고 있었으며, 완전히 로마의 전통 안에서 활동하였다. 즉 제국 황실의 보호자이자, 후에는 호노리우스 황제의 장인이었으며, 또한 알라리크와 같은 바바리안 동맹자였던 그는 번갈아 가며 제국 황실에 봉사하거나 아니면 이를 마음대로 주물렀다. 그러나 스틸리코가 라인 강과 다뉴브 강의 국경을 지킬 수 없게 되었을 때 그의 운명은 결정되었다. 406년 그해 마지막 날에 반달 족, 수에비 족 그리고 알란 족 무리들이 라인 강 상류를 건너 갈리아를 초토화하고 별다른 저항도 받지 않고 스페인까지 진출하였다. 비슷한 시기에 훈 족에게서 도망친 고트 족 무리들은 판노니아에서 이탈리아를 침공하였다. 스틸리코가 고트 족 침략자들을 상대로 궁극적으로는 승리를 거두었음에도 불구하고, 그의 적들은 이러한 이중의 재난을 핑계 삼아 그를 제거하고자 하였다. 408년에 그는 사위가 내린 명령에 의해 직위를 잃고 처형되었다. 그가 죽은 후 동화되었던 수천 명의 이탈리아 거주 바바리안들도 마찬가지로 학살당했다. 5세기 초반 무렵이 되면 로마의 정치적, 시민적 정체성은 더 이상 서로마에서의 정치적 생존을 보장해 주기에 충분하지 않게 되었다.

이탈리아에서 살아남은 바바리안들이 알라리크에게로 모여들었던 이유는 바바리안의 왕이자 로마 군 사령관이라는 그의 이중 역할이 더욱 효과적이고, 궁극적으로 좀 더 항구적인 정체성의 모형을 제공한다고 생각했기 때문이다. 제국으로부터 인정을 받고 추종자들을 지원할 수 있는 보조금을 지급받기 위하여 다방면으로 노력한 끝에 그는 408년에 이탈리아를 침공하였다. 공격하는 시늉을 수없이 한 후에 협상이 결렬되자 410년 8월 24~26일에 로마를 함락하고 약탈하였다. 이 사건은 제국 전체에 커다란 충격을 주었다. 알라리크는 비록 자신의 민족을 아프리카의 비옥한 땅으로 이끌고 가려는 다음의 꿈을 이루지 못하고 남부 이탈리아에서 죽었지만, 지속적인 형태의 바바리안-로마 정치체를 수립하였다.

알라리크의 후계자이자 처남인 아타울프는 고트 족을 이끌고 이탈리아에서 갈리아로 갔다. 다른 바바리안 사령관처럼 그는 로마 제국 엘리트에게 받아들여지고 동화되기를 바랐다. 414년 나르본에서 그는 테오도시우스 황실의 일원이 될 희망을 품고 로마에 인질로 잡혀 있던 호노리우스 황제의 여동생 갈라 플라키디아와 결혼하였다. 결혼을 통하여 황실 가족의 일원이 되어 정치적 이익을 얻으려는 헛된 희망은 (비록 기본적으로 강간과 거의 다를 바가 없긴 했지만) 다음 세기에도 반복하여 일어나게 된다. 아틸라는 발렌티니아누스 3세의 여동생인 호노리아와의 결혼을 이용하여 왕위를 요구했고, 반달 족 왕을 사칭하던 후네리크도 같은 의도를 가지고 발렌티니아누스 3세의 딸로서 그의 인질이었던 유도키아와 결혼하였다. 그러나 이러한 시도 중 어느 것도 로마 제국과의 평화나 동등한 자격을 얻어 내는 데 성공하지 못했다. 결국 바바리안 왕의 군대와는 달리 로마 제국은 상속될 수 없었다.

아타울프는 암살자의 손에 쓰러졌다. 그의 후계자들은 먼저 이탈리아로 도로 돌아간 다음 그 다음에 북아프리카로 가려는 부질없는 시도를 몇 차례 한 후에, 반달 족과 알란 족은 물론 스페인에서 속주민 반란자들을 소탕하는 권한을 위임하는 새로운 조약을 받아들였다. 418년 툴루즈로 돌아온 후 서고트 족이 정치적, 사회적 조직을 형성하기 시작하였는데 그 형태는 그들의 왕국뿐 아니라 다른 여타 의 동맹군 바바리안들, 특히 부르고뉴 족과 동고트 족 왕국의 특성이 되었다.

원래의 종족 기원이 무엇이든지 간에 바바리안들은 대다수의 로 마 주민 안에서 작지만 강력한 군사 집단을 형성하였다. 마상 전사로 서 그들은 자신들의 영토 중 전략적 국경 지역이나 정치적 수도에 사 는 경향이 있었다. 제국의 국고로 갔던 전통적인 세수 중 일부가 할당되어 이 바바리안 군대에게 지원되었다. 그렇게 하여 토지 소유 로마 귀족들에게는 바바리안의 점령이 초래할 수 있는 부담이 줄어 든 반면, 이 전문적 직업 전사들은 군역에 자유롭게 복무할 수 있게 되었다. 세금의 징수와 분배는 여전히 지방 자치 공무원들 혹은 시의 회 의원인 쿠리알레스에게 달려 있었는데, 그렇게 되자 이 관직을 독 점하고 있는 토지 소유 귀족들에게 미치는 영향도 최소화되었다. 적 어도 이것이 418년 서고트 족 군대와, 443년 부르고뉴 족과, 490년 대 동안에 이탈리아의 동고트 족과 협정을 맺었을 때 취해졌던 조치 인 것 같다. 다른 경우 440년 발랑스 주위에 정착하여 살고 있던 알 란 족 무리는 협정을 맺어 바바리안들은 더 이상 로마 관리들이 징수 하지 않는 세금을 할당받게 되었다. 이러한 세금의 몫을 통해서 바바 리안 왕들은 토지 운영을 감독하기 위하여 자신의 신하들을 농촌 지 역으로 분산시키지 않고도 그들을 부양할 수 있게 되었다.

알라리크의 전통에서는 바바리안 왕이 자기 종족의 사령관이었을 뿐만 아니라 동시에 로마의 고위 관리(예를 들면, 마기스테르 밀리툼,

파트리키우스 등등)였다. 그들은 자신들의 영토에서 민간 행정 기구에 대해 최고의 권위를 행사하였으며, 이렇게 함으로써 디오클레티아누스 시대 이래로 구분되어 있었던 로마 행정의 두 요소를 효과적으로 통치하였다.

반항적인 로마 속주의 토지 소유자들의 관점에서 볼 때, 바바리안의 존재는 불행과 행운이 뒤섞인 축복이었다. 바바리안 군대는 유지비용이 훨씬 적게 들었고, 속주민으로 구성된 상비군보다 농사일에 방해가 덜할 것으로 보였다. 마찬가지로 바바리안 사령관들은 로마인 사령관보다 지역의 이해에 더 잘 반응했고 지역 귀족들과의 협상에 더 적극적이었을 것으로 보인다.

5세기와 6세기의 로마 속주민

우리는 이미 3세기에 서로마 속주의 귀족들이 제국 통합이라는 덧없는 이상보다는 지역적 이해를 우선시할 용의가 있었음을 보았다. 4세기와 5세기에는 그러한 경향이 더욱 두드러지게 되었다. 사회 상층부의 부유한 속주 귀족들 사이에서 로마 이전 과거인 고대와 연결되어 있다는, 재발견되거나 혹은 창안된 감정이 지역적 자기 인식의 강력한 원천으로 등장하였다. 그동안에 사회의 하층부의 농민 중에서 절망적인 상황에 빠진 사람들은 살아남기 위하여 반역자나 바바리안이 되려고 하였다.

속주의 정체성이 길러졌음은 4세기에서 6세기 초에 갈리아에서 쓰여진 문학 작품에서 가장 분명하게 드러난다. 편지와 시에서 아우소니우스(약 310~395년) ─ 보르도 출신으로, 의사의 아들로 태어나 후에 황제가 되는 그라티아누스의 가정교사였고, 마침내 집정관의 자리까지 올랐다 ─ 와 시도니우스(약 430~484년) ─ 리용 출신의 귀족 ─ 는 로마나 심지어 갈리아에 대해서가 아니라 그들의 특정 도시에 대해 깊은 감정을 표현하였다.[4] 아우소니우스는 그가 가장 사랑하는 보르도에 대해 찬양한 반면, 시도니우스는 오베르뉴에 초점을 맞추었다. 전 갈리아에서, 파트리아에 대한 사랑의 표현은 로마나 심지어 프랑스 민족주의 역사학자들이 가장 사랑하는 어떤 상상 속의 "갈리아"가 아니라 마르세유, 나르본, 트리에, 리용 혹은 다른 도시에 초점을 맞추었다. 이런 귀족들은 자신들이 반드시 로마와 갈등 관계에 있다고 생각했던 것은 아니었다. 아우소니우스는 다음과 같이 말하고 있다.

이곳〔보르도 ─ 인용자〕이 나의 조국이다. 그러나 로마는 나라 위에 존재한다. 나는 보르도를 사랑하고, 로마를 숭배한다. 나는 이곳의 시민이지만, 두 곳 모두의 집정관이었다. 여기에 나의 요람이 있지만, 저기에는 집정관의 의자가 있다.[5]

군인이 프랑크 족이면서 로마 인이 될 수 있는 것과 같은 의미에서 집정관 또한 보르도 주민이면서 로마 인이 될 수 있었다. 이 두 정체성은 서로 양립할 수 있었지만, 상황에 따라 한쪽이 다른 쪽보다 우세해질 수 있었다.

귀족-시인들은 그들의 파트리아, 즉 도시의 영광을 노래하면서 동시에 카이사르의 정복 시기에 이 지역을 차지했던 갈리아 부족들이 로마 이전에 가지고 있던 이름을 부활시키기 시작하였다. 이것을 전前로마의 부족적 정서가 3세기를 넘어 여전히 살아남아 있음을 보여 주는 강력한 증거로 보고 싶어하는 사람도 있을지 모른다. 그것은 가능하지 않다. 그보다는 오히려 그것을 의도적인 문학의 고풍스러움 추구, 즉 고대 전통에 대한 낭만적인 호소로 보아야 할 것이다. 만약 아우소니우스가 그의 외조부가 하이두아 겐스 출신이고[6] 외조모가 타르벨리아 인이라거나, 혹은 자신이 비비스쿠아 겐스라고 말했다면, 이것은 갈리아 부족 전통이 활발하게 살아남아 있다는 증거라기보다는 고풍스러움을 추구하는 지역주의의 증거이다.

이러한 지역주의는 다음 세기에서도 강력하게 성장하였다. 이것은 고대 말에 부족 이름에서 유래한 이름의 전체 리스트를 보면 분명히 드러난다.[7] 이들 중 대표적인 것만 꼽아 보도록 하자. "알로브로지티누스"는 알로브로제스 족에서, "아르베르니쿠스"는 아르베르니 족에서, "모리누스"는 모리니 족에서, "레무스"는 레미 족, 그리고 "트레베르"는 트레베리 족에서 유래하였다. 마찬가지로 이 동일한 부족 이름들이 그들의 지역에 세워진 로마 도시들에 대한 지방어 이름으로 등장하였다. 그래서 루텍티아 파리지오룸Lutectia Parisiorum은 지방어로 루테스Lutèce가 아닌 파리가 되었다.

로마 이전의 부족적 정체성의 관점에서 볼 때 고대의 과거에 대한 이러한 문학적 향수는 그것이 아무리 인위적이라고 하더라도 지역주의가 자라나고 있다는 확실한 징후였다. 의미심장하게도 세련된 귀족들로 하여금 자진해서 그리스와 로마의 민족지학자들이 전통적으로 바바리안의 것으로 치부했었던 "부족적"("이교도적"이라 말할 수도 있겠다) 특징과 자신들을 동일시하게 만들었던 것은 바로 이 지역주의였다. 아우소니우스는 그의 어머니의 부모님이 서로 다른 종족 출신이므로, 어머니를 "혼혈"이라고 묘사하였다. 시도니우스는 부계가 니티오브로지 족, 모계가 베수니쿠스 족인 루푸스라는 사람의 가계를 분석하였다.[8] 정체성이 지역의 도시에 의해 결정되자, 정체성은 로마 행정의 창조물이 아니라 로마 시대 이전의 부족적 혹은 이교적 전통에서 더 많은 영향을 받게 되었다. 만약 속주의 귀족들이 그런 식으로 범주화되고 분석될 수 있다면, 그들은 정치적, 군사적 환경을 점점 더 지배하게 되는 바바리안들과 다를 바가 없는 것처럼 보여졌다.

사회적 스펙트럼의 또 다른 끝에서는 노예, 자유민, 소작농 그리고 소토지 소유자들이 새로운 정체성을 실험하고 있었다. 그들이 로마 시대 이전의 부족적 뿌리를 발견해서, 상상에 의해 만들어진 부족의 기원을 너무나 사랑하는 지역의 귀족 지주들과 연대감을 느끼게 되었다는 증거는 거의 없다. 오히려 그들은 로마 세계에 만연되어 있던 전통적 도적 떼가 아니면 바바리안 군대에서 피난처를 찾았다.

5세기에 바가우다이bagaudae〔산적〕라고 불리는 무리들이 남부 갈리아와 스페인에서 로마의 행정 및 재정 체제를 위협하고 있었다. 아마도 전쟁 관련 켈트 어에서 유래한 것으로 보이는 이들의 이름은 3세기 이래로 농촌의 반란자로 인식되었다. 이전의 도적들과 달리 5세기의 바가우다이는 로마 제국에 의해 박해를 받거나 버림을 받았다고 느끼며 세금 징수인과 대지주를 모두 미워했던 속주 사람들의 면면을 포함하고 있었다. 바바리안 군대처럼 바가우다이도 농촌을 배회하며 어떤 때는 함께 뭉쳐 로마 군대가 없는 곳에서 바바리안의 습격에서 자신들의 지역을 지키기도 했고, 또 어떤 때는 바바리안 군대와 힘을 합하여 도시를 포위 공격하여 지배 계층을 공포에 떨게도 하였다. 한 보고에 따르면, 5세기 초에 아모리카의 바가우다이는 처음에 바바리안 침입자들을 쫓아냈지만, 그 다음에는 로마의 행정관을 내쫓았다. 그 지역은 417년에야 평화를 되찾았다.[9]

바가우다이는 그들보다 형편이 나은 사람들에게 엄청난 공포를 불어넣긴 했지만 오랫동안 유지될 수 있는 독립적인 정치적, 집단적 정체성을 창조하는 데는 실패하였다. 그들은 때때로 바바리안 동맹자의 도움을 받기도 했던 제국의 힘 앞에 예외 없이 무릎을 꿇었다. 따라서 바바리안 동맹자는 외부의 침입자들에게서 제국의 국경을 보호하는 데뿐만 아니라 내부로부터 제국을 보호하는 데 유용하게 되었다. 로마를 약탈하고 얼마 되지 않아 서고트 족은 바가우다이를 진압하기 위하여 남부 갈리아로 보내졌다. 430년대에 루아르 강 남쪽의 바가우다이를 진압하도록 보내진 것은 바로 훈 족이었다.

바바리안들도 제국의 관리들 못지않게 속주에서 바가우다이가 일으킨 반란을 용인하려 하지 않았다. 결국은 바바리안 동맹자 역시 자신들의 생계를 위해서는 정기적인 세금 징수에 의존해야 했다. 바바리안들은 종종 제국의 행정관이나 위협을 받고 있던 속주 원로원의 귀족들과 공동 보조를 취하기도 하였다. 그러나 바바리안 군대는 유동적인 전사의 무리로 남아 있었다. 그리고 그 자체로 반도叛徒처럼 불만에 차고 절망에 빠진 속주인들을 강하게 유인하였다. 어떤 사람들은 바가우다이와 바바리안에게서 그들의 고난에 대한 대안을 찾아 한 집단에서 다른 집단으로 옮겨 다니기까지 하였다. 5세기 기록에 따르면 내과 의사인 유도시우스는 처음에는 바가우다이에 합류했다 가 후에는 훈 족이 되었다.[10] 5세기 중반에 기독교 도학자인 살비아 누스는 스페인과 갈리아의 일반 속주민들은 제국 편에 서는 것보다 는 바바리안 편에 서는 것이 더 안전하다고 주장하였다.

> 그들(가장 가난한 로마의 빈민들)은 로마 인들이 그들에게 자행한 비 인간적인 야만성을 견딜 수 없었기 때문에 바바리안들에게서 로마의 인도주의를 찾는다. …… 그리하여 그들은 권력이 있는 곳이면 어디 든지 고트 족, 바가우다이 혹은 다른 바바리안을 찾아간다. …… 그 리고 이로 인해서 한때는 높이 인정받았을 뿐만 아니라 높은 가격에 구매되기도 했던 로마 시민의 이름은 이제 거부되고 회피되고 있 다.[11]

그리하여 로마 속주의 엘리트들이 오래전에 사라진 갈리아 부족 과 자신들을 하나로 묶는 정체성을 양성하던 바로 그 순간에 제국으 로부터 버림받고 귀족들에게 착취당하고 있다고 느끼던 속주의 일반 대중들은 바바리안 침입자들과 동맹자들에게서 새로운 정체성을 찾 고자 하였다. 두 집단 모두 다 단순히 로마 인이라는 것을 특별히 유 리하다고 보지 않았다.

새로운 영토와 새로운 정체성

로마 제국의 서반구 내에 바바리안 군대가 정착한 것은 사회적, 종족적 정체성에 더욱 더 변화를 초래하였다. 진격 중인 바바리안 —— 그것은 온갖 종류의 배경을 가진 사람들을 기꺼이 병사로 받아 주는, 삼투가 가능한 군대였다 —— 과 바바리안 왕국은 완전히 달랐다. 왕국은 그 자체와 대다수의 지역 주민 사이에 경계를 만들고자 하였다. 일단 예전의 로마 속주에 기반을 굳히게 되면, 바바리안 왕들은 문화적으로 다양한 자신들의 군대 성원들을 공통된 법과 공통의 일체감을 가진 통일된 민족으로 전환하려고 시도하였다. 동시에 새로운 성원을 모집하려 하기보다는 그들의 왕국에 있는 대다수의 로마 주민들에게서 일정한 거리를 유지하려고 하였다.

그들이 "민족"의 성원에게 제공하는 정체성은 그들이 처한 새로운 환경에 의해 재해석되고 변모된 분명하지 않은 가문 전통에서 도출되었다. 이러한 왕국의 성공적인 지도자는 특히 자신이 고대의 왕족이나 귀족 가문의 뛰어난 후예라고 주장하였다. 이러한 주장이 정당하건 혹은 아니건 간에, 그리고 이 가문들이 실제로 과거에 상당한 규모의 바바리안 군대를 통솔한 적이 있던지 없던지 간에, 이것은 진실이었다. 서고트 족에게는 발트 가, 반달 족에게는 하스딩스 가, 동고트 족에게는 아말 가家가 이러한 전통의 중심을 제공하였다. 성공한 왕들은 가문의 상상된 과거를 민족 전체에게 투사하였다. 그들은 합법적 권위에 도전하는 대안적 주장들을 억제하면서 전 군사 엘리트가 공유하는 공통 기원 의식을 제공해 주었다.

더 작은 범위에서도 마찬가지로 바바리안 왕들은 공통의 정체성을 세우는 데 종교를 이용하였다. 반달 족, 부르고뉴 족 그리고 다른 민족들과 마찬가지로 고트 족의 왕실 가족은 대부분 아리우스 파 기독교도였다. 그리고 이 이단異端 기독교 신앙은 왕과 그의 민족과 동일시되었다. 아리우스 파 기독교는 개종을 계획하지도 다른 종교를 박해하지도 않는 종교였다. 기껏해야 아리우스 파들은 예배를 보기 위하여 하나나 그 이상의 교회를 사용할 수 있게 해 줄 것을 요구하였다. 그 밖의 점에서 정통 기독교는 배척당하거나 박해받지 않았다. 북아프리카의 반달 왕국이 예외라고 할 수 있지만 여기서도 정통 가톨릭에 대한 박해와 몰수는 교리상의 차이에서 기인했다기보다는 토지 몰수와 정치적 반대자 제거와 더 관련이 있었다.

바바리안 왕들은 또한 자기 민족의 새로운 정체성을 만들기 위하여 법적 전통에 의존하였다. 바바리안 법전의 가장 초기 단계에 대하여 아무것도 알려진 것이 없다. 가장 오래된 것은 대략 470~480년에 편찬된 유리크의 서고트 족 법전이었다. 바바리안 법전 ── 일반적으로 범죄 행위에 대한 '금전 보상 제도wergeld', 맹세의 사용 그리고 공식적인 구술 절차 등을 갖추고 있다 ── 은 로마법과 확실히 다른 것으로 보이지만, 그러한 전통은 5세기경 서로마의 넓은 지역에서 널리 시행되고 있던 지역적 법률 관습과 크게 다르지 않았을 것이다. 이 법전들은 바바리안과 로마 인의 권리와 의무를 상세히 서술하고자 하였다. 바바리안 군대에게 양도된 영토에 남아 있는 다른 세속적인 로마의 법적 전통이 배제되지는 않았지만, 그것들은 로마 인과 바바리안에게 똑같이 적용하는 것을 목표로 한 영토적 법률이었다.

왕들은 이러한 왕국들 내에서 이 민족들을 위해 새롭고 오래 유지될 수 있는 종족적, 정치적 정체성을 만들어 내려고 노력하였으나, 그들이 거둔 성공의 정도는 다양하다. 군사적, 정치적 권력을 가진 바바리안 소수와 로마 주민들 사이의 간극은 반달 족의 아프리카에서 가장 확연하게 구분되어 남아 있었다. 제국 내의 다른 대부분의 바바리안들과는 달리 반달 족은 제국과 조약을 체결하는 이점을 가지지 못한 채 왕국을 건설하였고 대대적으로 재산을 몰수하였다. 이러한 몰수로 인해 반달 족은 몇 십 년에 걸친 도나투스 파 교회 분리주의자에 대한 투쟁을 통해 적극적 정치 참여의 전통이 오랫동안 발달되어 있던 아프리카 정통 가톨릭뿐만 아니라 토지 소유 귀족들에게 늘 증오의 대상이었다. 많은 토지 소유 귀족들은 가톨릭 주교들이 그랬던 것처럼 달아나거나 추방되었다가, 520년대에야 돌아왔다. 반달 족 왕들은 궁극적으로는 제국의 승인을 얻었으나 그때에도 그들의 통치는 강력하지 못했다. 나머지 주민들에게서 미움을 받아 고립되어 있었으므로, 반달 족은 533년에 유스티니아누스 황제가 북아프리카에 군대를 보내 침공하였을 때 예상외로 쉽게 정복되었다. 두 차례의 결정적인 전투가 왕국을 무너뜨렸고, 남은 반달 족 사람들은 추방당하거나 동부 지중해의 여러 바바리안 동맹 군대에 흡수되었다. 10년도 채 못 되어 반달 족은 완전히 사라졌다.

490년대에 테오도리크 대왕이 세운 이탈리아의 동고트 왕국은 처음에는 성공의 가능성이 높은 것 같았으나 그들 역시 비잔틴 제국의 재정복에 무너졌다. 동고트 족은 훈 제국의 폐허로부터 게르만 인의 한 분파로 등장하여, 한편으로는 동로마 제국에 대항하여 싸우고 다른 한편으로는 동로마 제국과 동맹을 맺으며 성장하였다. 484년, 테오도리크는 훈 족이 도래하기 이전의 왕가였던 아말 가의 후예임을 주장하며 수많은 이 집단들을 그의 지배 하에 통합하였다. 4년 후에 그는 다인종 군대를 이끌고 제노 황제의 대리자로 이탈리아에 쳐들어가 바바리안 사령관으로 스스로를 이탈리아의 지배자라고 칭하고 있던 오도아케르에 맞섰다. 오도아케르는 옛날식의 바바리안인 로마 사령관, 즉 민족을 거느리지 않은 왕이었다. 이전의 스틸리코와 마찬가지로 오도아케르는 이탈리아를 통치하였고, 남아 있는 로마 정규군과 동맹 군사로 이루어진 군대를 지휘하였다. 오도아케르는 테오도리크와 그가 이끄는 고트 족의 상대가 되지 않았다. 493년, 테오도리크는 이탈리아 반도의 통치권을 획득했으며, 오도아케르를 제거하고 로마의 재정 및 행정 시스템을 장악하였다.

테오도리크는 이질적이고 이동성을 가진 자신의 바바리안 군대를 이탈리아 내에서 로마 인과 평화롭게 공존할 수 있는 안정되고 정착된 고트 민족으로 변모시키고자 하였다. 그를 추종하는 고트 족을 위해 그가 세운 목표는 "문명"(라틴 어로 키빌리타스civilitas)이었다. 다시 말해 그들에게 시민 사회에서는 법의 지배라는 로마의 원칙과 함께 관용과 합의라는 로마의 전통을 채택해야 한다고 설득하는 것이었다. 고트 족은 그러한 시민 사회를 그들의 군사적 용맹으로 지키게 될 것이었다. 그럼에도 불구하고 테오도리크는 고트 족과 로마 인들이 자신의 절대적 권위 하에서 상호 의존하며 살도록 별개의 공동체 — 하나는 군사 공동체, 하나는 민간인 공동체 — 로 분리하여 유지하고자 하였다. 그러므로 테오도리크는 병사(고트 족)와 시민(로마인), 혹은 병사와 그들을 부양하는 납세자로 구분하는 소위 "민족지적 이데올로기"라 불리는 정책을 추진하였다.[12] 이 이데올로기에 따르면, 두 민족natio은 무력이 아닌 법에 의해 통치되며, 상호간의 사랑으로 통합된 하나의 포풀루스로 공존하였다.

그럼에도 불구하고 테오도리크는 고트 족이 가진 군사력이라는 현실에 기초하여 통치했다. 비록 테오도리크가 로마 행정관들과 심지어 원로원 의원 카시오도루스와 같은 오도아케르 측근의 충성스러운 지원을 받긴 했지만, 다른 바바리안 왕들과 마찬가지로 그도 자신의 사적 대리인, 즉 백伯(라틴 어로 코메스comes)을 임명하여 전 로마 관료제를 관리하고 조정케 함으로써 그의 통치에 고트적 요소를 강화하고자 했다. 그는 마찬가지로 아리우스 파 교회를 "고트 족의 합법적 교회the church of the law of the Goths"로 채택하고 특권을 주었다. 그러나 그는 다수의 정통 가톨릭교도들을 개종시키는 것을 금함으로써 가톨릭이 분명히 소수의 교회로 남을 수 있게 했다.

이탈리아의 안과 밖 모두의 통치에서 고트 족의 요소를 강조하게 되자 테오도리크는 자신이 전설적인 왕실 가문인 아말 가의 후예라는 주장을 더욱 더 강조하게 되었다. 이 주장 혹은 이 가문이 과거에 명문가였다는 주장의 정당성이 확인될 수 없었음에도 그러했다. 특별히 부르고뉴 족, 서고트 족, 프랑크 족 그리고 튀링엔 족, 그리고 다른 외부 종족을 상대하면서 그가 강조했던 것은 문명이나 로마니타스가 아니었다. 그것은 왕실 가문이 서로 공통의 친족 —— 조상, 결혼 동맹, 입양을 통해 형성된 —— 이라는 점이었다. 더구나 아말 혈통의 영광 때문에 자신이 여타의 다른 왕들보다 우위에 있다고 주장하였다.[13] 그의 재위가 진전될수록 이와 같은 아말 전통에 대한 호소는 내부 선전에서 점점 더 빈번히 행해졌다. 그리고 그것은 그의 손자인 아탈라리크의 재위 중에 다시금 힘을 얻어 강조된다.

아리우스 파 기독교와 아말 가의 혈통에 기반을 둔 새로운 고트 민족의 탄생을 이루려던 테오도리크의 시도는 결국 실패하였다. 많은 바바리안이 지주가 되어 점점 더 그들의 로마 인 이웃과 동일한 경제적, 지역적 관심을 가지게 되면서, 동고트 전사와 로마 주민 사이의 경계가 흐릿해졌다. 로마 엘리트의 전통에서 교육받은 다음 세대의 고트 족들은 그들에게 주어진 전사 문화에 대해 더욱 더 거리감을 느끼게 되었다. 동시에 로마 인들 중에서도 군대에서 승진하고 고트 족의 언어를 배우고 고트 족의 여자와 결혼할 정도로 고트 족의 전통을 받아들이는 사람도 있었다. 예를 들어 귀족인 키프리아누스는 아이들에게 군사 훈련을 받게 하고 고트 어를 가르치는 등 고트 족 스타일로 아이들을 교육시켰다.[14] 아탈라리크 재위 기간 중에 심지어 로마 인들도 소송 당사자들이 모두 동의한다면 고트 족의 백에게서 재판을 받을 권리를 획득하였다. 이것은 테오도리크 치하에서 발달되었던 분리의 원칙이 유지될 수 없을 정도로 혼란에 빠졌음을 보여 주는 증거였다.[15]

이처럼 고트 족의 특수성이 점점 더 희미해지면서 군인들 중 많은 수가 급속히 로마화되자, 이러한 사태를 염려한 군 인사들 사이에서 반反로마의 반응이 일어났다. 테오도리크의 사후에 긴장이 고조되어 535년 그의 딸 아말라순타가 살해되면서 절정에 달하였다. 유스티니아누스 황제는 살인을 구실로 삼아 테오도리크의 조카인 고트 족의 왕 테오데하드의 정통성을 승인하기를 거부하고 이탈리아를 침공하였다. 그러나 단 두 차례의 전투를 통해 목표를 달성했던 아프리카의 재정복과는 달리 이 전쟁은 거의 20년 동안 지속되었으며, 지난 두 세기 동안 있었던 바바리안의 모든 침략보다도 더욱 철저히 이탈리아를 황폐화시켰다. 그러나 이탈리아에서 동고트 족의 궁극적 운명은 북아프리카 반달 족과 같았다. 동고트 족 역시 더 이상 정치체로 존재하지 못하고 완전히 사라졌다.

그러나 재정복의 대학살을 통해 단순히 동고트 족만 사라진 것이 아니었다. "로마 인" —— 로마의 문명과 고트 족의 군사력를 기초로 하여 왕국을 건설하려 했던 테오도리크의 시도에 협력했던 대大원로원 의원 가문이라는 의미에서 —— 도 역시 사라졌다. 이들 둘의 정체성은 너무나 복합적으로 서로 얽혀 있어서 유스티니아누스의 군대에 의한 재정복은 고트 족뿐만 아니라 로마 인에게도 치명적이었다. 콘스탄티노플에서 파견된 황제의 군대라는 의미에서의 "로마 인"은 물론 고트 족도 그들을 신뢰하지 않았다. 예를 들어 537년 로마가 포위된 동안에 로마의 사령관 벨리사리우스는 교황 실베리우스가 반역을 꾸미기 위해 고트 족과 협상할지도 모른다는 두려움 때문에 교황을 폐위시켰다. 궁극적으로 벨리사리우스는 많은 수의 뛰어난 원로원 의원들과 함께 교황을 추방하였다. 그들 중에는 고트 족의 공주와 결혼한 적이 있다는 이유로 추방되었던, 황제의 후손 플라비우스 막시무스도 포함되어 있었다. 이 포위 기간 동안 고트 족의 왕 위티기스는 너무나 화가 나서 라벤나에 인질로 잡고 있던 모든 원로원 의원들을 처형하였다.[16] 552년에 부스타 갈로룸 전투에서 고트 족이 크게 패하자 고트 족은 후퇴하면서 마주친 모든 로마 인들을 학살하였고, 왕

태자는 캄파니아에 있는 모든 원로원 의원들을 살해하라고 명령하였다. 이 중에는 벨리사리우스에게 의심받아 추방당했던 플라비우스 막시무스도 있었다. 바로 얼마 후 테자는 토틸라가 인질로 선발했던 300명의 로마 아이들을 대량 학살하였다.[17] 로마 제국과 바바리안에게 똑같이 의심을 받게 된 이탈리아의 고대 로마 귀족들은 이탈리아 무대에서 다시는 주요한 역할을 하지 못하게 되었다.

갈리아에서는 툴루즈의 고트 족 왕국과 부르고뉴 왕국이 유사한 운명을 맞았다. 두 왕국 모두 동맹군으로 계속 〔제국〕 군대에 복무하였다. 예를 들어 그들은 아틸라가 패배를 당한 카탈루냐 평원 전투에 참가하여 훈 족을 물리치는 데 일조하기도 하였다. 더 나아가 그들은 제국이 약해지는 틈을 타 그들의 영역을 넓혔다. 궁극적으로 고트 족은 그들의 통치 지역을 북쪽으로는 루아르 강까지, 남쪽으로는 스페인 전역으로까지 넓혔고, 부르고뉴 족이 게피드 족에게 밀려나기 전까지 동쪽으로 팽창하였다. 여전히 서고트 족은 소수 아리우스 파로 남았는데, 그들은 507년 프랑크 족에게 단 한 번의 패배를 겪은 후에 갈리아에서 사라졌다. 부르고뉴 족도 그들이 가지고 있었던 문화적, 종교적, 혹은 가계家系의 정체성을 급속도로 잃게 되었다. 그리하여 6세기경이면 부르고뉴 족은 원래 바바리안들 사이에서 군대 몫으로 분배되었던 토지의 소유자를 의미하게 되었다.

북방 바바리안의 종족 형성

서고트 족이 개척하고 대체로 반달 족과 동고트 족이 채택한 유형의 바바리안 정치체는 실패로 끝났다. 구체적으로 말해, 그것은 바바리안 왕이 황제의 위임을 받아 한편에서는 정통 가톨릭, 로마 인, 민간인 공동체이며 다른 한편에서는 아리우스 파, 바바리안, 군사 공동체인 두 공동체를 창조하고 유지하는 정치체였다. 이보다 더 오래 지속되었던 것은 브리튼의 군소 왕국들뿐만 아니라 북부 갈리아의 프랑크 족이 창조한 왕국들이었다. 그곳에서는 로마 인과 바바리안의 차이가 급속히 사라졌다. 이들이 성공을 거두었던 이유로 다음의 몇 가지를 들 수 있을 것이다. 우선 그들은 비잔틴 세계의 중심부에서 멀리 떨어져 있었기 때문에 5세기 초에 이미 제국에 의해 포기해도 좋은 존재로 여겨져, 6세기에 유스티니아누스 황제의 재정복 영향권 밖에 위치하였다. 또 다른 이유로는 로마의 민간 행정 체제의 변모가 충분히 진전되어 바바리안 왕들이 흡수할 수 있는 여지가 별로 남아 있지 않았다는 점을 들 수 있다. 프랑크 족의 경우에 로마의 민간 행정은 단지 개별 도시의 수준에서만 남아 있었으며, 브리튼의 경우에는 심지어 지역적 수준에서의 관료제조차 남아 있지 않아서 새 군주들이 자신들의 정부에 받아들일 수 있는 것이 없었던 것으로 보인다. 마지막으로 바바리안들 자체도 달랐다. 프랑크 족과 색슨 족도 처음에는 제국의 동맹자로 봉사하긴 했지만, 콘스탄티노플 혹은 심지어 이탈리아의 지중해 세계를 직접 경험해 본 적이 없었다. 그들은 자신들이 흡수한 속주의 로마 인들처럼 테오도리크나 카시오도루스의 문화적, 행정적 전통에서 멀리 떨어져 있었다. 그 결과 이 민족들은 훨씬 단순하지만, 그러나 장기적인 관점에서 더욱 철저한 새로운 사회적, 문화적 형태로 변모되었다.

오랫동안 라벤나와 콘스탄티노플의 관심에서 주변적이었던 브리튼과 북부 갈리아는 5세기 초에 어쩔 수 없이 그들 자신의 방어와 조직에 관심을 기울이게 되었다. 두 지역 모두에서 광범위한 로마의 체제보다 지역적 친화력이 우위를 차지하기 시작했으며, 새로운 로마적, 켈트적, 게르만적 요소를 갖춘 집단이 등장했다. 브리튼에서는 로마의 중앙 집권적 정부는 사라지고, 서로 적대적인 많은 소왕국들로 대체되었다. 5세기 말과 6세기 초 동안 색슨 족, 프리지아 족, 프랑크 족이나 다른 연안 지역에서 온 게르만 동맹자들이 이 왕국들 대부분을 지배하게 되었는데 특히 남동쪽에서 그랬다. 비록 6세기에 특히 대륙 연안 지역에서 이주가 두드러지게 많긴 했지만, 이 "앵글로-색슨" 왕국들 내에도 기독교 집단이 존속하고 있었을 뿐만 아니라 초기 "앵글로-색슨" 왕국들의 가계도를 보면 켈트 족의 이름이 빈번하게 등장한다. 이것은 앵글로-색슨의 민족 형성이 자신들을 신화에 나오는 게르만 영웅들의 후예로 생각하는 가문들의 정치적 지도력 하에서 토착 주민과 새롭게 도착한 각양각색의 바바리안들이 서서히 융합됨으로써 이루어졌음을 말해 주는 것이다. 실제로 대부분의 앵글로-색슨 왕실의 가계도를 보면 그들은 자신들의 조상을 전쟁의 신인 보덴이나 심지어 "신" 자체인 게이트/가우트로 간주했다.

프랑크 사회는 지중해 지역의 관심에서 가장 멀리 떨어져 있었던 갈리아 북부에서 이루어진 유사한 융합의 결과였다. 5세기 동안 로마 속주 행정이 완전히 사라진 폐허의 상태에서 일련의 경쟁 관계에 있는 왕국들이 나타났는데, 군 사령관이나 왕이 각 왕국을 이끌었다. 이 지도자들 중 몇몇은 라인 강 양편 모두와 관계를 맺으며 바바리안 부대를 지휘하던 프랑크 왕들이었다. 갈리아-로마 귀족의 일원으로 로마 속주민 및 바바리안의 혼성 군대로부터 지원을 끌어낸 다른 지도자들도 있었다. 전자 중에는 메로빙거 가문의 일원도 있었는데, 이들은 4세기 말에 제국 내에 정착한 것으로 추정되는 살리 프랑크 족의 후예인 바바리안 군대를 통솔하였다. 이 무리들에게는 종족적 유대보다는 정치적 편의가 훨씬 더 중요하였다. 예를 들어 제국을 위해 봉사하면서 부와 권력을 쌓았던 프랑크 왕 킬데리크의 추종자들은 그들의 이익에 부합된다고 판단하면 킬데리크를 버리고 로마 장군-귀족에게 기꺼이 충성을 바칠 용의가 있었던 것으로 보인다.

486년 초에 킬데리크의 아들 클로비스는 투르네 주변에 중심을 둔 아버지가 물려준 제국의 세력을 남쪽과 동쪽까지 확장하였다. 그는 벨기카 세쿤다의 행정 중심인 수아송을 함락하고 일시적으로 튀링엔 족을 지배하였으며, 496년과 506년 사이에 알레만니 족을 물리쳤다. 507년에 그는 서고트 족의 왕 알라리크 2세를 물리친 후 살해하면서 피레네 산맥 북쪽 서고트 왕국을 정복하기 시작하였다. 이 모든 정복은 콘스탄티노플로부터 위임받거나 조약을 맺지 않은 상태에서 이루어졌던 것으로 보인다. 하지만 알라리크 2세에게 승리를 거둔 후 황제 아나스타시우스의 사절단이 그에게 일종의 제국의 승인, 아마도 명예 집정관 직을 수여하였을 것이다. 그는 511년경 죽기 전까지 말년을 쾰른이나 캉브레 등에서 그의 아버지의 왕국과 유사한 왕국을 지배하던 프랑크 족의 다른 왕들과 자기 가문 내의 경쟁 상대를 제거하는 데 보냈다.

클로비스의 프랑크 왕국에서의 종족 형성은 동고트 족의 이탈리아나 서고트 족의 아키텐에서의 종족 형성과는 다르게 이루어졌다. 그는 직접적인 제국의 명령을 받아 정복에 나서지는 않았고, 전대의 바바리안 왕들이 세웠던 이중 사회를 창조하려고 시도조차 하지 않았다. 살리 프랑크 족은 갈리아에 오래전부터 살고 있었고, 여러 세대에 걸쳐 제국과 지역의 정치적 분쟁에 깊게 연루되어 있었다. 클로비스의 권위는 486년 그의 아버지가 죽은 이래, 그리고 그가 기독교로 개종하기 오래전에 랭스의 주교 레미기우스와 같은 갈리아-로마 귀족의 대변자에 의해 인정되었다. 그리하여 그가 경쟁자의 권력 중심지를 흡수한 것은 이전에 바바리안 왕들에 비해 훨씬 적은 변화만을 초래하였다. 그는 확실히 로마의 민간 행정의 잔재를 장악하긴 했지만, 우리가 지금까지 보아 왔던 대로, 개별 도시의 수준을 넘지 못하는 것이었다.

게다가 테오도리크나 다른 고트 족 통치자가 그랬던 것처럼 로마 주민들과 비교해 볼 때, 프랑크 족이 강력하고 독특한 정체성 의식을 창조하거나 창조하려고 시도했다는 증거는 거의 보이지 않는다. 클로비스의 가문도 겉보기에는 분명히 반半신의 후예라 주장하며 미노타우로스 같은 괴물을 자신들의 조상으로 꼽았다. 그러나 프랑크 족의 가계 전승 어디에도 수많은 영웅과 신이 등장하는 고트 족 전통에 비견될 만한 것이 없다. 프랑크 족은 로마와 분리된 고대 전통을 내세우기보다는 오히려 그것과의 공통성을 강조하였다. 6세기에 이미 프랑크 족은 자신들이 트로이 난민의 후예이며, 그래서 그들이 이웃한 로마 인과 혈통적인 면에서 연결되어 있다고 주장하였다.

프랑크 족은 로마 인들과 공통의 가계뿐만 아니라 공통의 종교도 공유하였다. 6세기 이전에 이미 프랑크 족 중에는, 아리우스 파이든 정통 가톨릭이든 간에, 기독교 신앙을 가진 사람들이 몇 있었으며, 클로비스 가문을 포함한 다른 사람들은 이교 신앙을 가지고 있기도 했다. 클로비스는 아마도 그의 강력한 이웃인 테오도리크의 아리우스 파에 끌렸지만, 궁극적으로 정통 가톨릭의 세례를 받았다. 물론 이 사건이 정확히 언제 어떻게 일어났는지에 대해서는 논란의 여지가 남아 있다.

공통의 종교와 공통의 기원 설화로 통합된 다음에는 클로비스의 프랑크 족과 그의 왕국의 로마 속주민들이 공통의 정체성을 만들어 내는 것을 막는 것은 아무것도 없었다. 그들은 이 작업을 상당히 빠르게 추진하였다. 단 몇 세대 내에 루아르 강 북쪽의 주민들은 균일하게 프랑크 인이 되었다. 그리고 비록 로마법의 전통이 남쪽과 부르고뉴에서 잔존하고 있고 로마의 법적 신분이 530년대에 클로비스의 아들들이 정복한 예전 부르고뉴 왕국에서 계속 유지되고 있긴 했지만, 이 같은 다른 법률 전통이 사회적, 정치적 정체성의 분리를 초래하지는 않았다. 프랑크 족 통합을 위한 가장 강력한 힘은 로마와 바바리안 전통이 남겨 준 유산에 의거하여 통합된 사회를 창조한 것이었다.

결론: 옛 이름과 새로운 민족

4세기와 5세기에 유럽의 사회적, 정치적 구조에서 근본적인 변화가 일어났다. 이 과정에서 고트 족의 연합체와 같은 거대한 연합체들은 사라졌다가, 이탈리아와 갈리아에서 왕국들로 변형되어 다시 등장하였다. 훈 족 제국이나 반달 왕국과 같은 것들은 어디선지 모르게 나타났다가 몇 세대만에 완전히 사라졌다. 오히려 앵글 족과 프랑크 족처럼 이전에는 전혀 눈에 띄지 않았던 민족들이 나타나 지속적인 정치체를 만들었다. 그러나 지속적인 것이든 하루살이에 불과한 것이든 이러한 종족들의 이름 뒤에 있는 사회적 현실은 모든 면에서 급속하고 근본적인 변모를 경험하였다. 3세기 크니바의 왕국에 살았던 고트 족은 6세기 스페인에 살던 고트 족과 언어, 종교, 정치, 사회 구성, 심지어 가계 등 거의 모든 면에서 전혀 달랐다. 율리아누스 황제에게 패배를 당했던 4세기의 프랑크 족과 클로비스를 따라 전쟁에 뛰어든 6세기의 프랑크 족도 마찬가지였다. 각자는 생각할 수 있는 모든 면에서 거의 측정할 수 없을 정도로 서로에게서 멀리 떨어져 있었다. 동일한 시기에 누구 못지않게 극적인 변모를 경험했던 로마 인들도 이와 다를 바 없었다. 끊임없이 그 대상이 바뀌는 충성, 다른 종족 간의 결혼, 변모 그리고 차용으로 인해 변화하지 않고 남아 있는 것은 단지 이름뿐이었던 것으로 보인다. 그리고 이 이름이라는 것도 다른 시기에는 다른 내용물을 담을 수 있는 그릇과 같은 것이었다.

이름은 다시 새롭게 쓸 수 있는 자원이었다. 비록 급진적인 불연속성이 실제 생활에서는 현실일지라도 이름은 사람들에게 계속성을 확신시켜 줄 수 있는 잠재력을 가지고 있었다. 옛 이름은, 그것이 고트 족이나 수에비 족과 같은 고대 종족들의 이름이든 아니면 아말 가와 같은 훌륭한 가문의 것이든 간에, 다시 재생되고 새로운 환경에 적용되고 새로운 세력을 위한 슬로건으로 사용될 수 있었다. 대안적으로 작고 상대적으로 중요하지 않았던 집단의 이름도 엄청난 힘을 가지고 확장될 수 있었다. 이들 중 프랑크 족이 가장 대표적인 예이다. 3세기에 프랑크 족은 로마의 적들 중에서 가장 보잘것없는 존재였으나 6세기가 되면 서유럽 대부분의 지역에서 "프랑크"라는 이름은 "고트", "반달", "수에비"뿐만 아니라 심지어 "로마"라는 이름까지도 가리게 되었다.

5장 | 최후의 바바리안?

6세기 동안, 이전의 로마 제국 내에 새로운 영토 왕국들이 창조됨으로써 이 지역 정치체에 이름을 부여한 민족들은 물론 그들이 버리고 떠난 변경 지역으로 이주한 "새로운" 바바리안들의 성격도 변모되었다. 우리는 이 장에서 갈리아, 이탈리아, 스페인 그리고 발칸, 심지어 브리튼에 세워진 체제가 어떻게 로마 인과 바바리안의 구분을 완전히 없애 버렸거나, 아니면 불분명하게 만들었는지 검토하고자 한다.

서유럽 왕국 내에서의 융합

롬바르드 족의 이탈리아

롬바르드 족의 이탈리아는 혼란과 폭력 속에서 시작되었다. 비잔틴 제국과 동고트 족 군대 사이의 피비린내 나는 전쟁으로 이탈리아는 힘이 고갈되어 정복당하기 좋게 되었다. 568년에 스스로를 가우티라는 왕가의 후예라고 주장하는(어떤 근거로 그렇게 주장했는지는 알 수 없지만) 왕, 알보인은 색슨 족과 튀링엔 족뿐만 아니라, 판노니아 속주의 로마 인, 수에비 족, 사르마티아 족, 헤룰리아 족, 불가리아 족, 그리고 게피드 족으로 구성된 혼합 군대를 이끌고 이탈리아로 도래했다. 이들 중에는 아리우스 파나 정통 기독교인도 있었고, 아마 이교도도 얼마간 있었을 것이다. 이 무리들을 이끄는 지도자들은 왕가나 명문가 출신으로 서로서로를, 그리고 롬바르드의 왕을 질시하였다. 이들은 황제의 명령으로 로마의 속주에 정착한 동맹군들이 아니었다. 그들은 말 그대로의 정복, 그것도 피비린내 나는 폭력적인 정복을 통해 정착했다. 폭력적 상황은 알보인이 자기 아내의 사주로 살해당한 후, 공公〔왕족 출신이 아닌 '군 지휘자dux'로 변경의 넓은 지역을 통치하는 사람〕들이 이탈리아 곳곳에 독립 공국을 세우려고 각축을 벌임에 따라 야기된 지방 분권화로 인해 더욱 악화되었다. 그들은 로마와 나폴리 성 앞에서 패퇴했고, 라벤나의 로마 인(비잔틴 인이라 부르는 것이 타당할지도 모른다) 지휘자가 그들의 진격을 막았다. 그리고 부르고뉴 족과 프랑크 족의 군대들은 롬바르드 족의 부르고뉴 침입이 재앙으로 끝난 뒤에 아오스타와 수사Susa의 피에드몽 유역을 점령하여, 그곳들을 롬바르드 족의 이탈리아로부터 분리시켰다.

그들의 새로운 공국 내에서 (아마도 그들이 점령한 영토 내 인구의 5에서 8퍼센트만을 차지했을) 롬바르드 족은 비잔틴의 재정복 전쟁에서 살아남은 로마의 엘리트 유민들에게 어떠한 공적인 정치적 역할도 부여하지 않았다. 서부 알프스 지역에 거주하던 한 당대인은 알보인의 계승자인 클레프가 "다수의 상류층 및 중류층 인사들을 살해했다"고 기록하였다.[1] 이와 비슷하게 8세기 역사학자 파울루스 디아코누스도 6세기 후반에 쓰여진 거의 동시대의 역사에 의거하여 "[클레프가—인용자] 많은 로마 인 유력자들과 다른 사람들을 살해하거나 추방했다"고 기록하고 있다.[2] 파울루스는 계속해서 클레프가 죽고 난 후에 대해 다음과 같이 적고 있다.

> 최근 많은 고귀한 로마 인들이 탐욕 때문에 살해되었다. 나머지 사람들은 "손님"으로 구분되어 그들이 거둔 수확량의 3분의 1을 바치는 공납자가 되었다.[3]

종합하여 보면, 이러한 구절은 정복 동안에, 많은 로마 인 토지 소유자들이 죽음을 당하거나 아니면 아마도 여전히 제국에 의해 지배되는 지역으로 추방당했음을 가리키는 것으로 보인다. 그들의 토지는 롬바르드 족에게 재분배까지는 되지 않았더라도 아마도 몰수되어 왕령 혹은 공령 토지로서 유지되었을 것이다. 그 외의 토지 소유자들은 수확량의 3분의 1을 아마도 공이나 왕이었을 그들의 점령자들에게 바쳐야만 했을 것이다.

그러한 조치들로 인해 남아 있는 로마의 엘리트들은 분명히 그들의 롬바르드 정복자들에게 종속되었을 것이다. 그렇지만 무거운 세금 부담에도 불구하고, 그들은 노예 혹은 농노로 전락하지는 않았다. 소수의 군사 엘리트들이 로마 사회의 전 상층 계급을 제거할 수도 없었겠지만 그것은 바람직하지도 않았을 것이다. 그들 중의 대다수를 납세자로 남겨 두는 편이 훨씬 유리했을 것이기 때문이다.

남은 이탈리아의 엘리트들에게 롬바르드 족 하에서의 삶은 힘들었을 것이다. 하지만 그들의 삶은 라벤나와 로마 사이 연안과 중부 이탈리아의 요충 지역을 고수하고 있던 비잔틴 총독의 보호 아래에서 살던 사람들의 삶보다는 못하지 않았을 것이다. 실제로 롬바르드 족 지배 하의 삶은 "로마 인" 지배 하의 삶보다 나았을지도 모른다. 대大교황 그레고리우스는 6세기 말의 기록에서 코르시카에는 롬바르드 족에게서가 아니라 오히려 그들에게로 도망치려는 지주들이 있다고 불평하고 있다. 그는 또한 다른 기록에서도 때때로 모든 계층의 개인들이 제국의 세금 관리인들의 가혹한 세금 징수 하에서 사는 것보다는 롬바르드 족의 지배 하에서 살고 싶어하는 것 같다고 말하고 있다.[4] 전체적으로 보아 6세기 초 몇 십 년의 포위 공격과 침입에서 살아남았던 로마 사람들은 롬바르드 족의 새로운 체제에서 자리를 잡았던 것으로 보인다. 장차 (우리로서는 그것이 어느 정도로까지 이루어졌는지는 알 수 없지만), 결과적으로 롬바르드와 로마 사회는 하나로 결합되었다.

7세기 롬바르드 왕국의 로마 인들에 대한 사료는 극히 드물다. 그러나 고고학 자료와 드물게 남아 있는 문서 자료들은 왕국 내의 이질적 주민들이 융합되고 있었음을 암시한다. 먼저 침입에 참여했던 다양한 집단들이 합쳐져 롬바르드 족의 정체성을 가진 새로운 통합체를 이루었다. 그런 다음 이 "새로운" 롬바르드 족과 그들보다 수적으로 많은 로마 인 이웃들이 하나로 합쳐졌다.

172

처음에는 법이 롬바르드 종족을 창조해 내는 주요 수단이었다. 7세기 중엽부터 계속해서 왕국의 이질적인 바바리안 전사들은 다른 법률 전통을 따라도 좋다는 왕의 허락을 받지 않은 한 롬바르드의 법을 따라야 했다.[5] 분명히 롬바르드 족이라는 법적 신분은 출생의 문제가 아니라 왕이 내리는 칙령의 문제였다. 통합을 향한 왕의 압력 하에서 알보인의 군대를 구성했던 다양한 스펙트럼의 집단을 지칭하던 명칭들이 사라지고 단순화된 로마 인과 롬바르드 인의 정체성만이 나란히 남게 되었다. 그러나 이러한 양자 구도 역시 희미해지기 시작하였다. 점차적으로 롬바르드 족은 로마식 의복을 입고 로마의 도자기와 다른 제품들을 사용하기 시작하였다. 그리고 간접적인 증거에 의해서이긴 하지만 모든 계층에서 통혼도 시작되었던 것으로 보인다. 롬바르드 족이 로마의 전통을 받아들였음을 보여 주는 가장 명백한 증거는 그들이 도시를 사용했다는 것이다. 여러 공국들(파울루스 디아코누스에 따르면 많게는 35개에 달했다고 한다)은 모두 왕국 곳곳에 있는 로마의 도시들을 그들의 중심 도시로 선택하였다.[6]

이탈리아에서 문서 자료들이 다시 나타나는 700년대 무렵에는 롬바르드 족과 로마 인들 간의 융합이 크게 진전되었다. 가족들은 아이들에게 로마식 이름과 롬바르드식 이름을 모두 지어 주었다. 일부 사람들은 심지어 게르만적 전통에서 이름 요소name element들을 섞어, 다비프란드 혹은 폴리페르트와 같은 복합 이름을 만들어 내기도 했다.[7] 마찬가지로 로마와 롬바르드의 법률 전통도 섞이게 되었다. 650년대와 750년대 사이에 여러 왕의 명령을 받아 쓰여진 롬바르드 법은 로마 법과 나란히 존재하였다. 롬바르드 법이 로마적 관행의 영향을 어느 정도 받았음은 분명하다. 가장 근본적으로 성문화된 법전의 개념 자체가 그 영향의 소산이었다.

8세기 초 무렵에 롬바르드 법은 모두에게 적용되었다. 루이트프란트 왕의 법전의 한 장章을 보면 이것이 명백하게 드러난다.

> 우리는 다음을 법령으로 정한다. 서기들은 문서를 작성할 때 반드시 롬바르드 법—— 모두에게 개방되어 있는 것으로 잘 알려져 있다 —— 을 따르든지 아니면 로마 인들의 법을 따라야 한다. 이 법들에 포함되어 있는 것과 다르게 해서는 안 되며, 롬바르드 인들의 법이나 로마 인들의 법에 반대하여 [문서를— 옮긴이] 작성해서도 안 된다.[8]

이 법령은 계속해서 상호간의 동의가 있으면 사람들은 두 법 모두의 적용을 받지 않고 그들 간의 사적 계약을 맺을 수 있다고 말하고 있다. 그러나 상속의 문제에서만은 법률에 따라 문서를 작성해야만 했다. 어떤 사람들은 이 마지막 구절의 의미를 "오직 상속의 문제에 관련된 문제를 다룰 때에는 모든 사람들이 그들의 법을 철저히 준수해야만 한다"라고 해석하기도 한다.[9] 그러나 이것은 아마도 지나친 해석일 것이다. 그 문서가 말하는 것은 단순히 다음과 같은 의미일 것이다. 즉 상속과 관련된 사건일 때 서기들은 "법률에 따라", 다시 말해 그들이 사용할 수 있는 이 법률 아니면 저 법률에 따라 문서를 작성해야 한다는 점을 의미했을 것이다. 짐작컨대 그러한 상황 하에서 사적인 거래는 적절하지 않았을 것이다. 왜냐하면 그것은 제삼자, 즉 그 사적 합의에 동의하지 않았던 잠재적 상속자에게도 영향을 미칠 것이기 때문이다. 법률에는 유언자가 어느 법을 따를 것인가에 대해 선택권을 가지고 있지 않다고 명시되어 있지 않다. 법률은 출생의 사실이 아니라, 〔편의에 따라 선택할 수 있는〕 자원이 되었다.

개인들의 토지 이전을 기록한 문서인 차터charter를 보면 개인들이 이 법률 아니면 저 법률을 선택했던 것을 알 수 있는데 심지어 가족 내에서도 선택이 달랐다. 브리지트 폴-레슬이 분석한 두 가지 예는 이를 잘 드러내 준다. 767년의 차터에서 일단의 사람들이 브레샤에 있는 살바토레의 수녀원장에게 기부를 했다. 차터에는 기부자의 법적 지위에 관해서는 어떤 식의 법적 구분도 들어 있지 않지만 그들이 기부 재산을 공유하고 있었다는 사실로 미루어 그들이 친족이었다고 추정할 수 있다. 그럼에도 불구하고 우연히 베네나투스Bene-natus("좋은 가문에서 태어났다"라는 뜻)라는 라틴 어 이름을 가진 사람이 홀로 서명을 한 뒤에 "그의 롬바르드 법에 따라" 자신이 답례 선물, 즉 라우네길트launegild를 받게 되어 있음을 밝히고 있다.[10] 그의 친족들 중에서 베네나투스 혼자만이 루이트프란트 왕 시대에 모든 사람들에게 개방된 롬바르드 법을 따랐던 것으로 보인다. 다시 758년의 차터에는 군데라다라는 멋진 롬바르드식 이름을 가지고 있으면서도 명시적으로 로마 여성Romana mulier이라고 지칭된 여성이 재산의 일부를 남편의 동의를 얻어 기부/판매〔이 시대에 둘은 구분되지 않았다〕하였다. 롬바르드 법률 하에서는 여성이 이러한 동의를 얻는 것은 통상적이고 적절한 것이었다. 로마 법률 하에서는 동의가 필요하지 않았을 것이다. "로마 여성"이 무엇을 의미했던지 간에 그녀와 그녀의 남편은 롬바르드의 법률 전통에 따라 행동했다. 군데

라다는 더 이상 로마의 법을 따르지 않았거나 아니면 그녀의 로마성은 법적으로 별 의미가 없었던 것으로 보인다.[11] 이러한 예들은 8세기경이 되면 이 법 혹은 저 법을 따른다는 것이 이탈리아 토지 소유자의 "종족적" 정체성에 대해 말해 주는 바가 거의 없다는 것을 강력하게 보여 준다.

로마 인과 롬바르드 인 사이의 융합이 비교적 쉬웠던 이유는 침입자들의 이질적 성격, 그들의 중앙 집권화되지 못한 지배 체제와 혼합적인 종교적 정체성 때문이었을 것이다. 6세기 중엽에 황제 유스티니아누스에게 파견된 사절은 롬바르드 족을 정통 기독교도로 묘사하였다. 이탈리아를 침공할 때쯤이면 롬바르드 군대에는 정통 기독교, 이교도, 그리고 아리우스 파가 포함되어 있었다.[12] 비록 알보인의 첫번째 부인 —— 프랑크 왕 클로타르의 딸이었던 클로츠윈다 —— 은 정통 기독교도였지만, 그는 아리우스 파였거나 아니면 적어도 아리우스 파에 깊이 공감하고 있는 이교도였던 것 같다. 그 후의 왕들은 아리우스 파 혹은 정통 기독교도였을 것이며, 상당수의 롬바르드 족 사람들은 6세기 후반까지 이교도의 관습을 계속 따랐다. 롬바르드 족 사람들이 정통 기독교의 세례를 받지 못하게 하려던 아우타리 왕(584~590년 재위)을 제외하고는 롬바르드의 통치자들은 신민들에게 동일한 종교를 강요하려고 크게 애쓰지 않았다. 지역의 공들은 종교적 관행을 지지하거나 아니면 반대하거나, 혹은 아예 그 문제를 무시하는 입장에 있었다. 7세기 말경에 롬바르드의 통치자, 그리고 아마도 인구 전체는 대단히 극적인 상황이나 충돌 없이 이탈리아 주민 대다수가 믿는 정통 기독교 신앙을 받아들이게 되었을 것이다.

그러나 로마 인과 롬바르드 인 사이의 융합은 롬바르드 정체성의 상실을 의미하는 것은 아니었다. 오히려 정반대였다. 생물학적 기원에 관계없이 혹은 조상이 실제로 알보인과 함께 이탈리아에 도래했는지의 여부에 상관없이, 8세기 무렵이면 사회적 엘리트층은 자신들을 롬바르드 인이라고 규정지었다. 오직 롬바르드 인만이 권력이나 부를 차지할 수 있었다. 그러나 이것은 로마 인이 롬바르드 인에게 종속되어 있었다는 말이 아니라 로마 인이 롬바르드 인이 되었다는 것을 의미했다. 두 용어의 의미가 복잡한 방식으로 바뀌어 갔다.

롬바르드 인의 정체성은 당대의 현실과는 상관없이 왕국에 들어왔던 최초의 집단이었던 군사 엘리트적 전통에서 빌려왔다. 롬바르드 인이 되는 것은 적어도 이론적으로는 자유 전사이며 재산 소유자가 되는 것이었다. 8세기 《롬바르드 법전》에 제시된 모습이 그랬다. 루이트프란트 왕(712~744년 재위)의 법전에서는 전사(라틴 어로 에르키탈리스ercitalis, 라틴화된 롬바르드 어로는 아리만누스arimannus)가 전형적인 자유민이었다.[13] 그의 계승자 아이스툴프 왕(749~756년 재위) 때쯤이면 부자가 되는 것이 전사가 되는 것으로 정체성이 미묘하게 뒤바뀌게 되었다.

7개의 망스를 가지고 있는 사람은 갑옷과 다른 군사 장비들을 갖출 수 있으며, 말과 다른 무기들도 가질 수 있도록 한다. 마찬가지로 망스는 가지고 있지 않지만 40유게라의 토지를 가진 사람은 말과 방패, 그리고 창을 가질 수 있도록 한다.

마찬가지로 상인이거나 화폐 재산을 가지고 있는 사람에 관해서는 다음과 같이 한다. 좀 더 많은 재산과 권력을 가진 사람은 갑옷과 말, 방패, 그리고 창을 소유할 수 있도록 한다. 그들을 따르는 사람은 말과 방패, 그리고 창을 가지게 하고, 가진 것이 적은 사람은 활과 화살을 담은 화살 통을 가지게 한다.[14]

다른 말로 표현하자면, 어떤 사람이 상당한 재산을 가지고 있다면, 그는 혈통에 관계없이 롬바르드 인으로서의 적절한 무장을 갖추어야 했다.

그러면 "로마 인"에 대해서는 어땠을까? 아이스툴프의 법전에는 여전히 로마 인이 존재한다. 하지만 그 법전에서 로마 인은 이탈리아 토착 주민의 후예나 심지어 로마의 법을 따르는 사람이 아니었다. 로마 인은 라벤나를 통한 직접적인 것이든 아니면 교황에 의한 간접적인 것이든 제국 권력에 의해 통치되는 이탈리아 영토 내에 거주하는 사람들이었다. 법률에 의하면 상인들은 왕실의 허락 없이 "로마 인"과 거래할 수 없었다. 위반 시에는 머리를 깎인 채 "우리가 로마 인들과 전쟁을 수행하는 동안에 국가의 허락 없이 그들과 거래를 하는 사람은 이렇게 고통을 받을 것이다"라고 소리치고 다니는 것과 같은 가혹한 처벌을 받아야 했다.[15] 여기서 말하는 "로마 인"은 롬바르드 왕국의 주민 — 부유한 상인과 무역상들은 정의상 모두 롬바르드 인이었다 — 이 아니라 여전히 콘스탄티노플의 지배 하에 있는 이탈리아 영토에서 온 "외국인"이었다. 마찬가지로 8세기 법정 사례들을 보면, "로마 인들의 시대"는 롬바르드 왕들이 이탈리아를 정복하여 지배하기 전의 먼 과거를 가리킨다.[16) 왕국의 모든 토지 소유 엘리트들이 참여하는 새로운 롬바르드 민족 탄생이 일어나고 있었을 때, 로마 인 이라는 명칭은 정치적인 면이나 영토적인 면에서 비잔틴 제국 권력 과 거의 동일시되었다.

서고트 족의 스페인

418~419년 갈리아에서 생겨난 고트 왕국은 우리가 앞의 장에서 살 펴보았던 후기 로마 시대 동맹군 수용의 전형을 따랐다. 처음 50년 간의 지배 동안에 고트 족 왕들은 이러한 로마 동맹국의 전통에 따라 통치했다. 남자, 여자 그리고 아이들을 합친 고트 족의 수는 80,000 에서 200,000명으로 다양하게 추정되는데, 그것은 왕국의 인구에서 아주 작은 소수에 지나지 않았다. 그들은 수도 툴루즈의 주위 갈리아 에 주로 정착하였으며, 피레네 산맥 남부의 몇몇 군사 집단 외에는 거의 모습을 보기 어려웠다. 수가 훨씬 더 많았던 로마 인들은 계속 해서 로마의 법과 제도에 따라 살면서 그들의 법과 전통에 의해 보호 받았다. 이 전통이 종말을 고한 것은 466년 유리크 왕이 제국과의 조 약을 파기하고 남부 갈리아와 프로방스에서 동쪽으로, 스페인에서 남쪽으로 진정한 정복 사업에 착수하면서였다. 그러한 정책상의 변 화는 고트 족의 새로운 이데올로기적 프로그램에 기인하기도 했지만 그에 못지않게 갈리아와 이탈리아에서의 부패한 정치 상황에 기인하 기도 했다. 460년대 즈음에는 서유럽에서 제국의 군사적, 정치적 권 위는 더 이상 존재하지 않았으며, 유리크는 단순히 권력의 공백을 메

우기 위해 반응한 것이었다.

고트 족의 새로운 확장 정책은 토착 주민, 특히 오베르뉴와 피레네 산맥 남부, 타라코넨시스와 에브로 강 유역의 주민들에게서 격렬한 반발을 불러일으켰다. 그 충돌은 엄밀하게 말해 로마 인과 고트 족 간의 충돌이 아니었다. 어떤 곳에서는 고트 족이 예전의 로마 사령관을 권좌에 앉히기도 했다. 그래도 여전히 지역의 토지 소유 귀족들은 그들의 가신은 물론 바바리안 동맹군을 이용하여 저항을 이끌었다. 전투는 특히 에브로 지역에서 가장 치열했는데, 그곳에서는 로마와 고트 간의 계약이 종료되어서뿐만 아니라 490년대에 최초로 스페인 내로 이주하기 시작한 고트 족 정착민들의 수가 증가하여 지역적 이해가 위협을 받았기 때문이다.

그렇지만 고트 족과 피정복민들 사이의 갈등이 극심했던 이 시기에 고트 족과 로마 인 사이의 협력이 본격적으로 시작되었다. 왕 알라리크 2세(484~507년 재위)가 앞장서서 그의 로마 인 신민들과 화해를 모색하였다.

알라리크는 왕국의 갈리아-로마 인들과 관련된 두 가지 중대 문제의 해결에 착수하였다. 첫 번째 문제는 고트 족 왕 지배 하의 로마 인 신민들이 그들 사이에서의 법적 문제를 처리할 수 있는 법률 구조를 마련하는 것이었다. 고트 족과 로마 인 사이의 관계는 알라리크의 아버지 유리크가 반포하여 왕국의 모든 주민들에게 적용되고 있던 고트 법전에 의해 아마도 처리되었을 것이다.[17] 로마 인 공동체 내에서의 업무를 관장하는 법은 어떤 법이어야 할 것인가? 알라리크는 438년 공포된 이래로 로마의 기본 법전이 된 《테오도시우스 법전》을 새롭게 고치고 간략하게 줄인 판본을 편찬함으로써 이 문제를 해결하였다. 《알라리크의 초전抄典》이라고 알려진 그 요약 법전은 로마인 신민들을 위해 왕이 인가하여 제공한 법전으로 서고트 왕국에서 좀 더 기본적인 현실적 삶의 문제 해결에 적절한 것이었다.

두 번째 문제는 로마 제국의 통치가 사라지기 전에 설립된 교회 주교구들의 경계가 프랑크 족, 부르고뉴 족, 고트 족에 의해 지리적으로 분할된 남부 갈리아에서의 경계와 더 이상 일치하지 않는다는 사실에서 발생한 어려움이었다. 그 자신이 아리우스 파였음에도 불구하고, 506년에 알라리크는 아그드에서 공의회를 소집하여 정통 가톨릭의 계서제를 재확립하고 6세기 초의 새로운 정치적 현실에 의해 야기된 문제들을 해결하고자 하였다.

이러한 조치들을 통하여 알라리크는 그의 왕국에 있는 갈리아-로마 토지 소유자들의 충성을 얻어내는 데 성공하였다. 심지어 정통 기독교 주교조차도 그에게 충성을 보였다. 507년경에는 이전 세대에 가장 열렬한 반고트 족 지도자였던 사람의 아들이 이끄는 중요한 로마 인 부대가 부예에서 고트 족 편에 서서 프랑크 족의 클로비스에 맞서 싸웠다.

그러나 알라리크는 부예 전투에서 패배하고 생명도 잃고 말았다. 그의 죽음과 함께 고트 족의 툴루즈 왕국, 그리고 고트 족과 로마 인 사이에 급속히 화해가 이루어질 가능성이 모두 사라지고 말았다. 패배에서 살아남은 사람들과 그들의 가족, 그리고 가신들이 피레네 산맥을 넘어 중부 스페인으로 옮겨 가서 왕국을 재건하게 되는데, 그 고트 왕국은 좀 더 필사적이고 대립적인 색채를 띠었다. 고트 족의 군대가 퇴각하여 왕국을 재건한 스페인은 문화적으로 다양한 로마의 행정 구역이었다. 그곳에는 다수인 스페인계 로마 인들 외에도 상당수의 그리스 인과 시리아 인, 아프리카 인, 그리고 유대인들이 살고 있었다. 이들은 대부분 타라고나, 토르토사, 엘체, 카르타헤나와 같은 항구 도시나 507년 이후에도 고트 족이 여전히 소유하고 있던 피레네 산맥과 론 강 사이의 좁고 긴 해안 지역의 수도인 나르본에서 살았다. 게다가 수에비 족이 갈리키아를 계속해서 지배하고 있었고, 명목상 수세기에 걸쳐 로마가 점령하고 있었지만 그 영향을 거의 받지 않은 채 살고 있는 북쪽의 바스크 족이나 오로스페다와 칸타브리아의 다른 민족과 같은 원주민 공동체들도 있었다. 이 거칠고 경제적으로 고립된 지역에서 로마니타스는 간헐적으로 군대가 존재한다는 것 정도의 의미밖에 없었고, 이교 신앙은 7세기까지도 꽤 널리 퍼져 있었다. 서고트 족은 또한 에브로 강 유역과 같이 로마의 전통이 매우 강하게 남아 있는 곳에서도 이전 세대에 매우 심한 반발에 부딪혔었다. 507년에 피레네 산맥을 너머 밀려난 고트 족 군대가 이베리아 반도를 통합하려 한다면, 그 시도는 엄청난 도전에 직면하게 된 셈이었다.

중부 스페인에서의 서고트 왕국의 건설은 고트 족 이동의 마지막 종착점으로 보아야 할 것이다. 6세기에 고트 족은 이전에 유리크와 알라리크가 수립했던 로마 인 토지 소유 엘리트들과의 잠정 협정을 유지하면서, 스페인에서 그들의 입지를 강화하는 작업에 착수하였다. 동시에 그들은 통혼을 금지하고 자신들의 아리우스 파 신앙을 지켜 나감으로써 그들의 개별적 정체성을 유지하고자 노력하였다.

《알라리크의 초전》에 수정되어 포함된 《테오도시우스 법전》 조항들 중에는 로마 인과 바바리안 사이의 통혼에 대한 금지 조항이 있다. 《테오도시우스 법전》에서 일차적 관심사는 로마의 속주민과 그들의 바바리안 친족들 사이에 음모가 있을지 모른다는 대단히 현실적 문제였다.[18] 로마 인이 "바바리안"과 결혼하는 것을 《초전》에서는 더 강한 표현을 써서 금지했을 때, 그 바바리안에는 고트 족이 포함되지 않았을 것이다. 즉, 서고트 족의 이해에 손상을 줄지도 모를 프랑크 족과 로마 인 사이의 결혼 동맹을 막는 것이 실제 의도였을 것이다.[19] 그것은 거주한 지 두 세대가 지난 후에 엄청나게 많은 다수의 주민들 속에서 위협받게 된 고트 족의 정체성을 보호하려는 의도에서 나왔을 것이다. 그러나 로마 인의 토지를 획득하기 위한 가장 분명한 수단은 강력한 고트 족이 로마 인 상속녀와 다소간 강제로라도 결혼하는 것이었으므로, 그것은 또한 로마 인의 권리를 보호하려는 의도에서 나온 것이었을지도 모른다. 본래 이유가 무엇이었든 간에 일단 서고트 왕국이 스페인으로 퇴각한 다음에, 그 금지는 새로운 맥락에서 새로운 의미를 가지게 되었다. 이제 그것은 고트 족과 로마 인 사이의 결혼을 금지하는 것으로 이해되었다. 부예 전투의 여파로 그것은 고트 족 군사 엘리트들을 로마 주민들에게서 분리시키기 위한 일치된 시도라는 성격을 띠게 되었다. 이 금지 조치는 50년 동안 유효하였다. 정통 가톨릭과 아리우스 파 사이의 결혼을 금지한 스페인계 로마 인 종교 지도자들도 개별적인 정체성을 유지하려는 그 바람을 공유하였다.

왜냐하면 고트 족 정체성을 구성하는 두 번째 요소가 바로 아리우스주의이기 때문이었다. 6세기 내내 고트 족은 그들의 종교적 전통에 매달렸다. 그리고 같은 기간 동안 아리우스주의로 인해 그들은 정통 가톨릭인 로마 주민들과 분리되었는데, 그것은 비잔틴 즉 동로마 사람들이 음모를 꾸밀 수 있는 근거를 제공하였다. 그럼에도 불구하고 고트 족 지도자들은 그와 같은 문화적 경계들을 필수적인 것으로 생각하였고 심지어 새로운 것을 소개하기도 했다. 예를 들어 6세기초 고고학 자료들을 보면, 고트 족은 이웃인 로마 인들과 구별되도록 자신들의 옷을 입거나 적어도 죽은 자들에게 그렇게 입히기 시작했다는 표시가 있다.[20]

개별적인 고트 족의 정체성을 보존하려는 이러한 시도들이 얼마나 효과적이었는지 정확히 파악하기란 거의 불가능하다. 로마 인과 고트 족 간에 어느 정도의 통혼이 일어났음은 확실하고, 종교적 장벽을 넘어선 개종이 있었으리라는 것도 확실하다. 좀 더 중요한 것은 로마 인이 재산권을 향유한 반면, 정치 권력의 영역 밖에 남아 있어야 했다는 점이다. 이 사실 때문에 아마도 몇몇 야심에 찬 사람들은 정체성을 바꾸기도 했을 것이다. 한 역사가가 지적했듯이, 이 조처가 고트 족과 로마 인의 차이를 보존하고자 한 반면에, "그렇지만 고트족 법률은 무엇이 고트 족이게 하는지를 정의하지 않았다."[21] 십중팔구 고트 족 왕들은 누구를 고트 족으로 간주할 것인가 결정할 수 있었을 것이며, 이러한 장벽들을 넘어 어느 정도 이동하는 것은 가능한 일이었을 뿐만 아니라 멀리 퍼져 있는 왕국을 고트 족 군사들이 통치하는 데 꼭 필요한 일이기조차 했다. 확실히 고트 족이 소수의 분리된 군사 엘리트로 머물러 있는 한, 스페인 전 지역을 통치하는 그들의 능력은 대단히 제한적일 수밖에 없었다. 그 세기 중엽에 군주제는 암살, 경쟁 그리고 이탈하는 속주 때문에 병들어 있었다. 반역자들은 심지어 유스티니아누스 황제에게 개입해 줄 것을 요청했다. 그 결과 비잔틴 제국은 남동 해안을 점령하였고 이탈리아의 동고트 왕국을 파괴했던 것과 같은 피비린내 나는 재정복 사업을 벌일지도 모른다고 위협하였다.

그러나 570년대와 580년대경이면 고트 족과 로마 인을 구분했던 모든 전통적 방법들은 무너지기 시작하였다. 강력한 왕 레오비길드(569~586년 재위)는 스페인 전역에서 왕의 권위를 강화하고 확대하였다. 그는 코르도바와 오렌세에서의 반란을 진압하고 칸타브리아와 아우스투리아와 같이 멀리 떨어져 있는 속주들을 왕의 지배 하에 두었고 심지어 바스크 족까지도 어느 정도 진압하였다. 그는 톨레도에 영구 수도를 건설하였다. 당시는 다른 바바리안 왕국의 왕들이 여전히 고정된 행정 중심지 없이 순회하면서 왕권을 행사했던 시기였다. 584~585년에 레오비길드는 갈리키아의 수에비 왕국을 물리치고 그의 왕국에 통합하였다. 중앙 집권화 계획의 일환으로 그는 신민들을 갈라 놓았던 전통적인 장벽들을 무너뜨리기 시작하였다. 그는 당시 로마 인과 고트 족의 결합을 명백히 금지하는 것으로 이해되고 있던 통혼 금지 규정을 폐지하였다. 그가 이렇게 했던 진짜 목적은 가톨릭교도들과 아리우스 파 신자들 간의 결혼을 장려하기 위한 것이었음이 틀림없다. 왜냐하면 가톨릭교회 법령에서는 통혼을 금지했기 때문이다. 왕에게 허락을 받았지만 교회로부터는 허락을 받지 못한 그러한 결합은 가톨릭 신자가 교회의 법을 무시할 각오가 되어있을 때에만 이루어질 수 있었다. 레오비길드는 더 나아가 톨레도에서 개최된 교회 회의에서 성부와 성자(성령은 아님)의 동등함을 받아들이고 가톨릭으로 개종하기 위해서는 다시 세례를 받아야 한다는 요구 조항을 제거하는 등 아리우스 파의 교리를 수정하여 가톨릭교도들이 고트 족의 기독교 방식으로 개종하도록 유도하고자 애썼다. 레오비길드가 로마 인이 고트 족이 되는 것을 가능한 한 쉽게 만들려고 노력했던 것은 분명하다.[22]

로마 인과 고트 족 간의 장벽들을 제거하려던 레오비길드의 노력은 정통 기독교 주교들의 강력한 저항 때문에 실패하였다. 그의 아들 헤르메니길드는 좀 더 효과적인 통합 수단을 찾았다. 아버지에 대항하여 반란을 일으킨 헤르메니길드는 가톨릭으로 개종하였다. 그는 아마도 다수인 가톨릭교도들의 지지를 얻고자 하는 바람에서 그랬을 것이다. 헤르메니길드는 반란에 실패하고 추방되었다가 결국 죽긴 했지만, 동생 레카레드도 아버지가 죽은 후에 같은 노선을 택하였다. 그는 587년에 가톨릭으로 개종하였고 589년에 개최된 톨레도 공의회에서 남아 있는 아리우스 파 주교들을 비롯한 모든 교회 구성원들의 신속한 개종을 이끌어 냈다. 마침내 주민 대다수의 동화가 급속도로 진전되기 시작하였다. 레카레드 자신의 표현을 따르면, 그의 목표는 통합된 새로운 사회, 즉 "전통적인 고트 족과 로마 인이라는 이분법을 초월하는 그리스도를 따르는 사람들의 사회"를 건설하는 것이었다.[23]

고트 족의 개종으로 사회적, 문화적 동화에 어떠한 장벽도 남아 있지 않게 되었다. 고트 족의 언어가 아리우스 파 교회의 전례 이외의 곳에서 여전히 통용되고 있었는지는 모르지만(7세기 경에는 그럴 가능성이 거의 없었을 것이다), 그것은 빠르게 사라졌다. 오래전부터 실질적으로 구별할 수 없었던 고트 족과 로마 인이 의복과 물질문화 면에서 완전히 하나가 되어 갔다.[24] 고트 족과 로마 인을 구별하는 법적 전통의 최후의 잔재는 643~644년에 왕 킨다스빈트가 왕국의 모든 거주민에게 적용되는 법전을 공표하면서 사라졌다.[25]

비록 고트 족과 로마 인 사이의 구분은 사라졌지만, 고트 족의 정체성이 사라진 것은 아니었다. 그러나 이탈리아에서 롬바르드 족이라는 라벨이 부와 지위를 가진 사람을 지칭하게 되었던 것처럼, 스페인에서 고트 혈통을 이어받았다는 말은 고귀한 가문 출신이라는 말과 거의 다르지 않았다. 중요했던 것은 조상이 아니라 재산, 권력, 그리고 왕국과의 일치였다. 638년 톨레도에서 개최된 제6차 종교 회의에서 결정된 교회법에 의하면, 왕은 "고트 족 사람으로 인품이 훌륭한 사람"이어야 했다. 그러나 이것은 단순히 프랑크 족이나 아키텐 족 사람이 왕이 될 수 없다는 것을 의미하였다.[26] 680년에 왕위를 계승한 에르비크는 비잔틴 제국에서 망명을 온 로마 인의 아들이었다. 인종적으로 고트 인이라 하기는 어려웠지만, 그럼에도 불구하고 그는 서고트 왕국에서 태어났기 때문에 고트 인이었고, 킨다스빈트 왕의 친척과 결혼했던 그의 아버지 때문에 자신이 귀족 혈통이라고 주장할 수 있었다. 그리하여 그는 종교 회의의 규정을 충족시켰다. "고트 족"이라는 것은 서고트 왕국의 엘리트에 속한다는 말이었다.

가톨릭 지도층은 이 새로운 미래의 비전 —— 과 그것을 표명하는 고트 족의 왕 —— 을 특별히 열심히 지지하였다. 7세기 동안 톨레도의 교회 회의가 가톨릭교회 하에서 사회를 통합하고자 하는 계획을 이끌었다. 589년과 702년 사이에 톨레도에서 교회 회의가 16차례나 열렸다. 그러나 개종이 고트 족과 로마 인의 통합을 촉진시켰는지는 모르지만, 그것은 이베리아 반도에 살고 있는 "로마 인" 주민들이 문화적으로나 종교적으로 통합된 적이 전혀 없었다는 사실을 고려하지 않은 채 이루어졌다. 아리우스 파인 서고트 족의 몇 십 년에 걸친 통치는 고트 족과 로마 인 모두 가지고 있던 이질적 구성을 단순하게 만드는 작용을 했다. 첫 번째 단계에서는 다양한 아리우스 파들, 즉 수에비 족, 반달 족, 알란 족 그리고 그 밖의 부족들이 단일한 고트 사람Populus Gothorum이 되었으며, 정통 가톨릭인 그리스 인, 시리아 인, 스페인의 북아프리카 사람들은 단일한 로마 사람Populus Romanarum으로 통합되었다. 고트 왕이 아리우스주의를 포기했을 때, 이 두 "사람들"은 하나가 될 수 있었다. 그렇지만 그 과정에서 스페인에서 사는 로마 주민들의 주요 부분, 즉 유대인이 배제되었다.

6세기 동안 정통 기독교와 로마니타스가 점점 더 서로 밀접하게 연결되면서 유대인들은 점차 로마 인으로서의 정체성을 상실하게 되었다. 그리하여 그들은 자신들의 민족, 다시 말해 가톨릭 이웃들이 경멸하고 박해하는 민족으로 탄생할 수밖에 없었다. 통합된 기독교적 정체성을 특징으로 삼는 사회에서 유대인들은 점점 더 사회의 주변부에 위치하게 되었다. 이러한 유대인의 주변화 양상은 비잔틴 제국에서도 비슷하게 나타났다. 그곳에서도 역시 정통 기독교가 국가적 관심 사항이 되면서, 유대인들은 점차적으로 주변화되고 박해를 받는 처지가 되었다. 서고트 왕국에서는 심지어 콘스탄티노플에서보다 더 철저하게 이들을 소외하고 박해하였다.

고트 족의 개종 이후 로마 인과 고트 족 간의 구분이 사라지게 되자, 유대인의 타자성은 점점 더 두드러지게 되고 그래서 기독교 왕들을 불안하게 만들었다. 그리하여 스페인의 서고트 왕국에서는 왕국에 사는 유대인들을 '믿는 자의 집단societas fidelium'으로 만드는 것을 목표로 하는 가장 조숙하고 무서운 법률이 발달하였다.

유대인에게 무시무시한 압력이 가해져 그들은 세례를 받거나 아니면 무자비한 처벌을 받아야 했다. 유대인들은 여행이 금지되었고 기독교 성직자의 감시를 받아야 했다. 음식 규정, 할례 그리고 유대교로의 개종 작업을 고수하는 유대인은 채찍질, 가죽 벗기기, 사지 절단 그리고 재산 몰수의 처벌을 받을 수 있었다. 그들을 개종시키려는 의도로 이러한 조치들을 취하긴 했지만, 왕의 법에서 유대인은 개종했더라도 여전히 기독교의 적이었다. 궁극적으로 반유대인 입법은 심해져서 에르비크 왕은 개종을 했건 안 했건 모든 유대인을 노예로 삼아야 한다고 명령하는 지경에까지 이르렀다.[27]

왕들 자신이 유대인 출신인 톨레도의 율리아누스를 포함한 성직자들의 도움을 받아 유대인을 제거하기 위해 열과 성을 다했지만, 그들은 자신들이 명령했던 아주 엄격한 조치들을 실제로 수행할 수 있는 능력을 갖추지 못했다. 일반 대중은 이 같은 극심한 증오에 공감하지 않았던 것 같다. 그리고 법이 너무 가혹했기 때문에 그 조치에 대한 지지가 자꾸만 줄어들었다. 그럼에도 불구하고 자신들이 창조했던 "새로운" 사람들을 이제 자신들의 손으로 박멸하겠다는 통치자들의 굳은 결의는 스페인에 무시무시한 유산을 남기는데, 근대 초기에 혈통의 순수성에 관한 그 광신적인 관심이 다시 나타나게 된다.

8세기까지 프랑크 족의 정체성

6세기와 7세기의 루아르 강 북쪽에서는 대다수의 주민들이 소수 지배자의 정체성을 받아들이는 유사한 과정이 발생하였다. 제국의 문화적, 정치적인 중심지로부터 멀리 떨어져 있는 이 세계에서 그 과정은 어느 곳에서보다 더 빠르고 더 철저하게 이루어졌다. 클로비스의 개종을 서고트 족에 대항하여 갈리아-로마 인들의 지지를 얻기 위한 계산된 조치로 보든, 헤게모니를 장악하고 있는 동고트 족에 대한 마찬가지로 계산된 도발로 보든, 아니면 가장 효율적인 신을 찾던 전사-왕이 개인적으로 내린 결정으로 보든, 그의 개종은 확실히 프랑크 족과 로마 인의 혼합을 수월하게 만들었다. 마찬가지로 클로비스의 아들과 자손들은 인종적이나 종교적인 갈등 없이 자신들의 헤게모니를 동쪽으로 확대하였다.

로마 인과 프랑크 족이 동화됨으로써 프랑크 왕국에서 정체성이 중복될 수 있다는 인식이 사라진 것은 아니었다. 5세기에 분명하게 드러났던 지역적 정체성은 도시에 대해 지역 사람들이 느끼는 자부심에 근거한 것으로 프랑크 세계에서도 동일한 지역적 정체성이 계속 나타났다. 프랑크 족의 쿠데타로 수립된 프랑크 인들의 왕국 Regunum Francorum의 구성원이 된다는 것은 가능한 정체성이나 충성의 대상이 새로 더해진다는 것을 의미하긴 했지만, 그것이 이러한 지역주의를 감소시키지 못했다. 클로비스와 그의 계승자들은 로마 도시의 행정 구획을 받아들였으며, 옛 로마의 행정 중심지에 수도를 세웠다. 그리하여 고대 말의 세계에 그랬던 것처럼 이러한 동일한 도시들이 지역적 자부심과 정체성의 중심으로 남아 있었고, 이제 지역 귀족의 후손과 프랑크 왕의 대리인을 포함하게 된 지역의 엘리트들은 자신들을 그들의 도시와 동일시하게 되었다. 메로빙거 왕조의 군사 조직은 이러한 정체성을 강화하였다. 왜냐하면 지역의 백들이 소집된 군대를 지휘하도록 조직하였기 때문이다. 이 군사 조직은 또한 후기 로마 시대의 정체성을 지속시켰는데, 특히 전 갈리아에 주둔했던 바바리안 군대 조직의 정체성이 좋은 예이다. 이 작은 정착지들은 7세기까지 그들의 군사적 지배권과 그로 인한 특정한 정체성을 유지하였다. 그래서 바이외에 색슨 족, 푸아투에 타이팔리 족, 랑그르에 카마바리 족, 브장송에 스코티 족, 그리고 쿠르트레에 수에비 족이 있을 수 있었던 것이다.[28]

클로비스의 왕국은 전 프랑크 족의 왕국이 아니었다. 그것은 여러 프랑크 왕국들 중 하나일 뿐이었다. 그래서 클로비스와 그의 계승자들은 그들의 프랑크 족 경쟁자들과 그들과 이웃한 왕국들을 모두 흡수하여 동쪽과 남쪽으로 확장하게 되는데, 그때 자신들의 지지자를 권력의 핵심에 두면서도 지역적 정체성을 인정하였다. 궁극적으로 6세기 동안 세 개의 프랑크 왕국, 즉 네우스트리아, 아우스트라시아, 부르고뉴 왕국이 나타났다. 네우스트리아는 수아송, 파리, 투르, 그리고 루앙을 중심으로 하는 서쪽 지방으로 프랑크 족이 처음 모습을 드러내 방어를 하다가 나중에는 제국 통치를 대신하여 지배하게 되었다. 아우스트라시아는 라인 강 동쪽 지역과 함께 상파뉴, 랭스, 그리고 나중에 메츠를 포함하는 왕국이며, 부르고뉴는 론 강 주변의 부르고뉴 족의 옛 왕국과 수도 오를레앙까지 닿는 갈리아의 대부분을 포함하는 왕국이었다.

루아르 강과 라인 강 사이의 지역이 프랑크 권력의 중심지로 남아 있었다. 여기에서는 조상이나 군대 소속과는 상관없이 엘리트층은 급속히 자신들을 프랑크 사람이라 생각하게 되었다. 6세기 중엽이 되면 로마 인 주교로서 클로비스에게 세례를 베풀었던 랭스의 주교 레미기우스 가문의 자손들조차도 프랑크 족 이름들을 가지고 있었다. 그리고 그들은 의심할 여지 없이 자신들을 프랑크 사람이라 생각했고 또 사람들도 그렇게 생각하였다. 네우스트리아와 아우스트라시아의 엘리트들은 모두 자신들을 같은 민족이라고 생각했으며, 자기들끼리의 분쟁이 아무리 격렬해도 그것을 외부 사람과의 전쟁이 아니라 내전이라고 여겼다. 확실히 주민들은 6세기 초에 최초로 그 일부가 문자로 기록된 《살리카 법전》이라고 불리는 지역 법에 의해 통치되었다.[29] 원래 클로비스의 추종자들을 염두에 두고 성문화되었던 이 법은 다음 세기 동안 일련의 프랑크 지배자들에 의해 수정되고 확장되었다. 7세기 후반경에 《살리카 법전》은 일반적으로 프랑크 왕국의 서쪽, 즉 네우스트리아에 사는 사람들에게 적용되는 법이라고 생각되었다.

결국 아우스트라시아에서는 또 다른 버전의 왕의 칙령과 관습들이 합쳐져 《리푸아리아 법전Ripuaria Code》으로 공표되었다. 《리부아리아 법전Lex Ribuaria》의 마지막 판본은 샤를마뉴가 수정한 카롤링거 문헌이다. 그리고 몇몇 학자들은 법전 전체는 아무리 일러도 8세기 말에야 간행되었을 것이라고 주장하기도 한다.[30] 그러나 그 문헌은《부르고뉴 법전》과《살리카 법전》의 영향을 보여 주며, 성문화된 이《법전》외에 성문화되지 않은 리푸아리아의 법이 있다는 것을 상정하고 있다. 이것은 아마도 7세기 초 프랑크 세계가 점점 더 지역화하는 것에 발맞추어 아우스트라시아 왕국을 위한 법전이 만들어졌음을 보여 주는 것이다.

루아르 강과 라인 강 경계 너머에서 프랑크의 정치, 군사 조직은 새로운 지역적 정체성을 창조하였다. 그 정체성은 부분적으로 지역의 귀족들과 그들의 로마나 바바리안의 전통에 근거한 것이긴 했지만, 그것들을 새로운 사회적 그리고 정치적 실체로 변모시켰다. 부르고뉴와 아키텐 같은 지역에서는 예전부터 있던 법 전통과 사회 구조가 새로운 프랑크 체제에 맞추어 고쳐졌다. 다른 곳에서 프랑크 족은 지배자와 새로운 법을 부과하였다.

프랑크 족이 부르고뉴 왕국을 정복함으로써 그 지역은 기존의 귀족과 그들의 법적 전통이 제거되지 않은 채 프랑크 왕국의 속국이 되었다. 론 강 상류에 위치한 이 지역은 443년경에 로마 인 장군 아이티우스가 쥐라 지역에 정착시켰던 혼성 바바리안 군대에 의해 지배되고 있었다. 그 군대는 세기 마지막 몇 십 년 동안 빈과 리옹까지 세력을 확장했었다. 517년에 부르고뉴의 왕 시기스문트는 이전 왕의 칙령, 몇몇 부르고뉴의 관습, 그리고 로마의 일반 대중의 법들을 모아 만든 새로운 법전《리베르 콘스티투티오넴Liber Constitutionem》을 간행하였다.[31] 법전의 주요 관심사는 바바리안과 로마 인 주민 간의 관계 규정이었지만, 법전은 또한 엄밀히 로마 인 사이에서의 문제를 다루는 로마 인들의 법 조항도 수정하고 증보하였다. 그렇게 함으로써 그 법전은 효과적으로 비로마 인 주민들을 단일 "민족"으로 묶었는데, 그것 자체가 부르고뉴 족의 종족 탄생이 계속되고 있었음의 증거이자 동인動因이었다.[32] 시기스문트는 "포풀루스 노스테르 populus noster"(우리 사람)를 위해 법전을 편찬했다고 말하는데, 그때쯤이면 그것은 로마 인, 바바리안을 가리지 않고 왕국에 거주하는 사람을 지칭하게 되었다.

프랑크 정복자들은 부르고뉴 왕국에 오를레앙 주위의 많은 영토를 더하여 더 큰 하나의 왕국으로 만들었다. 동시에 그들은 부르고뉴 왕국의 사회적, 법적 전통을 존중하여 그것을 6, 7, 8세기 동안 그대로 남겨 두었다. 심지어 메로빙거 왕조의 시종관과 삼림 감독관 사이에서의 분쟁도 옛 부르고뉴 왕국의 수도 샬롱-쉬르-손에서 재판했을 때 "결투에 의한 재판"이라는 부르고뉴 왕국의 법에 따라 처리되었다.[33] 7세기와 8세기 동안 그 지역의 귀족들은 독특한 법적 전통이 보존되어 있는 부르고뉴의 지역적 정체성 의식을 애써 지키고자 하였다.

그러한 지역화는 심지어 라인 강 동쪽의 정복 지역, 즉 알레만니아, 튀링엔, 그리고 바이에른에서 훨씬 더 두드러졌다. 메로빙거 왕조는 이 지역들을 프랑크적 기원을 가진 지역 사령관인 공을 통하여 통치하였다. 그들은 프랑크 군대의 힘에 의하여 임명되었으나 지역 귀족들과의 혈연관계나 후원망을 통해 유지되었다. 이 공국들이 단순히 대이동 기간부터 이미 거주하고 있던 사람들로만 구성된 것은 아니었다. 차라리 공국은 프랑크 족이 지역적 요소를 주조하고, 분할하고, 그리고 새로운 영토적 공국들로 재구성하여 만들어 낸 창조물이었다.

프랑크 족이 점령한 루아르 강 남쪽의 아키텐과 프로방스에서는 지역의 귀족 가문들과의 연속성을 기반으로 한 지역적 정체성은 "토착화하려는" 경향을 보이는 프랑크 족 통치자들을 흡수하였다. 그 결과 지역 유력자들은 멀리 떨어져 있는 프랑크 왕에게 충성을 표명하면서 그들 자신들의 일을 알아서 처리할 수 있는 강력한 지역적 동맹체들을 창조하였다. 여기서 《테오도시우스 법전》이든 아니면 《알라리크의 초전》처럼 요약된 것이든 로마 인들의 법은 그 영토의 모든 사람을 위한 균일한 법률을 제공하였으며, 백과 공(또는 프로방스에서는 파트리키우스로 불렸음)들은 강력한 지역적 정체성을 발전시켰다. 비슷한 과정이 프랑크 관리들이 지역 귀족들과 바로 합쳐진 라인강의 동쪽 지역인 알레만니아와 튀링엔, 그리고 특히 바이에른에서도 일어났다. 갈등과 긴장이 존재했음은 물론이다. 그래서 프랑크의 중앙 권력이 자체의 문제에 빠져 허덕이고 있을 때는 분리주의 운동이 매우 강하게 일어나 실질적으로 독립적인 공국이 탄생되었다. 그러나 이러한 움직임들은 귀족적인 것으로 그 배후에는 반체제적인 프랑크 관리들과 지역에 있는 그들의 협력자와의 동맹이 존재하고 있었다. 그러한 움직임들이 민족적 혹은 종족적 감정에 의해 고무된 것이라고 말하기는 어렵다.

강력한 지역적 정체성을 가진 정치체 ── 그것은 각각 고유의 법과 고유의 귀족 집단을 가지고 있으며, 각자는 정통 기독교로 프랑크의 중앙 권력과 연계되어 있었다 —— 의 탄생은 수세기 동안 통용되어 왔던 종족적 용어의 사용에 근본적인 변화를 가져왔다. 4세기와 5세기를 통하여 사회는 기본적으로 로마 인과 바바리안으로 구분되었다. 이러한 이분법적 세계를 양측은 물론 자신들의 세상 경험을 통해 그와 같은 단순화된 구분이 현실과 제대로 상응하지 않는다는 것을 잘 아는 사람들조차도 받아들였다. 고전 고대 시대에서 "바바리안"이라는 용어는 부정적 의미이긴 했어도 적어도 심한 비난의 의미는 아니었으며, 고대 말의 군사 세계에서 동맹군은 그 용어를 그들이 가지고 있는 비로마 인으로서의 정체성에 대한 중립적이거나 심지어 긍정적인 설정이라는 의미로 기꺼이 받아들였다. 그러한 집단적 정체성은 아마도 개별 가문과 군대에 붙을 수 있는 잡다한 "부족" 명칭보다는 훨씬 더 안정적인 것이었다. 7세기 초 무렵에는 그러한 구분이 아무런 의미도 없게 되었다. 로마 시민권은 무용지물이었다. 지역 주민들은 언어, 관습, 또는 법률이 아니라 사회적 계층에 의해 구분되었다. 그리고 사회 전체(여기서도 소수인 유대인은 예외이다)는 단일한 믿음으로 통합되었다. 그리하여 "바르바루스barbarus"는 새로운 의미를 지니기 시작하였다. 그것은 점점 더 이방인, 그중에서도 이교도 이방인을 의미하게 되었다.

7세기의 첫 4반세기에 쓰여진 콜룸바누스의 성인전에서 바르바루스들은 이교도 알레만니 족 혹은 아리우스 파의 롬바르드 족이라고 할 수는 있었지만 결코 프랑크 족이나 부르고뉴 족은 아니었다.[34] 8세기 성聖아우스트레기실의 기적서書에서처럼 기독교인들이 바르바루스라고 불릴 때도 있었다. 피핀 1세의 프랑크 족 군대를 두고 그렇게 지칭했는데, 그것은 분명히 폭력을 일삼는 적, 기독교도일지라도 전형적인 이교도들처럼 행동하는 적에 대한 부정적인 논평을 의미했을 것이다.

제국에서 바바리안이 사라지면서 로마 인 또한 함께 소멸되었다. 좀 더 급속하게 그렇게 되었다고 주장하는 사람들도 있을 수 있다. 종종 대표적인 갈리아-로마 귀족이라 여겨지는 6세기 역사가, 투르의 그레고리우스는 자기 자신, 자신의 가문, 또는 자신과 사회적, 문화적으로 동등하다고 생각하는 사람들에게는 결코 그 용어[로마 인]를 사용하지 않았다. 그 대신 그는 3세기 이래로 유행하던 지역의 예절을 따랐고, 아니면 원로원 계층에 대해 말했다. 그레고리우스의 역사에서 로마 인은 없다.[35] 프랑크 족의 다른 사료들에서는 그 용어들이 좀 더 자유롭게, 특히 성인전을 시작할 때 나오는 가문의 기원에 대한 판에 박힌 묘사에서 특히 많이 이용되었다.[36] 8세기경이면 그 용어는 지역을 가리키는 명칭, 그중에서도 특히 서쪽의 아키텐과 알프스 지역의 라이티아에 한정되었다. 마지막으로 9세기 중엽에 로마 인Romanus이란 용어는 그것이 롬바르드 왕국에서 쓰인 것과 똑같은 방식으로 프랑크 왕국에서도 사용되었다. 즉 그것은 로마 시에서 온 사람을 의미했다. 서로마 제국 내에서는 더 이상 로마 인도 바바리안도 존재하지 않았다.

새로운 바바리안의 세계

5세기와 6세기 동안 롬바르드 족과 다른 민족들이 제국 내로 [이동하여] 합쳐지면서 생겨난 힘의 공백을 새롭고 다른 민족이 채웠다. 라인 강의 동쪽과 북쪽에서는 색슨 족이, 다뉴브 강 하류에서는 아바르 족과 슬라브 족이 그렇게 했다. 이 "새로운" 바바리안들은 제국의 경계 내에서 소멸되었던 양극성을 재수립하였지만, 그것을 아주 다르면서 오래 유지되는 방식으로 그렇게 하였다.

이 새로운 민족들 중에서 색슨 족은 그들의 선임자인 프랑크 족과 알레만니 족과 가장 비슷했다. 3세기부터 색슨 족 해적들은 북해 연안에서 제국을 습격하였고, 색슨 족 부대들은 그 정도 오래전부터 로마 군대에서 복무해 왔다. 5세기에 오도아케르라는 사람이 이끄는 한 색슨 족 부대가 갈리아에 나타났는데, 그는 아마도 후에 이탈리아의 왕이 되는 바바리안 왕과 동일 인물이었을 것이다.[37] 프랑크 족이나 알레만니 족과 마찬가지로 그들은 "고대" 민족이 아니라 오히려 독립적으로 활동하는 중앙 집권화되지 않은 무리였다. 통상 짧고 한쪽만 날이 있는 칼을 뜻하는 색스sax라는 말에서 유래되었다는 그들의 이름에서는 그들이 결속력이 있는 자아 정체성을 가지고 있었다는 어떠한 단서도 나오지 않는다. 훈 족에게서 유래되었을지도 모르지만 그래서 전혀 색슨적이지 않은 이 무기를 전사 중에서 그들만이 사용했던 것은 결코 아니었다.[38]

브리튼에서는 5세기 초에 로마 군대가 떠난 후에 그 섬을 방어하기 위해 그 지역 사람들이 모집했던 몇몇 색슨 족 동맹군들은 스스로 로마 속주의 동부 지역에서 맹주가 되었다. 서서히 이 전사 부족들은 기회를 찾아 본토에서 온 색슨 족, 앵글 족, 주트 족, 프랑크 족 그리고 프리지아 족 등의 다른 부족과 합쳐져 소규모 공국을 세워, 불안정하기는 마찬가지인 로마-브리튼 인들이 세운 공국들과 싸우기도 했고 때때로 그들과 동맹을 맺기도 했다. 처음에는 이교도였던 이 색슨 족들은 7세기 중에 기독교도가 되었다. 그들은 로마 선교사나 아일랜드 수도사들의 노력에 의해 개종했는데, 이 외에도 토착 기독교 주민들의 조용한 노력에 의해 개종한 사람들도 있었다. 이 토착민들은 롬바르드 이탈리아나 스페인, 그리고 갈리아의 로마 인들과 마찬가지로 이 정복자들과 합쳐져 새로운 형태의 사회를 만들었다.[39]

대륙의 색슨 족들은 그들의 지방 분권적인 조직과 이교도적 정체성을 유지하였다. 6세기와 7세기 내내 그들과 프랑크 세계와의 관계는 2세기 전 프랑크 족과 로마 제국의 관계와 흡사했던 것처럼 보인다. 프랑크 족은 색슨 족을 가축의 형태로 공물을 바쳐야 하고, 더 멀리 있는 웬드 족Wends에 대항하여 방어를 제공해야 할 의무가 있는 종속적인 민족이라고 생각하였다. 때때로 메로빙거 왕들은 색슨 족에 대해 프랑크 족과 알레만니 족에 대한 율리아누스 황제의 원정을 상기케 하는 징벌적인 원정을 감행하였다. 다른 한편으로 색슨 족은 8세기에 프랑크 왕국의 공 샤를 마르텔을 공격하기 위해 조직된 연합군에 참여했던 것처럼 프랑크 족의 군사 행동에 합류할 때도 있었다.[40] 색슨 족은 아마도 그들 자신, 그리고 자신들과 프랑크 족과의 관계를 이와는 아주 다르게 보았을 것이다. 프랑크의 왕 샤를마뉴가 재위하던 8세기 후반까지 색슨 족은 그들의 독립, 그들의 종교, 그들 자신의 전통을 유지하였다.

색슨 족이 서유럽에서 프랑크 족이나 알레만니 족을 대체했다고 한다면, 동유럽에서는 아바르 족이 고트 족과 훈 족의 역할을 수행하였다. 중앙아시아에서 투르크 족의 팽창을 피해 달아난 이러한 스텝 지역의 연합체들은 567년에 카르파티아 산맥의 분지에 출현했고, 558~559년에는 유스티니아누스 황제에게 사절을 보내어 해마다 보조금을 지급받는 대가로 제국의 적에 맞서 싸우겠다고 제안하였다.[41] 근본적인 면에서 그들은 여러 가지로 첫 천 년에 유럽에 출현했던 다른 스텝 민족들과 비슷하였다.[42] 이 유목민들은 목축에 기반을 둔 고도로 전문화된 생존 방식을 개발하여 사람이 정착하기에 적절하지 않는 지역에서도 살 수 있었다. 계절 이동에서 수백 마일을 여행하기 위해서는 복합적 형태의 조직과 통신의 발달이 필요하였다. 이러한 생태학적 필요성에서 독특한 형태의 정치적, 사회적 조직이 발달하였다. 기동성, 유연성 그리고 기마 전쟁은 생존에 필수적이었다. 비슷한 다른 무리들과 결합하여 빠른 시기 내에 거대한 스텝 제국을 발달시키는 것 또한 필수적이었다. 우리는 이미 단명했던 아틸라의 훈 제국에서 이것을 본 바 있다. 그러나 아바르 족은 그들의 전임자들과는 달리 자신들을 한낱 스텝 민족에서 상당히 중앙 집권화되고 제도화된 다종족 왕국으로 변모시킬 수 있는 능력을 가지고 있었다. 비잔티움과 서유럽의 왕국들 사이에 위치한 그들의 왕국은 승리와 패배를 겪으며 2세기 반 동안 생존하였다.

아바르 족은 제국의 발칸 국경 근처에 살고 있던 다양한 민족들에 대한 지배권을 확립하고, "아바르"라는 이름을 상당한 정도로까지 독점할 수 있었기 때문에 이러한 위업을 달성할 수 있었다. 20여 년 동안 아바르 족의 지배자, 즉 카간 바이안은 우티구르 족, 안테 족, 게피드 족 그리고 슬라브 족과 싸워 커다란 다종족의 연합체를 창조하였다. 롬바르드 족이 떠난 뒤에 바이안은 판노니아에서 그의 통치를 확고히 하였다. 582년, 그는 옛 일리리아의 수도 시르미움을 점령하였다. 그의 아들들은 콘스탄티노플에 도전할 수 있을 만큼 강력하다고 생각했다. 626년, 아바르 족 기마병과 슬라브 족의 선박으로 구성된 거대한 군대가 페르시아 동맹국들과 협조하여 그 도시에 대한 공격을 시작하였다. 포위 공격은 일주일도 채 못가서 아바르 족의 패배로 끝나고 말았다. 그러한 대大패배는 쉽사리 아바르 패권의 종말을 의미할 수도 있었을 것이다. 실제로 종속되어 있던 무리 중 몇몇은 재앙 후에 자신들의 길을 가려고 시도하기도 했다. 그러나 수가 크게 줄었음에도 불구하고 핵심은 살아남았다. 한 세기 후에 아바르 족 기병은 서쪽으로 바이에른과 이탈리아를 침략하여 마침내 그들보다 한 수 위인 샤를마뉴를 만나게 되었다. 샤를마뉴는 현재 헝가리인 아바르 왕국의 중심까지 침투하여 다종족 연합체를 유지할 수 있는 아바르 족의 능력을 파괴하였다. 한 세대 내에 주요한 전투도 치르지 않고 아바르 족은 역사에서 사라졌다.

아바르 연합체는 오스트리아 동부와 헝가리 일대에 귀중한 무덤 이상은 남기지 않고 사라졌지만 그럼에도 불구하고 동유럽의 가장 중요하고 영속적인 현상의 탄생에 핵심적 역할을 수행하였다. 그것은 바로 중부 및 동부 유럽의 급속하고도 철저한 슬라브화였다.

5세기와 7세기 사이 발트 해에서 지중해에 이르는 제국의 발칸 반도와 흑해 지방뿐만 아니라 게르마니아라고 오랫동안 여겨져 왔던 지역의 동쪽 부분이 슬라브 족에 의해 지배되기 시작했다. 이러한 변화는 커다란 팡파르도 없이, 그리고 아틸라나 테오도리크 혹은 클로비스와 같은 강력한 왕들의 이야기도 없이, 영웅적인 대이동이나 결사적인 전투도 없이 발생하였다. 그것은 슬라브 족 자신이 문서로 남긴 기록도 없는 과정이었으며, 비잔틴이나 라틴 관찰자들은 슬라브 족의 내부 역학에 대해서 서유럽 게르만 민족의 종족 탄생 과정에 대해서보다도 더 알지 못하고 이해하지 못하였다. 그렇지만 슬라브화는 훨씬 더 깊은 영향을 미쳤다.

서유럽에서 바바리안 동맹 군대들은 로마의 행정, 종교, 그리고 정착 체제를 받아들였다. 그들은 궁극적으로 철저히 로마화되었다. 그 말이 의미하는 바가 완전히 바뀌긴 했지만 말이다. 슬라브 족 이주자들은 세금, 농사, 사회 조직 또는 정치에서 로마의 체제를 받아들이지도, 토대로 삼지도 않았다. 그들의 조직은 로마의 것을 모델로 삼지 않았으며, 그들의 지도자들도 일반적으로 성공을 위하여 로마의 금에 의존하지 않았다. 그리하여 슬라브화의 영향은 고트 족, 프랑크 족, 색슨 족이 이루었던 그 어떤 영향보다도 훨씬 더 철저한 것이었다. 초기 슬라브 족에 관한 거의 모든 것들 —— 그들의 기원, 그들의 사회적, 정치적 구조, 그리고 그들의 대단한 성공 —— 은 오랫동안 풀 수 없는 수수께끼였다.

학자들은 오랫동안 슬라브 족의 "원래 고향"이 어디인가에 대해 논쟁을 벌여 왔다. 다른 바바리안 종족에 대해서와 마찬가지로 슬라브 족에 대해서도 기원을 따지는 문제는 아마도 별 의미가 없을 것이다. 왜냐하면 슬라브 족은 로마 인들이 스키타이 족 혹은 사르마티아 족이라 불렀던 민족과 게르만의 군사 엘리트들이 군대를 형성하여 제국으로 이동한 후 남아 있던 엘베 강 동쪽의 게르만 주민들이 합쳐

202

져 형성되었기 때문이다. 최근 학자들은 몇 세기 전에 서유럽 라인 강 유역에서 프랑크 족과 알레만니 족이 그랬었던 것처럼 슬라브 족 도 비잔틴의 군사적, 경제적 압력의 영향을 받아 비잔틴 국경에서 "탄생"했다는 설득력 있는 주장을 내놓고 있다.[43] 그러나 프랑크 족 이나 알레만니 족의 군대는 신속히 이동하여 로마의 동맹군이 되었 다가 결국 로마의 정복자가 되었던 것에 비해, 슬라브 족의 문화는 훨씬 더 토양에 가까웠고 농업에 훨씬 더 깊이 매어 있었다. 가벼운 쟁기, 소규모 농업, 그리고 작고 개별적으로 조직된 사회 단위를 가 지고 슬라브 족은 단순히 세금을 징수하는 군대로서가 아니라 자신 들이 정복한 토지를 경영하는 농부로서 도착하였다.

그들은 진정으로 정복하였다. 그들의 전파는 느리긴 했지만 철저 히 진행되어 토착 주민들을 그들의 언어적, 사회적 구조 안으로 흡수 하였다. 그러나 이러한 팽창은 조율되지 않았으며 철저히 지방 분권 적이었다. 중세 전성기로 접어들게 되면 슬라브 족의 언어와 물질문 화는 동유럽 전역에서 두드러진 통일성을 보였다. 하지만 이것은 고 유한 중앙 집중적 정치권력이 완전히 결여된 상태에서 이루어졌다. 6 세기 비잔틴의 역사학자 프로코피우스는 슬라브 족은 "한 사람의 통 치 하에서 살지 않고 옛날부터 민주주의 하에서 살아 왔으며, 그래서 결과적으로 그들의 복지와 관련된 모든 것은, 그것이 좋은 것이든 나 쁜 것이든, 민중people에게 맡겨졌다"라고 묘사하였다.[44] 이러한 지 방 분권화가 아마도 그들이 성공을 거둘 수 있었던 열쇠였을 것이다. 뇌물을 주어 협력케 하거나 아니면 싸워 이겨 복무를 강요할 왕이나 대大부족장이 없었으므로 비잔틴 제국은 그들을 멸망시키거나 아니면 제국 체제 안으로 흡수할 것을 기대할 수 없었다.

서서히 7세기 내내 슬라브 족 전사-정착민들은 다뉴브 강을 건너 발칸 반도로 이동하였다. 연대는 불분명하며 그럴 수밖에 없다. 그 과정은 너무나 분산되고 유동적이어서 연대 같은 것들이 거의 기록될 수 없었기 때문이다. 비잔틴 제국의 반격에 의해 개별적 좌절들이 있었다고 해서 그러한 광범위한 과정이 멈춰질 수 없었다. 2세기 전에 게르만 정복의 희생자가 그랬던 것과는 달리 정복은 단순히 세금 수입의 양도를 의미하는 것도 아니었다. 슬라브 족은 사로잡은 병사들을 죽이거나 배상금을 받고 팔아 넘겼다. 남은 사람들은 도주하거나 슬라브 족 농민으로 흡수되어야 했다. 이러한 농민-병사 사회에서 다른 선택은 없었다.

계층에 따른 대대적인 슬라브 족의 조직화가 이루어졌을 때, 그것은 거의 필연적으로 외부에서 들어온 리더십 구조에 따라 이루어졌다. 이들은 아마도 게르만 인이나 중앙아시아 출신 지도자로, 그들은 권력이 더욱 집중되고 개인과 집단이 더욱 종속적으로 될 가능성이 큰 종족 탄생의 모델을 제공하였다. 이 과정의 중심에 아바르 족이 있었다.

엘베 강에서 다뉴브 강 하류까지의 광범위한 지역의 슬라브화는 아바르 족의 도래 이전에 이미 상당히 진행되어 있었다. 아바르 족의 정착으로 슬라브 족이 이 새로운 스텝 제국을 피해 달아났기 때문에 비잔틴 국경에 대한 슬라브 족의 압력이 증가되었을 것이다. 이것은 6세기 후반 그리스 반도에 대한 슬라브 족의 초기 침입을 설명해 줄 수 있으며, 바로 뒤이어 아바르 족이 지휘하는 슬라브 군대가 쳐들어

왔다. 다른 사람들도 그 군대에 흡수되어 아바르 왕국 내에 영구적으로 자리를 잡았다. 아바르 족은 슬라브 족에게 겨울 숙소를 요구했고 필요시에 말과 보급품, 그리고 여자를 징발하였다. 전쟁 시에 그들은 종속민인 슬라브 족을 보병으로 이용하였고, 콘스탄티노플을 포위 공격할 때는 해군으로 사용하였다. 그러나 그들은 또한 몇몇 슬라브 공동체들을 좀 더 조심스럽게 다루기도 해서, 그 지도자들에게 군사와 지원의 대가로 선물을 제공하기도 하였다. 비잔틴의 연대기 작가들은 슬라브 족을 아바르 족에 종속된 신민이라고 묘사하였다. 서유럽의 관찰자들은 아바르 족과 슬라브 족을 지배자와 피지배자라기보다는 동맹자로 보았다. 아마 두 견해 모두 일리가 있을 것이다.

아바르 족의 정치적, 군사적 구조가 특정한 슬라브 집단들이 종족으로 탄생되는 배경을 제공하였다. 7세기 초 아마도 626년 콘스탄티노플 장벽 앞에서 맞이한 커다란 실패의 여파로 상당한 부분의 아바르 족 주변부들이 반란을 일으켰다. 그들은 아바르 카간 국 사이에 서쪽에서는 프랑크 인이, 동쪽에서는 비잔틴 제국이 자치적인 정치체를 만들어 냈다.

아마도 현재 체크 공화국인 지역에 프랑크 인 사모가 아바르 족에 반기를 든 다혈통의 슬라브 족 무리를 강력한 연맹으로 조직하였다. 서유럽 자료에 의하면 슬라브 족은 사모를 왕으로 선출했고, 그는 슬라브 왕국을 35년 이상 통치하였다.[45] 626년 콘스탄티노플 점령이 실패한 후 아바르 연합체에서 사모의 슬라브 족이 분리 독립한 것은 아마도 패배한 아바르 카간에 대해 일어난 여러 반란 중의 하나에 불과했을 것이다.

10세기에 크로아티아 족과 세르비아 족이라고 알려진 다양한 집단들은 아마도 카간 국이 내부적 위기에 빠졌던 바로 이 동일한 시기에 생겨났을 것이다. 크로아티아 족의 초기 역사를 완전히 밝히기란 불가능한데, 그것은 비잔틴 황제 콘스탄티누스 프로피로게니투스(905~959년)의 설명에 거의 전적으로 기초하고 있다.[46] 콘스탄티누스는 그의 계승자들을 위해 제국을 어떻게 통치할 것인가에 대한 논문을 저술하였다. 거기서 그는 제국의 이웃인 슬라브 족에게 각별한 관심을 쏟고 있다. 그는 당대의 경험과 함께 이제는 잃어버린 제국 문서고의 몇 세기 전 자료에 의존하였다. 그러나 정확한 연대나 그가 정말이라고 말한 것들이 참으로 얼마나 정확한지를 아는 것은 불가능하다. 콘스탄티누스는 두 종류의 크로아티아 족에 대해 말하고 있다. 하나는 프랑크 족 근처에 사는 "백계" 크로아티아 족이며 다른 하나는 달마티아의 크로아티아 족이다. 그는 신화적 가계도를 제공한다. 그것에 의하면 옛날 옛적에 크로아티아 족은 "바이에른 너머"에 살고 있었지만 다섯 형제와 두 자매의 가족이 그들에게서 떨어져 나왔다. 그들은 그들의 민족을 이끌고 달마티아로 가서 그곳에서 아바르 족을 무찌르고, 그런 다음 더 여러 무리로 나누어졌다고 한다. 실제로 크로아티아라는 이름이 예전의 아바르 카간 국 주변 지역, 즉 오늘날의 크로아티아뿐만 아니라 근대 독일, 체크 공화국, 오스트리아, 모라비아, 슬로베니아 그리고 그리스 등 다양한 지역에서 나타난다. 아마도 아바르 족의 도래까지 소급하여 이 무리들이 종족적 통일성을 가지고 있다는 것을 증명하려는 시도는 부질없는 것임이 입증되었다.

확실히 크로아티아라는 용어는 9세기 중엽 이전의 어느 자료에서도 민족이나 부족을 지칭하는 것으로 나타나지 않는다. 크로아티아라는 용어는 아마도 원래 사회 계층 혹은 카간 국 내 지방 관직의 명칭이었을 것이다.[47] 그렇게 설명하게 되면 한때 비슬라브 족 크로아티아 사람들이 있었다고 상정하지 않고도 이 용어——이것은 슬라브 말이 아니다——가 결국 한 슬라브 "민족"을 지칭할 수도 있다는 것을 설명할 수 있다. 그것은 또한 대이동이 있었다거나 아니면 여러 형제가 있어 그들이 각각 서로 다른 크로아티아 민족을 만들었다고 상정하지 않고서도 카간 국의 양쪽 끝에서 "크로아티아 족"이 나타나는 것도 설명된다. 아마도 8세기와 9세기 동안 지도자나 조직에 의해 "크로아티아 족"이라 불리게 된 아바르 왕국에서 떨어져 나온 이러한 집단들은 점차 합쳐져 창안된 종족적 정체성과 상상하여 만든 가계도를 가진 별개의 정치체로 태어났다.

콘스탄티누스는 "백계" 크로아티아 족이라 알려진 민족이 달마티아의 크로아티아 족과 관련이 있다고 전제했던 것처럼, 훈 족의 땅 너머에 살면서 프랑크 왕국과 백계 크로아티아 족과 이웃하고 있는 "백계" 세르비아 족이라고 알려진 사람들에게서 세르비아 족의 기원을 찾았다.[48] 다시금 그는 가계도의 전설에 대해 다음과 같이 보고한다. 두 형제가 사람들 절반씩을 데리고 와서 황제 헤라클리우스에게 보호를 요청했다. 그러자 황제는 테살로니키 지방에 이 세르비아 족을 정착시켰다. 후에 세르비아 족은 고향으로 돌아가기로 결정하였다. 그래서 그들이 베오그라드에서 헤라클리우스의 장군에게 허락해 달라고 청했을 때, 그들은 지금의 세르비아에 토지를 받았다. 이 전설은 크로아티아 족의 기원과 마찬가지로 세르비아 족의 기원을 아바르 족이 콘스탄티노플 앞에서 패배를 겪었던 기간에 두고, 아바르 왕국의 먼 끝에 세르비아 족이 있었음을 밝혀 주고, 발퇴링엔 반도에서 또 다른 비슬라브 족 이름을 지닌 새로운 "민족"의 출현을 설명해 준다. 세르비아 족의 기원에 대한 역사적 증거를 찾아 전설을 캐기보다 우리는 아마도 그 기원을 패배 후에 아바르 카간 국을 찢어발기는 빠른 원심력의 일부로 보아야 할 것이다.

불가리아 족의 기원도 비슷함을 알 수 있다. 로마 인들은 흑해 연안에서 5세기 이래 이 이름을 가진 사람들과 마주쳐 왔다. 다른 무리들 중에서 쿠트리구르 족, 오노구르 족, 그리고 오구르 족과 같이 구르gur라는 어근을 가진 사람들은 로마 인들의 눈에는 훈 족, 즉 중앙 아시아의 스텝 전사들로 보였다. 그러나 626년의 여파 속에서 카간에 반대하는 반란군들은 통상 불가리아 족이라 불렸다. 크로아티아 족의 경우와 마찬가지로 불가리아 족의 다양성은 후에 5형제의 전설로 설명된다. 오노구르 족의 쿠브라트의 아들인 그들은 630년대에 반란을 일으켜 아바르 족의 지배를 벗어 던지고 흑해 주변의 불가리아 족을 통합하였다. 동시에 왕국의 서쪽 지역에서 반란을 일으켰다가 실패한 불가리아 족 피난민들은 바이에른 지방으로 도망갔는데 거기에서 프랑크의 왕 다고베르트에게서 환대를 받았고, 그런 다음 겨울 동안 분산되었다가 왕의 명령으로 공격받아 살해되었다.[49] 다음 세대에 불가리아 족의 지도자 쿠베르는 아바르 족에 대항하여 반란을 일으켰는데, 그는 아바르 왕국의 테살로니키 남쪽에 이미 50년 전부터 정착하여 살고 있었던 로마 죄수들의 후손들인 혼합 민족을 이끌었다.[50] 7세기 동안 쿠브라트, 쿠베르, 그리고 크로아티아는 모두 직함에서 비롯되었을지도 모르지만 때가 되면 개인이나 민족을 지칭하게 되었을 것이다. 어떠한 경우에라도 이 무리 —— 사모의 왕국이든, 크로아티아 족이든, 혹은 쿠베르의 불가리아 족이든 —— 들 중 어느 누구도 이미 그곳에 존재하고 있던 사람으로 아바르 통치에 반란을 일으킬 위인이 아니었다. 그들은 차라리 형성 중인 민족으로, 아바르 족에 반대하여 생겨났지만 어느 정도는 그들의 지배자에게서 가져온 제도 혹은 원칙에 따라 조직되었다.

다음 몇 세기 동안 이 집단들 —— 그들의 비슬라브 이름은 아바르 왕국의 직함에서 유래되었을 수도 있다 —— 은 몇 세기를 지난 후에 아바르 족의 지배에 반대하여 창조되었던 정치적 단위에서 정치 조직의 용어보다는 종족적 용어로 기원을 설명해 주는 혈통적으로 잘 알려진 기원 신화를 완벽하게 갖춘 "민족"으로 발달하였다.

8세기 초가 되면 그때에는 종족적 정체성보다는 오히려 정치적 정체성이 한때 로마 제국이었던 곳에 사는 주민들의 특성을 결정하였다. 희귀한 당대의 문서 자료에 기록될 정도로 중요한 사람들에게는 그들이 지리적으로 규정된 어느 왕국과 자신들을 동일시하는지에 따라 어떻게 지칭되는가가 결정되었고, 더 큰 정도로는 그들이 자신들을 어떻게 묘사하는가도 결정되었다. 물론 이 용어는 비록 그것이 지칭하는 사회적 실제는 아주 다르게 되었지만 예전 세기로부터 가져온 것이었다. 프랑크 족은 프랑크 왕국의 엘리트들이었고, 롬바르드 족은 북부 이탈리아의 엘리트였으며, 711년에 베르베르와 아랍 군대가 이베리아 반도를 정복하기 전까지 스페인의 고트 족이 그랬다. 잉글랜드 왕국들의 자유 거주민들은 색슨 족이었다. 로마 인은 이탈리아에서 교황 또는 비잔티움의 지배 하에 있는 지역의 주민이거나 그렇지 않으면 루아르 강 이남 갈리아의 주민이었다. 지역적 정체성은 물론 항상 그랬었던 것처럼 여전히 상당히 중요했다. 비록 그것들은 부족을 지칭하는 것이 아니라 지역적 명칭이었음에도, 프랑크의 지배자들은 튀링엔 족, 바이에른 족, 프리지아 족, 그리고 알레만니 족을 통치하였다.

이처럼 안정된 정치체들 너머에 있는 세계는 5세기와 많이 비슷하였다. 지방 분권화된 이교도 게르만 민족들을 통틀어 지칭하는 말인 색슨 족은 프랑크 세계의 북쪽 변경에 거주했다. 반면에 동쪽에서는 다종족으로 이루어진 거대한 아바르 제국이 비잔티움과 서유럽에까지 걸쳐 있으면서 크로아티아 족, 세르비아 족, 불가리아 족과 같은 "새로운" 민족을 배출하였다. 이 무리들 —— 색슨 족과 아바르 족, 그리고 그들의 자손들 —— 이 새로운 바바리안이었다. 로마 인은 단지 로마에 거주하는 사람들인 것과 마찬가지로 그들만이 유럽에 남겨진 유일한 바바리안들이었다.

6장 | 새로운 유럽 민족의 형성을 향하여

8세기 초 무렵이면 고대 말에 처음으로 등장했던 민족은 그들의 옛 이름을 계속 사용하긴 했지만 그 내용과 의미는 근본적으로 바뀌었다. 상대적으로 안정된 왕국들이 유럽 전역에 나타났다. 그 왕국들은 "이교도" 시절의 옛 이름에서 국명을 따왔지만 공동체 내에는 기독교도 주민들도 모두 포함하고 있었다. 심지어 당대인들조차 종족적, 정치적, 영토적 용어를 명확하게 구분하지 않고 사용했다. 예를 들어 "프랑크 인들의 왕국"과 프랑키아 지역은 정확하게 일치하지 않았다. 수도사들은 게르마니아를 "프랑크 인의 영토Franchonoland"라 번역하기도 하였다.[1] 동시에 프랑키아와 갈리아는 서로 바꾸어 사용될 수도 있었다. 이 지역 내에서 색슨 족과 알란 족 등과 같이 5, 6세기 이래 일종의 군사적 정체성을 유지하며 갈리아 도처에 존재하던 바바리안 종족들은 거의 사라졌다. 민족들은 다시 한 번 플리니우스가 말하던 것, 즉 사회적, 문화적인 집단이 아닌 지리적, 정치적인 조직의 영토적 단위가 되었다.

711년부터 712년 사이에 일어난 베르베르 인과 아랍 인에 의한 스페인의 급격한 정복은 피레네 산맥 남부에서 이러한 그림을 바꾸었다. 한편으로 종교가 이베리아 반도에서 정체성을 구분하는 중요한 요소로 새롭게 등장하게 되었다. 이는 서고트 족이 정통 기독교로 개종한 이래 나타나지 않았던 현상이다. 다른 한편으로 무슬림 정복자들이 기독교도와 유대인들을 개종시키려는 일관된 노력을 기울이지 않았음에도 불구하고, 엘리트들은 정복 후 바로 이슬람으로 개종하기 시작하여 10세기가 되면 스페인은 무슬림이 다수인 사회가 되었다.

다른 곳을 보면 720년경에 옛 로마 세계의 서반구에서는 군소 군주나 지역의 유력자가 통치하는 자치적인 군소 왕국들이 발전하였다. 그들이 종종 취했던 공이란 직함은 독립적인 군사 지휘권을 강조하는 것이었다. 대륙을 보면 프랑크 족의 오랜 중심지였던 네우스트리아에서는 공들의 여러 가문이 메로빙거 가의 허수아비 왕 체제를 유지하고 있었다. 그러나 동프랑크 영토인 아우스트라시아에서는 최근에 등장한 한 공 가문이 정치 무대를 장악하고 서쪽 지역의 통치권까지도 요구하였다. 프랑크 왕국의 그 외 지역들도 각자의 길을 가고 있었다. 예를 들어 아키텐과 바이에른에서는 독자적인 공들이 왕권을 요구할까 하고 생각하고 있었고, 브르타뉴, 프리지아, 작센, 튀링엔, 알레만니아, 부르고뉴, 프로방스에서는 공이나 공과 다름없는 파트리키우스가 통치했다. 그들은 때로는 메로빙거 가의 이름으로 통치했지만 때로는 오만하게도 그들을 경멸하기도 했다. 이 통치 단위들은 중앙이나 서부 이탈리아를 차지하고 있던 롬바르드 공국들이나 앵글로-색슨 잉글랜드와 웨일스의 군소 왕국들과 별반 다를 것이 없었다. 어디에서나 지역의 정치 엘리트들이 소규모 정치체를 장악하고 있었다. 지역의 권력 구조 내에서 그들의 지위에 대해 격렬하게 이의를 제기하는 층이 있었지만, 경쟁은 귀족들 사이의 피비린내 나는 내부 경쟁에 의거한 것이지 문화적, 종족적 차이에 의거한 것이 아니었다. 지역주의가 승리한 것처럼 보였다.

그 후 8세기에 프랑크 제국이 동쪽, 북쪽, 남쪽으로 팽창하여 저지대 국가 대부분, 독일의 중서부, 롬바르드 왕국, 카탈루냐 등을 차지하게 됨으로써 종족적, 정치적, 지리적 정체성의 수렴이 기대될 수도 있었다. 그 대신 카롤링거 왕들 아래 치러진 정복 전쟁으로 유럽 내에서의 종족적, 법적 구분이 제국 건설을 위한 기본 요소 중의 하나로 새로이 도입되었다.

새로 출현한 아우스트라시아 귀족 가문인 피핀 2세와 그의 아들 샤를 마르텔의 가문이 네우스트리아의 반대 세력을 물리치고 옛 프랑크 왕국 중심지에서 그들의 통제권을 강화하는 데는 한 세대 이상의 기간이 소요되었다. 그런 다음 그들은 주변부의 공국들을 물리치고 흡수하기 시작하였다. 그들은 이를 무자비한 군사 작전을 통해 달성하였다. 하지만 그들이 지역 유력자 중 일부에게 권력의 공유와 그들의 우월적 지위를 그 지역의 법률로 보장할 것을 약속하며 그들을 받아들인 것도 주효하였다. 그리하여 라인 이동以東의 공국들은 프랑크 왕국의 지배 하에 들어갔지만, 그들에게는 이와 동시에 자체의 법률이 주어져 종속적이지만 따로 구별되는 정체성을 지킬 수 있었다. 이 법전들은 부분적으로는 지역 전통에서 비롯되어 지역적인 관행을 어느 정도 인정하기도 했지만 본질적으로 프랑크 왕국의 권위에 의존하였다.

이러한 성문화 작업은 대부분 8세기 카롤링거 왕조의 통치 하에서 일어났다. 그러나 프랑크 인 자신들은 그 기원을 실제보다 올려 잡아 클로타르 2세(584~623년 재위)와 다고베르트 1세(623~639년 재위) 하에서 맞았던 메로빙거 왕권의 절정기인 7세기 초에 그 작업이 이루어졌다고 주장한다. 따라서 성문화 작업은 지역 사회에 법적 정체성의 보존을 보장해 주는 한편, 법전을 먼 신화적인 과거에 투영함으로써 그 정체성을 만들어 가고 있었던 것이다. 이것의 목적은 그것에 옛 광채를 불어넣어 그 작업에 정당성을 부여하려는 것이었다. 예를 들어 바이에른 법전의 서문은 이 법전이 7세기 초 다고베르트 대왕 시대에 작성되었다고 주장한다. 7세기 이래 바이에른에서도 법 전통이 있었겠지만, 이처럼 오랜 역사를 주장하는 법전은 8세기의 창조물인 것이다. 다른 법전에서 보이는 유사한 옛날풍의 서문도 아마 몇몇 과거의 법률을 반영하기는 하겠지만 대체로 이 법전의 편찬이 최근에 이루어졌다는 것을 감추고 있다.[2]

라인 이서以西의 부르고뉴와 프로방스, 셉티마니아, 아키텐에서도 카롤링거 가는 비슷한 방침을 택했다. 여기서도 새로운 세력과 협력한 지역 엘리트들은 좀 더 넓은 프랑크 통치의 우산 하에서 로마인, 부르고뉴 족, 고트 족의 법률을 유지함으로써 자신들의 독자성을 보존할 수 있었다. 그러한 보장은 지역의 협력이 프랑크 왕국의 안정에 필수적이었던 이슬람 스페인이나 롬바르드 공국과 국경을 접하고 있는 지역에서 특별히 더 중요하였다.

그러나 프랑크 왕국의 법 정책은 다른 일면도 가지고 있었다. 이 정책은 최근에 흡수된 지역에도 법적 전통을 보장해 주었지만, 동시에 이 정책은 왕의 대리인으로 하여금 그들이 어디를 가더라도 법적 자치권을 계속 유지할 수 있게 해 주었다. 그러므로 왕실 관리나 병사들은 그 지역의 법적 전통을 반드시 따르지 않고도 이 먼 지역에 정착할 수 있었다. 마치 19세기의 유럽 제국의 관리들처럼 그들은 어디에 가든지 치외법권을 누릴 수 있었다. 이러한 "인격체 원칙 personality principle"은 프랑크 왕국이 773~774년에 롬바르드 왕국을 정복했을 때 더욱 확대되었다. 곧 프랑크 족, 부르고뉴 족, 알레만니 족 "식민주의자"들은 정복된 왕국에 정착하면서 자랑스럽게 그들의 특별한 법적 지위를 간직하고 그것을 자손들에게 물려주었다. 법정에 서게 되면 모든 사람이 자신의 법을 선택하여 밝혀야 하는 이러한 짜깁기식 법률 체제는 카롤링거 왕조의 정치 체제보다 오래 살아남았다. 11세기까지도 가문들은 그들의 조상들이 이주하여 떠나버려 그 지역과의 유대가 끊어진 지 한참 뒤에도 자신들은 특별한 법 체제의 적용을 받아야 한다고 자랑스럽게 주장하였다.

지역 엘리트를 자기 사람으로 흡수하는 카롤링거 가의 지역 정책──즉 공공의 지위와 개별적인 법을 보장하면서도 방대한 제국 전역에 제국 관리들을 심어 놓는 것──은 새로운 종류의 유럽 종족을 창조했다. 이러한 정체성은 가문의 기원이나 문화보다는 법적인 특권에 더 깊이 뿌리를 내리고 있었다. 이는 사람을 전체적인 관점에서 규정하지 않고 특정한 권리의 관점에서 규정했다.

카롤링거 제국의 팽창이라는 맥락에서 발전된 이 같은 제한된 형태의 법적 정체성은 카롤링거 제국이 사라진 후에도 오랫동안 살아남았다. 그것은 12, 13세기에 슬라브 세계를 식민화할 때 채택된 모델이 되었다. 당시 "색슨" 농민들은 토지만을 받은 것이 아니었다. 그들은 최근에 "평정된" 동부 지역에서 섬처럼 그들의 법에 따라 살 수 있는 권리도 받았던 것이다. 조만간 색슨 법이나 게르만 법의 적용을 주장할 수 있는 권리는 혈통에 관계없이 누구에게나 주어질 수 있는 특별한 권리가 되었다.[3]

그러나 카롤링거 제국이 옛 이름에서 새로운 의미를 창조해 내는 정책을 추진하는 바로 그 순간에 카롤링거 가문의 이데올로기는 자신들의 고대 가계도를 창안해 내고 있었다. 마치 지역 법을 새롭게 성문화하면서 그것이 오래전에 만들어졌음을 강조하는 것과 마찬가지로 카롤링거 시대의 역사 서술에서도 이 새로운 사회적, 법적 정치체의 초기 역사에 대한 관심이 두드러지게 드러난다. 특히 프랑크 족이나 롬바르드 족 등은 먼 옛날부터 있었던 것으로 그려졌다. 그리하여 카롤링거 제국의 체제는 민족의 가계도, 즉 "상상된 공동체"를 만들어 냄으로써 그 정당성을 확보했다. 게다가 프랑크 인들은 자신들이 로마 인을 대신하여 보편성과 신으로부터 사명을 부여받은 민족이라 주장하였다. 그들의 이 창안은 큰 성공을 거두어 프랑크 제국 자체가 사라진 후에도 천 년 이상 존속했다. 십자군 시대부터 20세기까지 프랑크 인이란 말은 그리스 인과 무슬림이 서유럽 인을 지칭할 때 사용하는 용어가 되었다.

결론적 고찰

우리가 결론적으로 보는 것은 "종족적"인 것으로 여겨지게 된 몇몇 명칭들의 장기간에 걸친 불연속적 사용이다. 고전 시대의 민족지학 자들은 자신들의 사회가 복합적인 성격의 사회임을 깊이 인식하였으면서도 이러한 유사 유기체적quasi-organic 이미지를 "타자", 즉 "바바리안"에 그대로 투영하였다. 로마 세계 주변부에 위치했던 공동체나 정치체의 사람들이 로마 인 관찰자가 만들어 놓은 정형화된 틀에서 자신들의 모습을 알아볼 수 있었을는지 의문이다. 그러나 4세기부터는 군사 집단들이 이 명칭을 차용하여 일치된 행동을 호소할 때 슬로건으로 사용하였다. 그러므로 민족의 이름은 묘사description라기보다는 주장 —— 이 이름과 연관된 전통을 독점하여 구현하기를 희망하는 지도자 하에 민족이 통합되어야 한다는 주장 —— 이었다. 동시에 이 지도자들은 본질적으로 서로 다른 전통들을 차용하여, 이 민족들이 왕이나 신에게서 유래되었음을 나타내는 가계도, 전설적인 전투, 그리고 영웅적인 사건의 형태로 새로운 전통을 창안하였다.

이 군사 집단들 중 몇몇이 로마 제국의 속주에서 왕국의 제도를 갖추는 데 성공함에 따라 이 용어들이 사용되는 방식과 그것들이 표방하는 사회적 현실에 엄청난 변화가 야기되었다. 승리 및 영토 확장과 함께 대담한 주장은 그들이 주장하는 현실을 창조해 냈다. 그리고 몇 세대가 지나지 않아 대단히 다른 과거와 가치, 그리고 전통을 가진 사회적, 정치적 집단들은 승리자가 그들을 위해 하나의 공통된 과거를 만들어 낼 권리를 가지고 있음을 인정하였다. 동일한 조상의 후예라는 신화와 공유된 역사, 그리고 지역에 고유한 구전 전통보다는 고전 고대의 민족 개념을 토대로 형성된 신화가 고대 말 사회의 특징이었던 철저한 불연속성과 이질성을 감추어 주었다.

8세기와 9세기에 영토 확장과 정복이 진행되면서 지역 엘리트들이 제국에 편입되었고, 제국의 관리들은 이득을 보았다. 그들의 지위와 특권은 새로운 형태의 사적인 법에 의해 보호되었고, 구별의 이데올로기를 제공할 수 있는 있음직한 고대 역사에 대한 골동품 수집가적인 흥미에 의해 덮여졌다.

이러한 모든 것이 이 책을 시작하며 언급했던 현대의 종족적 민족주의의 재출현과 어떤 관련이 있는가? 간단하게 대답하자면 "아무런 관련도 없다"일 것이다. 고대 말의 세계는 복합적 격변의 시대로 이데올로그의 극도로 단순화된 비전과는 전혀 다르다. 그러나 이러한 응답은 너무나 단순하다. 현대의 민족주의자들이 역사에 호소할 때, 그들의 역사관은 정적靜的이다. 그들은 최초 획득의 순간, 즉 "그들의 민족"이 폐허가 된 로마 제국에 처음으로 도착하여 성스러운 영토와 민족적 정체성을 확립한 때를 우러러본다. 이것은 역사의 안티테제이다. 고대 말과 중세 초 유럽 민족들의 역사는 최초 순간의 이야기가 아니라 지속적 과정의 이야기이다. 그것은 상속받은 명칭의 정치적 차용과 조작의 이야기이며, 또한 현재와 미래를 창조하기 위해 연출된 과거의 이야기이다. 그것은 끊임없는 변화의 역사이며, 철저한 불연속의 역사요, 갈지자로 진행된 정치적, 문화적 변모의 역사이다. 그 실체는 새로운 현실을 정의하기 위해 옛 용어를 반복적으로 재도용함으로써 은폐되어 왔다. "클로비스의 세례로 인해 탄생된" 프랑크 인은 샤를마뉴 시대의 프랑크 인과 다르며 장 르펜이 정치 운동에 동원하기를 희망하는 프랑스 인들의 프랑크 인과도 다르다. 아바르 제국의 여명기에 생겨난 세르비아 인은 1389년의 코소보 전투에서 패배한 세르비아 인과 다르며, 또한 슬로보단 밀로셰비치에게 민족의 확대를 요청받은 세르비아 인과도 다르다. 밀로셰비치의 세르비아 인들에 의해 희생된 알바니아 인은 6세기 발칸 반도의 일리리아 인과 다르다. 이러한 과정이 끝난 것도 아니다. 유럽의 민족은 현재 진행형의 작업이며 영원히 그럴 것이다.

　동시에 유럽 민족의 역사는 그 자체가 유럽 종족성 문제의 일부이다. 민족에 대한 오랜 신화, 좀처럼 사라지지 않으면서 동시에 위험한 신화를 창조한 책임은 필연적으로 우리 역사가에게 있다. 유럽 민족에 대한 지속적이면서도 선형적인 이야기를 만들어 냄으로써 우리 역사가들은 자신들이야말로 진정으로 민족의 옛 전통을 통합하고 있다고 주장하는 군 지휘관이나 정치 지도자들의 주장에 정당성을 실어 주고 있다. 고대 말과 중세 초 작가들이 창안한 신화를 역사적인 것으로 받아들임으로써, 우리 역시 종종 그런 주장을 널리 퍼뜨리고 영속화시키는 데 일조해 왔다. 유럽의 기원에 관한 개관을 마무리하기 전에 잠시 서유럽을 벗어나 다른 대륙의 다른 민족의 역사를 살펴보기로 하자. 유럽의 민족과 아프리카의 위대한 민족 중의 하나인 줄루 족을 비교해 보도록 하자.

줄루 족으로서의 유럽 인

유럽 민족에 대한 일반의 이해를 수정하고자 하는 시도를 가로막는 가장 근본적인 장애물은 이러한 해석이 유럽 인들의 의식 속에 너무나 깊숙이 자리 잡고 있어서 그것이 더 이상 역사적으로 재구성된 것으로 이해되지 않고 오히려 민족 정체성을 구성하는 너무나 명백하고도 본질적인 요소로 이해된다는 것이다. 그것은 역사의 영역 밖, 집단적 기억의 영역에 놓여 있다. 거기에서는 신비스러우면 더욱 더 큰 힘을 가지게 된다. 수세기에 걸쳐 축적된 유럽 민족의 정체성에 대한 억측과 혼란으로부터 벗어날 수 있는 최선의 방법은 아마도, 비록 잠시일지라도, 유럽에서 벗어나는 것일지 모른다. 그 목적을 위해 우리는 멀리 떨어져 있는 다른 부족, 즉 서아프리카의 줄루 족의 탄생을 검토할 것이다. 그러나 앞으로 보게 되겠지만, 분석의 범주를 바꾸는 것보다 고찰하는 지역을 옮기는 것이 더 쉽다.

줄루 족의 초기 역사를 이해하는 데도 유럽 민족의 초기 역사를 이해할 때처럼 대부분 같은 이유로 같은 어려움을 겪게 된다. 줄루 족과 프랑크 족, 고트 족, 세르비아 족의 사이에는 두 가지 면에서 유사점이 있다. 첫째, 그들의 이주 역사를 기록하려 시도했던 첫 번째 문헌은 유대-기독교적 전통과 고전·고대적 전통의 역사와 비슷한 영향 하에서 기록되었다는 점이다. 그러므로 줄루 족 종족 탄생의 "고전적"인 이야기에는 유럽의 역사에서 발견되는 것과 마찬가지로 신화적, 문학적, 전통적 모티프가 포함되어 있다. 이처럼 유사한 이유는 줄루 족의 역사를 최초로 기록하고자 했던 사람들이 민족 탄생에 대해 성경의 개념과 고전적인 개념에 젖어 있었던 유럽의 선교사들이었다는 데 있다. 이 점에서 그들은 6세기, 7세기, 8세기에 비슷한 시각에서 비슷한 이야기를 들려주었던 "바바리안 역사의 서술자"

를 꼭 **빼닮았다**.[4]

둘째, 줄루 "민족의 역사"를 쓴 저자의 기본 관념이나 심상이 제거
된다 할지라도, 줄루 민족 탄생에 관련해 나타나는 이미지들도 현대
의 좀 더 과학적인 분석을 통해 나타나는 유럽 민족의 탄생에 관련된
이미지와 다르면서도 놀랄 만큼의 유사성을 내포하고 있다. 이러한
유사성이 시사하는 바는 유럽 내부와 유럽 바깥에서 기원 서사의 신
화 너머 유사한 사회적, 정치적 힘이 작용하여 이처럼 아주 다른 사
회들이 창조되었으리라는 것이다. 그것은, 또 비록 어느 정도 왜곡은
있을지 모르지만, 구성 및 유추가 역사적 이해에 필수적인 부분임을
또한 시사해 준다고 할 수 있다.

유럽 인 중에는 자신들 집단의 종족적, 정치적 기원이 서아프리카
민족의 기원과 같다는 사실에 대하여 불쾌해 하는 사람도 있을지 모
른다. 많은 경우 그것은 인종적 편견 때문이라기보다는 아프리카 민
족의 "역사"는 단순한 문화적 구성물일는지 모르지만 자신들의 과거
는 어느 정도 "진짜"일 것이라는, 오랫동안 지녀 왔던 믿음 때문일
것이다. 나는 독자들이 문화적 쇼비니즘을 잠시 접어 두고 그들이 자
신들의 기원을 줄루 족의 시조인 샤카에게서 찾는 수백만 명의 서아
프리카 인들과 전혀 다르지 않을 수 있다는 가능성에 대해 생각해 보
기를 바란다. 샤카가 줄루 족의 역사에서 차지하는 위치는 프랑스 인
의 역사에서 클로비스가, 크로아티아 족의 역사에서 크로바토스가,
불가리아 족의 역사에서 이스페리크가 차지하는 것과 똑같은 위치를
차지하고 있다.

줄루 족은 서아프리카에서 수가 가장 많고 자의식도 제일 강한 부

족 중의 하나이다. 약 5백만 명에 달하는 줄루 족은 줄루 문화 운동이면서 동시에 정치 정당인 잉카타 자유당을 통해 영향력을 행사한다. 그 영향력은 1971년에 설립되어 오늘날 콰줄루-나탈 주州가 된 콰줄루의 인종 차별 지역인 홈랜드[인종 격리 정책에 의하여 설정되었던 흑인 주민의 자치구]를 훨씬 넘어서까지 미친다. 줄루 족의 정체성은 역사적 기억, 즉 줄루 왕국이 대륙의 서쪽 지역에서 가장 강력하고 독립적인 아프리카 국가였던 때인 1830년으로 거슬러 올라가서 19세기 초를 넘어 17세기와 18세기의 먼 기원까지 연결되어 있는 기억과 밀접한 관련이 있다. 이러한 기억은 유럽 인들에게 이상할 정도로 친숙하게 보일 것이다.

그러나 줄루 족 역사의 아버지는 애석하게도 줄루 인이 아니라 기독교 선교사인 브라이언트(1865~1953년)였다. 그는 샤카가 죽은 지 수십 년 후에 처음으로 지속적인 줄루 족의 역사를 기술한 사람이었다. 브라이언트에 따르면 이 역사는 16세기부터 시작한다. 그때 줄루 족의 조상을 포함하여 응구니 족이 아프리카의 북부와 서북부 지역에서 동남쪽으로 이주해 왔다. 줄루 족 중에는 아마 저 멀리 근대의 수단 정도의 북쪽에서 이동했을 것이라고 주장하는 사람도 있다. 응구니 족이 남쪽으로 이동함에 따라, 그들은 사회의 기본적인 정치적, 사회적 단위인 여러 "씨족"으로 나뉘게 되었다. 이 씨족들은 모두 동일한 한 조상의 후예로, 살아 있는 그 조상의 직계 대리인이 그들을 통치하였다. 16세기 초가 되면 응구니 족은 발 강 상류에 정착하게 되는데, 이곳에서 그들은 두 그룹으로 나뉘었다. 첫 번째 그룹은 서북부로 이동하여 궁극적으로 북쪽에서 이주해 온 소토 족에 흡수되었다. 응구니 족 중에서 좀 더 순수한 혈통의 다른 그룹인 응퉁와 족, 음보 족, 랄라 족 — 이들은 모두 동일한 기원과 문화를 공유했다 — 은 남쪽의 퐁골로-음짐쿨루 지역으로 이동하였다. 그들은 대략 비슷한 시기에 여기에 정착하였다. 응퉁와 족은 오늘날 줄루 족의 본거지에 정착했는데, 그들은 여기서 부족장이 통치하는 대체로 독립적인 부족 국가를 세웠다. 1670년경에 한 씨족의 지도자 말란델라, 아니면 적어도 그의 가족들이 음펨베니 강과 음쿰바네 강을 건너 음톤야네이 산을 넘어 음풀레 계곡에 이르렀다. 몇 세대 후에 줄루가 여기서 태어났다. 그는 말란델라의 후손이며 그의 이름을 따라 생겨난 줄루 족의 시조가 되었다.

18세기 언젠가부터 몇몇 부족장들이 갑자기 정치권력을 중앙 집중화하여 그들의 영토 지배권을 이웃 부족에까지 확대하였다. 이러한 급진적인 변화는 생태학적인 변화에서 야기된 압력과 식량 생산을 능가하는 인구의 증가에서 비롯된 결과로 설명되고 있다. 특별히 타고난 재능을 가진 야심만만한 지도자들의 출현이 그것을 가능케 하였는데, 가장 두드러진 지도자가 바로 줄루 족의 지도자였던 샤카였다. 그는 음테트와 족의 지도자인 딩기스와요와 함께 거의 모든 이웃 부족을 정복하고 그들의 젊은이들을 줄루 족의 군대로 끌어들였다. 예외적인 부족은 줄루 족과 비슷하게 중앙 집중적이고 군사화된 정복 부족인 은드완드웨 족이었다. 1817년경에 은드완드웨 족은 음테트와 족을 정복하고 딩기스와요를 살해하였다.

딩기스와요가 죽은 지 얼마 후 샤카는 은드완드웨 족을 패배시켰고, 줄루 족은 일련의 빠른 정복 활동을 통해 동남아프리카의 넓은 지역에 대한 지배권을 확립했다. 1828년에 샤카가 암살 —— 그는 그의 전제적인 지배에 대해 점점 불만을 가지게 된 두 이복형제에 의해 살해되었다 —— 당한 이후에도 그가 만든 줄루 왕국은 멸망하지 않았다. 비록 다른 나라들과의 분쟁, 특별히 보어 인 및 영국인과의 분쟁으로 점차 쇠약해지긴 했지만, 줄루 왕국은 19세기 말에 영국인에게 마침내 패배한 후에도 강한 응집력과 종족적 정체 의식을 유지하였다. 줄루 족의 민족적 정체성 —— 그것은 과거에 경험하였던 독립과 통합에 대한 이 같은 공동의 기억에 의하여 육성되고, 잉카타, 즉 풀을 엮어 만든 고리로 상징적으로 표현된다 —— 은 오늘날까지도 여전히 서아프리카에서 강력한 추진력을 가진 힘으로 남아 있다.

이러한 기억은 정말 강력한 힘이다. 하지만 이것 역시 상상의 산물이다. 줄루 민족 탄생의 "역사"는 세계는 어떠해야 하는가라는 내적인 가치와 민족의 역사는 어떻게 읽혀야 하는가라는 외부의 도식으로부터 만들어진 현대의 창조물이다.

줄루 족 "역사"의 수집가인 브라이언트는 그가 다룬 자료의 성격과 주제, 그리고 좀 더 광범위한 인식 틀에 대해 기본 관념을 가지고 작업에 임했다. 그것들이 근본적으로 줄루 족을 하나의 "민족"으로 변모시켰던 것이다. 그는 두 개의 서로 연관되어 있는 가정 하에 구전된 전승에 접근했다.[5] 첫째는 그가 구전된 전승 자체에 대해 순진하게 접근한 것으로, 그는 그것들이 역사적 사실로 받아들여질 수 있다고 가정했다. 어쩌면 단편적이고 불분명할지는 모르지만, 그것들이 질적으로는 브라이언트 자신이 구성하고 있는 전체적인 서사와 동일하다고 보았던 것이다. 그는 줄루 족 과거에 대해서는 하나의

"올바른" 역사가 있어야 하며, 개인에 따라 그 역사적 진실은 다소간 왜곡되어 기록될 수 있다고 가정했다. 그러므로 역사가의 임무는 이러한 역사적 빈틈을 메우고, 조각난 정보를 연결하며, 일치되지 않는 것들을 조화롭게 만드는 것이었다. 그는 역사가의 역할이란 "《줄룰란드와 나탈 원주민들의 초기 부족 역사》에 관한 모든 정보를 한 곳으로 체계를 세워 모으는 단순한 작업일 뿐"이라고 선언했다.[6]

그의 두 번째 가정은 이러한 구전된 전승은 민족적으로 통합된 "응구니" 씨족의 역사라는 것이었다. 그들은 수백 년 동안 거의 변하지 않고 유지되어 왔으며 고유의 정치적, 사회적, 지역적 경계를 가지고 있다는 것이다. 줄루 왕국의 등장에 대한 그의 역사는 그러한 별개의 실체들이 줄루 부족으로 융합되는 것을 단순하게 이야기한 것이었다. 그러므로 그는 과거는 본질적으로 수백 년 동안 변함이 없었으며, 19세기의 씨족 구조는 최초의 응구니 족 시대에 투영될 수 있다고 가정했다.

브라이언트는 자신이 수집한 전설을 아무런 의심 없이 역사적으로 정확한 것으로 받아들였을 뿐만 아니라 이를 그 자신의 지적, 문화적인 선입관에 따라 조직했다. 그는 그 선입관을 자연법칙의 일부라 가정했던 것이다. 브라이언트는 기독교 선교사로 이타주의적 의무감에서 그 역사를 기록했다고 쓰고 있다. 그는 "아직 문자를 가지지 않은 우리의 흑인 형제들을 위해 그들의 단순한 전통을, 그것이 우리에게 아무런 쓸모가 있건 없건, 너무 늦어 그것이 완전히 사라지기 전에 구조화해야 한다고 진술했다."[7] 그는 샤카가 죽은 지 약 50년 후인 1883년에 서아프리카에 도착했다. 따라서 그는 자신이 기록한 역사에 대한 직접적인 지식을 가지고 있지는 않았으며, 대신 왕의 조카들과 그 세대의 사람들을 통해서 자료를 수집했다. 이는 그 자신이 "단편적이고, 연결되어 있지 않으며, 경험이 없는 풋내기에게는 아무런 의미가 없는 것으로 보이는" 정보를 결합하여 하나의 그림을 만들었다는 것을 의미한다.[8] 그는 유럽 독자들에게 자신의 작업 방식은 예술가가 모자이크를 만드는 것과 같다고 말했다.[9] 브라이언트는 유럽의 대중을 낮게 평가하여, "그들에게 무릇 역사란 모두 무미건조한 것일 뿐이라고 알려져 있다"고 보았다. 그 때문에 그들에게는 "참고 읽을 만하고 흥미가 유지될 수 있는" 방식으로 자료가 제시되어야 할 필요가 있다고 보았다.[10]

브라이언트의 출신 배경과 참고했던 자료, 그리고 대중관이 낳은 결과들이 그가 여러 단편적인 조각을 가지고 만들어 낸 모자이크에서 명백히 나타난다. 첫째, 고전 교육을 받은 기독교인으로서 그는 《출애굽기》에서의 히브리 인들의 방랑 및 중세 초 롬바르드 족, 고트 족, 슬라브 족의 전설적인 방랑이 줄루 족의 방랑과 같은 종류임이 명백히 드러나도록 자료를 조직했다. 브라이언트는 응구니 씨족이 속한 반투 족 분파 사이의 관계를 "유럽에서 노르딕 인종 중 잉글랜드 인, 독일인, 스칸디나비아 인 사이에 존재하는 관계와 비슷한 것"으로 보았다.[11] 말란델라는 명시적으로 모세와 비유되었고, 그의 가족이 여행 중에 발견한 멜론은 "광야에서의 만나"에 비유되었다.[12] 모세처럼 말란델라도 "약속의 땅을 보고 죽을 운명을 가지고 태어났다"는 것이다.[13] 따라서 브라이언트는 줄루 족의 역사를 의식적으로 성경의 모델로써, 좀 더 일반적으로 말하자면 유럽 역사의 관점에서 이해했던 것이다. 만약 줄루 족 이주의 역사가 유럽의 독자들에게 친숙한 이야기처럼 들렸다면, 그것은 어느 정도는 그렇게 의도되었기 때문이다.

둘째, 브라이언트는 줄루 역사를 그가 이해하고 있는 히브리 인이나 유럽 민족 탄생의 구조에 맞추었을 뿐만 아니라, 그 동기와 의미를 부여한 방식에서도 마찬가지로 유럽의 전통을 반영하고 있다. 이 또한 의도된 것이었다. 다시 한 번 그는 유럽 독자들이 그의 글을 "흥미 없고" "이질적이어서 이해하기에 힘들 것"이라고 가정했기 때문에 자신의 의도를 아래와 같이 밝혔다.

〔나의 의도는—옮긴이〕 역사 읽기를 이해할 만하고 즐거운 것으로 만드는 것이다. 〔그러기 위해서—옮긴이〕 우리는 일반적으로 가벼운 구어체의 문체를 취하고, 여기저기에 적절한 "분위기"를 창조하며, 그것에 필요한 "배경"을 제공하고, 감정에 호소함으로써 적절한 사고의 틀을 유도하며 역사의 "메마른 뼈대"에 유머러스한 웃음의 옷을 입히고, 원주민의 삶과 특징에 대한 우리의 지식에 근거하여 우리 자신의 말로 따로 따로 떨어져 있는 세부 사실을 통합하였다.14)

유럽 독자들에게 '낯선 이들' 〔줄루 족〕을 좀 더 친근하게 만들고자 그는 〔줄루 역사를〕 유럽의 문화적 전통과 비교하는 데 상당한 노력을 기울였다. 예를 들어 딩기스와요는 "기사도의 기사"가 되었고, 브라이언트는 그의 왕국 건설을 고대 이집트, 페르시아, 그리스, 로마 지도자들의 제국 건설과 호의적으로 비교하였다.

오직 근대 영국만이 이처럼 높은 수준의 제국 통치를 이룩했으며, 그 결과 아주 현명하다고 보편적으로 인정받았다. 그러나 검둥이는 동일한 일을 그것도 훨씬 오래전에 이룩했음에도 불구하고 "미개한 야만인"으로밖에 여겨지지 않았다.[15)

대조적으로 브라이언트가 보기에 샤카는 줄루 족의 카이사르였다. 그는 샤카의 살해를 다룬 장의 제목을 "카이사르가 쓰러지자 전제 정치도 종말을 고했다"로 붙였다. 그 결과 브라이언트는 이주와 중앙 집권화에 대한 서술에서는 물론 그의 증거가 가지는 문화적 의미에서도 줄루 족 내면의 소리를 기록하거나 보존하지 않았다. 그는 오히려 단편적인 줄루 족의 전통을 "실제 역사"로 주조함으로써 그 소리를 창안해 냈다. 그에게 진정한 역사란 뛰어난 역사, 즉 유대-기독교-로마 세계의 역사에서 그 의미를 끌어온 의미 있는 역사 서술을 말하는 것이었다.

브라이언트가 한 "민족"의 기원을 성서 및 고전 시대의 원형에서 유래된 용어로 묘사하고, 자신이 대상으로 삼는 청중의 문화적 기본 관념과 편견에 따라 설명의 틀을 만들었던 최초의 민족지학자는 아니었다. 바로 고대 말과 중세 초의 작가들도 고트 족, 롬바르드 족, 프랑크 족, 앵글로-색슨 족, 그리고 후에는 세르비아 족, 크로아티아 족, 헝가리 민족의 기원에 대하여 서술할 때도 이와 똑같이 했다. 우리가 앞의 장에서도 반복해서 보았듯이, 고트 족의 역사가인 요르다네스, 프랑크 족의 역사를 쓴 투르의 그레고리우스, 또는 슬라브 족에 대하여 쓴 [비잔틴 제국의] 콘스탄티누스 프로포로게니투스[913

~959년 재위]와 같은 작가들은 명시적이거나 암묵적으로 고대의 구전된 전승을 전달한다고 주장하면서 실제로는 자신들의 민족을 로마-기독교의 범주에 던져 넣고 있었다. 지도자의 이름, 부족이나 가족의 단위로 민족의 구분, 획기적인 전투, 전설적인 방랑 등은 모두 커다란 상징적인 의미를 지녔으며, 히브리 인들의 《출애굽기》나 그리스-로마의 민족지 전통과 자주 관련지어졌다. 그러한 역사는 결코 민족의 과거에 대한 토착적 이해의 전달을 목표로 삼는 진정한 의미에서의 "민족" 역사가 아니었다. 그것은 오히려 작가의 정치적, 문화적 관심에 기반을 둔 것으로 작가가 살던 당대의 주요 관심사를 내세우기 위해 재구성된 것일 뿐이었다. 게다가 브라이언트 못지않게 이 작가들도 민족에 대한 토착적이고 순진한 목격자로서 자신들 민족의 전통을 기술한 것이 아니었다. 요르다네스나 롬바르드 족의 역사가였던 파울루스 디아코누스와 같은 역사가들은 자신들이 다른 민족의 후손이라고 주장할지도 모르겠으나, 그들 역시 로마의 기독교적 문화 전통에 철저히 물들어 변모된 사람으로서 자신들이 다루었던 자료들을 그 전통을 통하여 인식하였다.[16]

주제와 자료에 대한 브라이언트의 순진한 접근 방식과 유럽의 틀에 맞추어 줄루 민족의 역사를 재창조하려는 그의 명시적인 노력을 감안할 때, 혹자는 그의 노력이 줄루 족의 역사를 이해하기 쉽게 만들었다기보다 오히려 알 수 없게 만들었다고 결론지으려 할지 모른다. 즉 그의 역사 서술은 모자이크라기보다는 거울로 가득 찬 방으로, 각 거울은 줄루 족의 민족 탄생 그 자체에 대한 통찰력을 제공하기보다는 그 자신의 문화적, 정치적 시각을 비춰 줄 뿐이다. 이런 입장을 취하는 사람이 있다면, 그는 《줄룰란드와 나탈의 황금기》는 아프리카 식민 시대의 기독교 선교사에 대해서는 많은 것을 말해 주지만 줄루 족의 역사에 대해서는 아무것도 알려 주지 않는다고 결론지을 것이다. 초기 중세 시대 역사가들에 대해서도 바로 이런 식의 비판이 제기되어 왔다. 그러나 이러한 급진적 회의주의는 정당하지 않다.

브라이언트의 모자이크는 허구일지 모르나 조각 하나하나는 허구가 아니다.[17) 대안적 방식으로 그것을 이해하고 이용하여 선사 시대 줄루 족의 모습을 구성하게 되면, 특히 그것이 고고학과 결합하여 시도된다면, 역사가들은 그것이 비록 브라이언트의 상상에 의해 창조된 것이라 하더라도 줄루 족의 과거를 아주 다르게 이해할 수 있다.

최근에 아프리카 역사가들은 본질적으로 다른 두 가지 기준에 따라 브라이언트가 수집한 구전된 전승을 재해석함으로써 퐁골로-음짐쿨루 지역에 대한 "재개념화된 역사"를 스케치하기 시작하였다. 첫째, 그들은 구전된 전승이 단순한 사실의 기술이 아니라, 차라리 현재와 미래의 프로그램에 정당성을 부여하기 위해 의도된 의미 패턴을 과거에 덮어씌우는 "정치적" 진술임을 인지하였다. 또한 이러한 전통들은 한 통치자의 가치만을 반영한 것도 아니었다. 그것들은 종종 다양한 파벌 간에 벌어진 항쟁의 산물이며, 경쟁 파벌들 사이의 적대감을 중화시키기 위한 시도에서 분절되고 내부적으로 서로 모순되는 패턴들도 포함하고 있다. 역사가들은 이러한 불일치를 "풀어서" 그러한 불일치를 생산한 정치적 갈등이 무엇인지를 도로 찾아낼 수 있다. 그들은 일종의 문헌 고고학의 방법을 사용하여 전통 언어에는 들어 있지만 공식적인 견해가 모호하게 만들고자 하는 여러 층의 주장과 반대 주장을 벗겨 냄으로써 그것을 찾아낸다.[18]

둘째, 그들은 분석의 단위인 "부족"이나 "씨족", 그리고 다른 정치·사회적 단위들이 안정적이고 객관적이며 영속적인 실체가 아니라는 것을 인식했다. 오히려 과거와 현재의 정치체는 그 구성, 내부 조직, 문화, 전통, 종족 연합, 그리고 경계에서 항상 변화한다는 것이다.[19] 응구니 족이나 줄루 족도 객관적으로 존재하는, 역사에서 안정적인 행위자가 아니다. 그들은 차라리 그 본질과 존재가 끊임없이 의문시되어야 하는 구성물인 것이다.

이러한 예비적인 고려에 기초한 증거의 재검토로 드러나는 역사는 브라이언트가 창조하고 당대의 줄루 족이 자신들의 것으로 받아들인 역사와는 본질적으로 다르다. 브라이언트가 응구니 족이라고 칭했던 단일 민족 공동체는 결코 존재하지 않았다. 게르만 인과 마찬가지로 응구니 족도 단지 언어적 명칭으로나 의미가 있을 뿐, 정치적, 문화적, 사회적 공동체로는 의미가 없다. 더욱이 그가 응구니 족의 옛 분파로 보았던 응퉁와 족, 음보 족, 랄라 족은 아마도 서로 상관관계가 없는 집단으로, 그들은 1820년대에 줄루 왕국이 통합되는 과정에서 출현하기 시작했을 것이다. 무엇보다도 브라이언트가 성경의 용어로 기술한 대이동은 전혀 일어나지 않았다. 고트 족이 스칸디나비아로부터 이동했다는 전설이나 프랑크 족이 다뉴브 강으로부터 라인 강까지 긴 여행을 했다는 전설을 받아들일 수 없는 것과 마찬가지로, 고고학적 기록을 검토하고 줄루 족의 전설을 아무리 세심히 읽어도 7세기와 8세기에 민족의 원거리 이주에 대한 어떠한 증거도 찾아

볼 수 없다. 오히려 후에 줄루 족이 되는 집단들은 그 지역의 토착 주민에게서 나왔다. 대이동 이야기는 신화적인 "건국 헌장"을 19세기의 정치체에 투영하는 수단일 뿐이다.

19세기의 정치적 격변기 이전에 그 지역의 주민들은 크기와 정치 구조가 다양한 수많은 소규모 집단에 속해 살고 있었다. 종교적 권위는 행사하지만 강제적 지배권은 거의 가지지 못한 족장을 가진 작은 공동체도 있었다. 다른 그룹들은 하위 족장들과 부하에 대해 상당한 권력을 행사하는 지배 족장을 가진 좀 더 큰 규모의 공동체도 있었다. 정치적 결합은 지지자들이 족장에게 바치는 공물의 재분배를 통해 유지되었지만, 혈족 관계, 보호-피보호 관계, 결혼, 이웃 관계 등을 포함하는 다른 종류의 결연들은 이러한 정치적 경계선을 초월하였다. 그 결과 공동체와 부족 국가는 유동적이었다. 그것들은 여러 다른 변수에 따라 요소들이 뒤섞여 재정렬되면서, 평화롭거나 폭력적인 수단 모두를 통하여 끊임없이 성장하고 분열되고 사라지고 재형성되었다.

족장의 권력은 이러한 집단들의 유동적 성격에 의해서나 집단의 인력에 대한 지속적인 지배권을 유지하고 그들이 분봉되어 나가는 것을 막을 수 있는 제도의 부재로 인해 제한되었다. 그리고 지배 집단이 부족 국가의 기본적인 경제 자원인 토지에 대한 배타적인 통제권을 획득하지 못해서 제한되기도 했다. 이러한 한계는 또한 가용할 수 있는 경제 자원에 기초한 계급 간의 분명한 경계가 출현하는 것을 막기도 했다. 최고 부족장paramount chief, 즉 다른 부족장에게 명령을 내릴 수 있는 대부족장의 권한조차도 제한적이어서 하위 부족장들에게 공물의 헌납이나 때때로 이루어지는 인력 동원을 초과하여 요구하는 법률을 제정하지도 그것을 강제할 수도 없었다. 또한 지속적인 중앙 통제 기구의 결여로 인해 최고위 부족 국가 역시 불안정하여 끊임없이 해체되어 새로운 형태로 변모했다.

마브후두 족, 음테트와 족, 줄루 족과 같은 강력한 중앙 집권적 정치체를 낳은 18세기 후반의 변화는 단순히 딩기스와요나 샤카와 같은 강력한 군사 지도자의 출현이나 기후의 변동, 생태학적 위기, 혹은 갑작스런 인구 증가와 같은 기계적 설명만으로는 설명될 수 없다. 중요한 외부적 요인으로는 차라리 퐁골로 음짐쿨루 지역이 유럽 경제 체제로 통합된 것을 들 수 있을 것이다. 이 통합은 유럽의 상아 무역업자들이 이 지역으로 침투한 것과 함께 시작되었다. 무역은 무역로와 상아, 그리고 후에는 가축의 공급을 통제할 수 있었던 부족 지도자로 하여금 유럽 상품, 특히 의류와 금속의 유통을 통하여, 권력을 확대할 수 있는 길을 열어 주었다. 상대적 권력에서의 이러한 변화로 인해 이 지역에서의 유동적인 사회적, 정치적 구조의 특징이었던 성장과 경쟁, 분열, 그리고 변모의 시스템 내에 존재하던 전통적인 균형이 무너졌다.

국제 무역에서 발생하는 이익을 차지하기 위한 부족 지도자들 사이에 벌어진 경쟁의 결과로 부족장 역할의 사회적, 정치적 구조가 급속하게 변모하게 되었다. 부족 지도자들은 특히 대체로 동일한 나이의 젊은이들의 모임인 아마부소amabutho, 즉 할례 파 —— 지배자 하에서 주기적으로 함께 모여 입회 의식을 경험했던 집단 —— 를 자신들의 권력을 확장하기 위한 수단으로 변모시켰다. 자체의 충성심과 정체성을 지닌 이 집단에게 주어진 첫 번째 임무는 부족 지도자를 위해 코끼리를 사냥하여 상아를 얻음으로써 부족장의 재산, 부하의 수, 공물을 획득할 수 있는 강제력을 키우는 것이었다. 이 선물의 많은 부분이 아마부소에게 주어졌기 때문에 이 과정에서 이 젊은이 집단에 대한 부족장의 통제력도 강화되었다. 머지않아 그들은 점점 군사화되어 경쟁 관계의 부족장과 충돌이 있을 때나 피지배민들을 통제할 때, 그리고 말을 잘 듣지 않는 신민에게서 공물을 강제로 받아 낼 때 사용되었다. 아마부소에 대한 부족장의 의존도가 높아짐에 따라 그들에게 보상으로 주는 가축에 대한 수요 역시 증가하게 되었다. 이 수요는 다른 부족 국가에 대한 습격, 그리고 후에는 최고의 목초지를 얻기 위한 영토 정복에 의해서만 충족될 수 있었다.

정복된 이웃 집단을 흡수하는 구체적인 방법은 기존 부족장을 가공의 기원 전통에 받아들여 주는 것에서부터 피정복민을 지배 집단에 영구히 종속되도록 고립시켜 둘로 나뉘어진 형태의 사회의 계층화를 창조하는 것까지 다양했다.

19세기 초가 되면 이처럼 진행된 군사적 팽창과 정치적 통합 과정을 통해 수많은 대규모 정치체가 창조되었고, 고도의 중앙 집권적이며 군사화된 국가인 은드완드웨와 딩기스와요가 이끄는 보다 덜 중앙 집권화된 정치체인 음테트와 사이에 분쟁이 일어났다. 줄루 족의 샤카를 포함한 하위 부족 지도자들은 음테트와에 속해 상당한 정도의 자치권을 누릴 수 있었다. 1817년경에 은드완드웨는 음테트와를 패배시켰고 딩기스와요를 죽였다. 패배의 원인은 부분적으로 샤카가 자신의 지배 부족장에 대한 지지를 유보한 데 있었다. 전사들을 그대로 유지하고 있던 샤카는 군대를 이용하여 은드완드웨를 패배시킬 수 있었고 그 다음에 전 지역에 대한 통제권을 급속도로 확장하였다.

샤카가 수립한 정치 체제는 이전의 지배 부족장들이 사용했던 것의 변형이었다. 정복된 부족 국가의 젊은이들은 줄루 족의 아마부소에 강제로 편입되어, 따로 떨어져 있는 왕의 집에서 살아야 했으며, 왕의 허가 없이는 결혼도 금지되었다. 이 체제는 젊은이들과 구세대와의 전통적인 유대 관계를 약화시켰으며, 전례典禮적으로나 정치적으로 그들과 줄루 왕과의 유대 관계를 강화시켰다. 젊은 여성 또한 아마부소에 편입되었다. 왕이 이를 통해 여성 노동력은 물론 결혼을 통제할 수 있었다. 그들은 결혼 허가를 얻은 아마부소의 특정 남성과만 결혼할 수 있었던 것이다. 게다가 왕에게 공물로 바쳐진 높은 지위의 젊은 여성은 왕의 "딸"이나 "누이"로서 왕실의 특정 구역에 격리되어 거주하였다. 왕은 그들을 왕실 후원의 자원으로 삼아 유력자에게 결혼 상대로 분배해 주었다.

그 결과 줄루 사회는 3개 계층으로 나뉘어졌다. 가장 상위 층은 왕과 귀족, 줄루 지배 가문의 구성원, 팽창 초기에 줄루 족에 편입되었던 사람들, 그리고 정복 지역의 부족장들로 구성되었다. 두 번째 층은 줄루 세력의 주요 버팀목인 아마부소였다. 그들 사이의 유대감을 강화하기 위하여 그들은 자신들의 정체성을 공동의 기원과 과거를 가진 은퉁와의 후손이라는 데서 찾도록 고무되었다.

종족적 유대감에 호소하여 두 번째 층의 구성원들을 의도적으로 통합한 것과 마찬가지로 왕국 주변부의 피정복민으로 구성된 최하층민 — 그들은 비천한 일을 하며 아마부소에서 배제되었다 — 은 은퉁

와와는 종족적으로 별개이며 그들보다 열등한 것으로 그려졌다.

샤카의 정복과 합병은 엄청난 폭력을 수반한 가운데 일어났다. 정복을 피해 달아난 집단들은 퐁골로-음짐쿨루에서 멀리 떨어진 곳으로 이동하여 그 지역을 불안정하게 만드는 파급 효과를 낳았다. 샤카의 통합 시도는 또한 강력한 저항을 맞기도 했는데, 그것은 1828년 샤카의 암살에서 절정에 달했다. 그러나 그가 창조했던 제도는 그가 죽은 이후에도 살아남을 만큼 강력한 것이어서, 왕권은 별다른 일 없이 그의 암살에 참여했던 이복형제인 딩가네에게 양도되었다. 마찬가지로 줄루 사회에서 창조된 가공적인 공동 조상의 신화 창조는 너무나 효과적이어서 세기 중반이 되면 유럽 인들은 샤카에게 정복당한 부족장들의 후손들까지도 스스로를 자신들의 할아버지 세대를 정복했던 줄루 족의 직계 후손이라 믿고 있다고 불평할 정도가 되었다.

줄루 족과 유럽 인

두 가지 설명의 줄루 족 역사 모두 유럽 인들에게는 친숙하게 보일 것이다. 대이동의 전설, 종족적으로 동질적인 씨족의 점진적인 분열, 인구 증가의 압력에 따른 갑작스러운 급진적 정치 변화, 강력한 군사 국가의 출현 등은 유럽 역사의 대이동기에 대해 약간의 지식만을 가지고 있는 사람에게도 친숙하게 들릴 것이다. 그것은 단지 줄루 족의 역사일 뿐만 아니라 게르만 인과 슬라브 인의 역사이기도 하다. 말란델라나 샤카에서 동고트 족의 왕 테오데리크, 롬바르드 족의 지도자 알보인, 프랑크 족의 클로비스, 크로아티아 족의 크로바토스, 혹은 불가리아 족의 이스페리크의 모습을 찾는 데는 대단한 상상력이 필요하지 않는다. 어떤 면에서 이것은 이들 민족의 역사에 대해 알고자 할 때 우리가 의존하는 고대와 중세 역사가들과 그들이 다루는 주제와의 관계가 브라이언트와 샤카의 관계와 거의 동일하기 때문이다. 예를 들어 투르의 그레고리우스, 요르다네스, 비드, 파울루스 디아코누스는 모두 기독교인 작가들로서 명시적으로나 암묵적으로 자신들이 기술하는 "민족"과 민족 중의 "민족"인 히브리 인 및 로마 인을 비교하였던 것이다. 마찬가지로 이 민족들을 포함하는 역사를 서술하는 그 과정이 바로 그들을 "역사", 즉 보편 역사에 포함시키는 것이었다. 그들에게 보편 역사는 오로지 로마의 역사만 의미할 뿐이었다.

물론 브라이언트가 단지 천 년 전의 작가들을 그대로 흉내 낸 것은 아니었다. 19세기 말에서 20세기 초의 사람인 그는 차라리 자신처럼 성서적이고 중세적인 사회적, 문화적 분석 모델의 주문에 걸려 있었던 유럽 역사가들의 저작을 모델로 삼아 역사를 서술했다. 그의 연구가 그렇게 광범위하게 인정을 받을 수 있었던 것은 부분적으로 그가 그린 줄루 족 역사의 이미지가 유럽 인과 유럽화된 아프리카 인들이 생각하는 사회가 태어난 양상과 일치했기 때문일 것이다.

줄루 족의 역사에 대한 라이트와 해밀턴과 같은 학자의 수정주의적 해석은 이러한 경향을 바꾸어 놓았다. 그들은 줄루 족의 탄생을 가져온 복합적이며 역동적인 힘을 이해하기 위하여 유럽의 종족적 신화라는 구성물의 배후를 보기 시작하였다. 유럽적 모델에 덜 의존한 그들의 연구는 줄루 족의 기원을 이해하기 위한, 그리고 함축적으로는 유럽 민족의 형성을 이해하기 위한 대안적 모델을 제공한다. 우리는 21세기의 유럽 역사가들이 중세의 민족 탄생 혹은 민족 형성에 대한 자신들의 이해를 수정하는 방법과 아프리카학 연구가들이 자신들의 문제에 접근하는 방법이 수렴됨을 볼 수 있다. 바바리안 세계에 군사적 연결망과 특히 경제적 연결망을 가지고 있는 로마 제국은 바바리안 세계에 변화를 불러일으키는 대표적인 불안정 요인으로 점점 더 인식되고 있다. 로마의 부와 그 군대의 지원을 이용할 수 있는 지역 족장이 새로운 형태의 군대 조직을 갖추고 권력을 행사하게 되면서 매우 강력한 정치체의 등장이 가능케 되었다. 이들 중 대다수는 단명했다. 그렇지만 몇몇 정치체는 설립자가 죽은 후에도 살아남아 경쟁 관계의 다른 집단을 흡수하고 민족 통합의 신화, 즉 민족을 먼 영광스러운 과거에 투영하여 위대하고 강력한 미래를 정당화해 주는 신화를 창조하였다.

유럽 민족과 줄루 족의 신화적 역사가 유사점을 보였다면, 이러한 역사의 정치적인 이용 또한 그러하다. 줄루 족의 과거는 오늘날의 남아프리카에서 강력한 도구이다. 콰줄루-나탈의 모든 정치적 당파가 줄루 족의 과거를 자신들의 것으로 주장한다. 1994년에 생방송 카메라 앞에서 일부 소개된 극적인 충돌에서 줄루 민족주의자 수상이자 잉카타의 지도자인 망고수투 부텔레지가 새로이 선출된 남아프리카의 대통령이자 아프리카국가회의의 의장인 넬슨 만델라가 전통적인 샤카의 날 축제에 참석하는 것을 막음으로써 만델라와 줄루 왕 굿월 즈웰리틴 사이의 화해를 막고자 하였다. 부텔레지는 샤카의 시대 이래의 줄루 왕국 역사에 호소하면서 자신의 민족주의자적 위치를 지키고자 하였다. 정치에 역사를 동원하고자 하는 그러한 노력은 코소보 전투 기념일을 교묘히 조작하려 했던 슬로보단 밀로세비치나, 클로비스의 세례 기념일을 이용하고자 했던 장 마리 르펜과 같은 유럽 민족주의자들을 생각나게 한다.

몇 년 전 어느 미국 기자가 그리스의 마케도니아 지방을 여행하였다. 마케도니아는 언제나 그리스였고 그리스로 남아야 한다는 점을 "증명"하고자 하는 공식 가이드의 안내로 수많은 고고학 유적지를 돌아본 그는 초청자에게 역사의 중요성에 대해 언급하였다. 그 그리스 인은 말하길, "당신네 미국인들은 이해하지 못합니다. 우리에게 역사란 모든 것입니다." 그러나 변화하지 않는 역사, 수세기에 걸친 복합적인 사회적, 정치적, 문화적 모든 변화를 영원히 변치 않는 하나의 순간으로 축소하는 역사는 결코 역사라 할 수 없다.

자신들의 행동이 역사에 의해서 정당화된다거나, 혹은 역사에 의해서 강제되었다고 주장하는 사람들은 인류 역사의 본질 그 자체인 변화에 대한 이해가 결여되어 있는 사람들이다. 중세 초의 유럽 역사는 콰줄루-나탈의 미래가 샤카 왕의 삶에 대한 "올바른" 해석에 달려 있지 않은 것과 마찬가지로 오늘날의 정치적, 지역적, 이념적 운동을 옹호하거나 반대하는 논거가 되어서도 안 된다.

물론 과거는 중요하며, 유럽의 민족과 국가들이 현재에 이르게 된, 종종 폭력적이고 언제나 모호한 과정들이 "상상된 공동체" 혹은 "창안된 전통"과 같은 캐치프레이즈로 간단히 처리될 수 없다. 그러나 우리가 보았듯이 민족주의에 봉사했던 19세기의 역사학에서 물려받은 관념은 더 이상 적절하지 않다. 로마 세계의 안팎에서 사회적,

정치적 집단은 항상 끊임없이 변화하는 복합적인 공동체로서 그 구성원, 목표, 정체성은 항상 타협과 분쟁, 그리고 변모에 개방되어 있었다. 라인 강과 다뉴브 강 너머의 바바리안 종족들이 시작부터 조상이나 심지어 공통의 전통에 의해 묶여진 동질적인 언어와 문화의 공동체는 결코 아니었다. 대신 그들은 로마 인 못지않게 복합적이었다. 로마 인과 바바리안 사이의 경계가 사라져 감에 따라, 우리가 오늘날 "정체성 정치"라 부르는 것이 추종자들을 조직화하고 그들에게 동기를 부여하는 수단이 되었다. 즉 새로운 집단이 "고대" 민족의 이름을 자기 것이라 주장하였다. 옛 정치체는 고트 족, 훈 족, 혹은 프랑크 족의 지배라는 용광로에서 사라졌다. 이질적인 모험가 및 패배한 적의 무리들은 공통의 지도자를 받아들이고, 그리고 얼마 후에는 공동의 정체성을 받아들였다. 다른 상황에서는 민족의 고대 전통을 구현하겠다고 주장하는 반대파 지도자가 자신의 추종자들을 정복과 새로운 미래의 길 아니면 절멸의 길로 이끌었다.

지속적인 경향 하나는 성공적인 집단이 영토 왕국을 건설하고, 그 안에서 정치적으로 중요한 사회의 주요 구성 요소들이 점점 더 지도자의 정체성을 받아들이는 것이다. 농부와 노예들이 스스로에 대해서 어떻게 생각했는지 우리는 결코 알 수 없을 것이다. 그러나 왕과 함께 싸우고 왕실 법정과 회의에 자유인으로 참가했던 그 왕국의 거주민들은 자신들과 왕과의 공통성을 인지했다. 그러나 독자 왕국에서의 그러한 정체성은 하나의 문제일 뿐이다. 8세기와 9세기 동안 프랑크 왕국이 팽창하면서 지역적 정체성은 제국의 도구로 변모될 수 있었다. 다른 목적과 다른 환경에 맞추어 복수의 정체성을 갖는 것은 유럽 엘리트가 가진 자산 중의 하나였다.

　정말이지 인정할 만한 중세 왕국의 출현으로 변화의 과정이 종식된 것도 아니었다. 유럽 민족의 역사는 아직 끝나지 않았다. 그것은 결코 끝나지 않을 것이다. 민족 탄생은 일면 과거의 과정이면서 동시에 현재와 미래의 과정이기도 하다. 낭만주의자나 정치가, 혹은 사회과학자들이 아무리 노력해도 오늘날의 한 민족이나 국가의 본질적인 정수를 최종적으로 보존할 수는 없다. 또한 어떠한 노력을 기울여도 오늘날의 국가, 종족 집단, 그리고 공동체가 미래에 영원히 사라지지 않게 할 수는 없을 것이다. 과거는 우리에게 한계를 그어주고 우리가 그 속에서 미래를 건설하게 할 수는 있겠지만, 미래가 어떻게 되어야 하는가를 결정해 줄 수는 없다. 유럽의 민족들은 아프리카, 미국, 아시아의 민족들과 마찬가지로 역사에 의해 형성되고 재형성되는 과정이지 역사 그 자체를 구성하는 원자가 아니다. 헤라클리투스[기원전 535~475년경. 불을 기본 원소라고 주장한 그리스의 철학자. 존재, 본질 등의 정적 개념보다 과정, 진화 등의 역동적 개념을 더 강조했다]가 옳았다. 사람은 같은 강에 두 번 발을 들여 놓을 수 없다. 민족의 강은 계속하여 흐르고 있지만 과거의 물이 현재나 미래의 물일 수는 없다. 미래를 설계하고자 한다면, 유럽 인들은 과거와 현재 사이의 차이를 인지해야만 할 것이다.

주

서문 | 유럽 정체성의 위기

1) *Le Monde*, Septermber 24, 1991.
2) 미국에서의 논란 많은 시민적 정체성 대 인종적 정체성의 전통에 대해서는 Gary Gerstle, *The American Crucible: Race and Nation in the Twentieth Century* (Princeton, 2001)를 보라.
3) Charles F. Adams, ed., *Familiar Letters of John Adams and His Wife, Abigail Adams, during the Revolution* (New York, 1876), p. 211.
4) *Le Monde*, September 24, 1991.
5) *Der Standard*, June 23, 1992.
6) *Le Monde*, July 19, 1991.

1장 | 유해한 풍경 : 19세기의 종족과 민족주의

1) 베네딕트 앤더슨, 윤형숙 옮김, 《상상의 공동체》(나남, 2002년).
2) Miroslav Hroch, *Die Vorkämpfer der nationalen Bewegung bei den kleinen Völkern Europas: Eine vergleichende Analyse zur gesellschaftlichen Schichtung der patriotischen Gruppen*. Acta Universitatis Carolinae Philosophica et Historica Monographica XXIV (Prague, 1968).

3) Ivo Banac, *The National Question in Yugoslavia: Origin, History, Politics* (Ithaca, NY, 1984), p. 28의 요약을 보라.

4) Ibid., p. 29.

5) Paul Freedman, *Images of the Medieval Peasant* (Stanford, 1999).

6) Mireille Schmidt-Chazan, "Les origines germaniques d'Hughes Capet dans l'historiographie française du Xe au XVIe siècle," in *Religion et culture autour de l'an mil: Royaume capétien et Lotharingie*, Dominique Iogna-Prat and Jean-Charles Picard, eds. (Paris, 1990), pp. 231-344, esp. p. 240.

7) 예를 들어 Martin Cromer, *De origine et rebus gestus polonorum* (1555).

8) Florin Curta, *The Making of the Slavs: History and Archaeology of the Lower Danube Region, ca. 500-700 AD* (Cambridge, 2001).

9) 에릭 홉스봄, 강명세 옮김, 《1780년 이후의 민족과 민족주의》(창비, 1994년).

10) 이 간략한 요약은 Otto W. Johnston, *The Myth of a Nation: Literature and Politics in Prussia Under Napoleon* (Columbia, SC, 1989)와 Johnston, *Der deutsche Nationalmythos. Ursprung eines politischen Programms* (Stuttgart, 1990)에 의거했다.

11) Johnston, *Myth of a Nation*, p. 25.

12) Ibid., p. 10.

13) 요한 고트리프 피히테, 황문수 옮김, 《독일 국민에게 고함》(범우사, 3판, 1997년), 63~65쪽.

14) Maurice Olender, *The Languages of Paradise: Race, Religion and Philology in the Nineteenth Century* (Cambridge, MA, 1992), esp. chap. 1, "Archieves of Paradise," pp. 1-20을 보라.

15) E. B. de Condillac, *Essai sur l'origine des connaissances humaines* (1746), II, I, G. L. Roy, ed. (Paris, 1947), p. 103; Olender, *The Languages of Paradise*, p. 4에서 재인용. H. Aarsleff, "The Tradition of Condillac: The Problem of the Origin of Language in the Eighteenth Century and the Debate in the Berlin Academy before Herder," in H. Aarsleff, *From Locke to Saussure: Essays on the Study of Language and Intellectual History* (London, 1982), pp. 146-209.

16) 요한 고트리프 피히테, 황문수 옮김, 《독일 국민에게 고함》(범우사, 3판, 1997

년), 65쪽.

17) W. B. Lockwood, *Indo-European Philology* (London, 1969), p. 22를 보라.

18) 일반적으로 독일 문헌학과 민족주의의 관계에 대해서는 Benno von Wiese and Rudolf Henß, eds., *Nationalismus in Germanistik und Dichtung. Doku-mentation des Germanistentages in München vom 17.-22. Oktober 1966* (Berlin, 1967), esp. Eberhard Lämmert, "Germanistik—Eine deutsche Wissenschaft," pp. 15-36을 보라.

19) R. Howard Bloch, "New Philology and Old French," Speculum 65 (1990): 40에서 재인용. 그의 "'Mieux vaut jamais que tard': Romance, Philology, and Old French Letters," 36 *Representations* (1991): 64-86을 보라.

20) Bloch, "New Philology," p. 40.

21) Bloch, "New Philology," pp. 41-42: "La canso des troubadours sont des plants indigene, nées spontanément sur le sol de la patrie."

22) 언어와 민족주의에 대해서는 다른 것 중에서 에릭 홉스봄, 강명세 옮김, 《1780년 이후의 민족과 민족주의》(창비, 1994년), 75~90쪽과 베네딕트 앤더슨, 윤형숙 옮김, 《상상의 공동체》(나남, 2002년), 5장 이곳저곳을 보라.

23) Bjørnar Olsen and Zbigniew Kobylinksi, "Ethnicity in Anthropological and Archaeological Research: A Norwegian-Polish Perspective," *Archaeologia Polnona* 29 (1991): 9-11을 보라.

24) Gustaf Kossinna, *Die Herkunft der Germanen* (Würzburg, 1911); *Ursprung und Verbreitung der Germanen in vor-und frühgeschichtlicher Zeit* (Würzburg, 1928).

25) Chris Wickham, *Early Medieval Italy: General Power and Local Society 400-1000* (Totowa, NJ, 1981), p. 68.

26) 에릭 홉스봄, 강명세 옮김, 《1780년 이후의 민족과 민족주의》(창비, 1994년), 71쪽.

2장 | 고대에서의 민족 상상하기

1) Herodotus, *The Histories*, II, 17.

2) Ibid., V, 48.

3) Ibid., I, 144.

4) Ibid., IV, 7-10.

5) Ibid., IV, 110-116.

6) Arnaldo Momilgliano, *The Classical Foundations of Modern Historiography* (Berkeley, 1990), esp. pp. 5-10.

7) Herodotus, *The Histories*, I, 135.

8) Ibid., III, 38.

9) 에드워드 사이드, 박홍규 옮김, 《오리엔탈리즘》(교보문고, 2000년), 14~15쪽.

10) Margaret T. Hodgen, *Early Anthropology in the Sixteenth and Seventeenth Centuries* (Philadelphia, 1964), p. 44.

11) Pliny, *Natural History*, IV.

12) Ammianus Marcellinus, *Histories*, XXII, 8, 42.

13) Ibid., XXIII, 6. 64.

14) Livy, Ab urbe condita, ". . . nec sub eodem iure solum sed etiam nomine omnes essent, Latinos utramque gentem appelavit," I, 2.

15) Ibid., "in populi unius corpus," I, 8.

16) Cornelius Tacitus, *Agricola*, XXX, " . . . atque ubi solitudinem faciunt, pacem appellant."

17) Ibid., 33.

18) 비로마 인에 대한 로마 인의 태도에 대한 전반적인 논의를 위해서는 J. P. V. D. Balsdon, *Romans and Aliens* (Chapel Hill, NC, 1979)을 보라.

19) Jeremy DuQuesnay Adams, *The Populus of Augustine and Jerome: A Study in the Patristic Sense of Community* (New Haven, 1971), p. 110.

20) Augustine, *De Genesi contra Manichii*, I. 23. 또한 Adams, *The Populus of Augustine and Jerome*, pp. 48-49를 보라.

21) Augustine, *City of God*, XIX, 24. "Populus est coetus multitudinis rationalis rerum quas diligit concordi communione sociatus," Adams, *The Populus of Augustine and Jerome*, p. 19를 보라.

22) Ammianus Marcellinus, XVI, 12, 26. 알레만니 족에 대해서는 Dieter Geuenich, *Geschichte der Alemannen* (Stuttgard, 1997)과 Hans Hummer,

"The Fluidity of Barbarian Identity: The Ethnogenesis of Alemanni and Suebi, AD 200-500," *Early Medieval Europe* 7(1998): 1-27을 보라.

23) Procopius of Caesarea, *History of the Wars*, III, ii, 1-6. 고트 족에 대해서는 Herwig Wolfram, *History of the Goths* (Berkeley, 1987)를 보라. 그리고 고트 족 내에서의 유동성을 주장하는 볼프람의 견해를 받아들이지 않는 좀 더 전통적인 역사에 대해서는 Peter Heather, *The Goths* (Oxford, 1996)을 보라.

24) Constantine Prophyrogenitus, *Excerpta de Legationibus Romanorum ad Gentes*, Carolus de Boor, ed. (Berlin, 1093), I, p. 135. 훈 족에 대해서는 Otto Maenchen-Helfen, *The World of the Huns* (Berkeley, 1973); E. A. Thompson, *The Huns* 2nd rev. ed. (Oxford, 1996); Herwig Wolfram, "The Huns and the Germanic Peoples" in Franz H. Baüml and Marianna D. Birnobaum, eds. *Attila: The Man and his Image* (Budapest, 1993), pp. 16-25를 보라.

25) Procopius, III, ii, 4-5.

26) Ammianus Marcellinus, XXII, 5.

27) "Originem Gothicam fecit esse historiam Romanam," *Cassidorius Variae*, 9. 25. 4-6.

28) Walter Goffart, *The Narrators of Barbarian History (A.D. 550-800): Jordanes, Gregory of Tours, Bede, and Paul the Deacon* (Princeton, 1988), pp. 35-38.

3장 | 바바리안과 로마 인

1) Apuleius, 11, 5.

2) Reinhard Wenskus, *Stammesbildung und Verfassung: das Werden der frühmittelalterlichen Gentes* (Cologne, 1961). Walter Pohl, in "Ethnicity in Early Medieval Studies," *Archaelogia Polona* 29 (1991): p. 41은 용어는 H. M. Chadwick이 적어도 1912년에 사용한 것으로 소급됨을 지적하고 있다.

3) Walter Pohl, "Telling the Difference: Signs of Ethnic Identity," in Walter Pohl with Helmut Reimetz, *Strategies of Distinction: The Construction of*

Ethnic Communities, 300-800 (Leiden, 1998) pp. 17-69.

4) Velleius Paterculus, *Historiae Romanae*, II, 118, 2.

5) Gerhard Wirth, "Rome and Its Germanic Partners in the Fourth Century," in Walter Pohl, ed., *Kingdoms of the Empire: The Integration of Barbarians in Late Antiquity* (Leiden, 1997), pp. 13-55.

6) 일반적으로 알레만니 족에 대해서는 Geuenich, *Geschichte der Alemannen*을 보라.

7) Joachim Werner, "Zur Entstehung der Reihengräberzivilization: Ein Beitrag zur Methode der frühgesch-ichtlichen Archäologie," *Archaeologia Geographica* I (1950): 23-32, repreinted in Franz Petri, *Siedlung, Sprache und Bevölkerungs-struktur im Frankenreich* (Darmstadt, 1973), p. 294.

4장 | 새로운 바바리안과 새로운 로마 인

1) Tairiat Tekin, *A Grammar of Orkhon Turkic* (Bloomington, 1968), p. 265.

2) Priscus, ed. Carolus Müller, *Fragmenta historicorum Graecorum* IV (Paris, 1851), fr. 8.

3) Priscus, ed. Müller, fr. 39. 이 문서가 가지는 인종적 함축을 분석하기 위해서는 Peter Heather, "Disappearing and Reappearing Tribes," in Pohl, ed., *Strategies of Distinction*, p. 100을 보라.

4) David Frye, *Gallia, Patria, Francia: Ethnic Tradition and Transformation in Gaul*, unpublished Ph.D. dissertation, Duke University, 1991, pp. 89-passim. 비록 그가 이 자료에 부여하는 특정한 "인종적" 해석에 대해서는 논의의 여지가 있겠으나, 나는 그의 논문의 일부분을 읽게 허용해 준 프라이 교수에게 감사한다.

5) Ausonius, *Ordo urbium nobilium* 20, Hugh G. Wvelyn White, trans. (Cambridge, MA, 1985), pp. 39-41. 또한 Frye, *Gallia, Patria, Francia*, p. 104를 보라.

6) Ausonius, *Praefatiunculae* 1.5. Frye, *Gallia, Patria, Francia*, pp. 90-91을 보라.

7) Iiro Kajanto, *The Latin Cognomina* (Helsinki, 1965); Frye, *Gallia, Patria, Francia*, pp. 95-96.

8) Frye, *Gallia, Patria, Francia*, pp. 92-93; Sidonius, ed. 8.11.1.

9) Zosimus, *Historia nova*, VI, 5, credited by A. H. M. Jones, *The Later Roman Empire 284-602*, vol. I (Baltimore, 1986), p. 187. 또한 Herwig Wolfram, *The Roman Empire and Its Germanic Peoples* (Berkeley, 1997), p. 240. 그는 적어도 브리튼 족에 관한 한 보고에 의문을 표한다.

10) *Chronica Gallica* anno 452, 133.

11) Salvian, *De gubernatione dei* V 5, 21-23.

12) 이 문제에 대하여는 일반적으로 Patrick Amory, *People and Identity in Ostrogothic Italy 489-554* (Cambridge, 1997), esp. chap. 2, "The Ravenna Government and Ethnographic Ideology: From Civilitas to Bellicositas," pp. 43-85.

13) Amory, *People and Identity*, pp. 63-64는 예를 들어 Cassidorus, *Variae* 4.1 and 4.2를 인용하고 있다.

14) Amory, *People and Identity*, p. 73; Var. 8.21.6-7.

15) Amory, *People and Identity*, p. 72.

16) Procopius V, XXV-VI.

17) Procopius, VIII, xxxiv.

5장 | 최후의 바바리안

1) Marius of Avenches, a. 573 MGH AA 11, 238.

2) *Historia Langobardorum* 2, 31.

3) *Historia Langobardorum* 2, 32.

4) 적어도 이탈리아 사회의 몇 요소에 롬바르드 족이 행사한 매력에 대해 말하는 여러 사료에 대해서는 Wickham, *Early Medieval Italy*, p. 67을 보라.

5) Rothari 367, MGH LL 4. Brigitte Pohl-Resl, "Legal Practice and Ethnic Identity in Lombard Italy," in Pohl, *Strategies of Distinction: The Construction of Ethnic Communities, 300-800* (Leiden, 1998), p. 209을 보

라.

6) *Historia Langobardorum* 2, 32.

7) Wickham, *Early Medieval Italy*, pp. 68-69.

8) Liutprand, 91, ed. Bluhme, MGH LL 4. Translation by Katherine Fischer Drew, *The Lombard Laws* (Philadelphia, 1973) pp. 183-184. 또한 Pohl-Resl, "Legal Practice and Ethnic Identity," pp. 209-210을 보라.

9) Pohl-Resl, "Legal Practice and Ethnic Identity," p. 209.

10) Ibid., p. 210.

11) Ibid.

12) Stephen C. Fanning. "Lombard Arianism Reconsidered," *Speculum* 56 (1981): 241-258.

13) Wickham, *Early Medieval Italy*, pp. 72-73. Wickham은 Giovanni Tobacco, "Dai possessori dell'età caolingia agli esceritali dell'età longobarda" *Studi medievali* x. 1 (1969): 221-268의 데이터와 분석을 이용하고 있다. 그러나 토바코는 로마 인의 동화가 크게 진전되었으리라는 점에 의문을 제기한다. 더욱이 최근에 그의 *Struggle for Power in Medieval Italy: Structures of Political Rule* (Cambridge, 1989)에서 토바코는 다음과 같이 말하며 물러서고 있다. "롬바르드 족이 가톨릭으로 개종하는 것이 거의 완성되는 7세기 말에 그들이 로마 토지 소유자 계층의 잔존 세력과 동일한 사회 계급으로 공존으로 몇몇 로마 인이 지배 민족의 사법적 전통을 받아들이는 것이 불가능하지만은 않을 것이다." 그러나 그는 계속하여 롬바르드 족이 자유 로마 주민이 상당한 정도로 법적이나 군사적으로 동화시켰으리라는 점에는 의문을 품고 있다.

14) *Edictus Langobardorum, Aistulfi Leges*, 2, 3. 번역본으로는 Katherine Fischer Drew, trans. *The Lombard Laws*, p. 228을 보라.

15) *Edictus Langobardorum, Aistulfi Leges*, 4. Drew, *The Lombard Laws*, pp. 228-229을 보라.

16) *Codice Diplomatico Longobardo*, ed. Luigi Schiaparelli, I (Rome, 1929), no. 17, p. 48과 no. 20, p. 81.

17) Wolf Liebeschuetz, "Citizen Status and Law," in Pohl, ed. *Strategies of Distinction*, pp. 141-143.

18) Liebeschuetz, "Citizen Status and Law," pp. 139-140. 또한 상세하게는

Hagith Sivan, "The Appropriation of Roman Law in Barbarian Hands: Roman-Barbarian Marriage in Visigothic Gaul and Spain," in Pohl, ed., *Strategies of Distinction*, pp. 189-203.

19) Sivan, "The Appropriation of Roman Law," pp. 195-199.

20) Liebeschuetz, "Citizen Status and Law," p. 149.

21) Ibid., p. 141.

22) Roger Collins, *Early Medieval Europe* (New York, 1991), p. 145.

23) P. D. King, *Law and Society in the Visigothic Kingdom* (Cambridge, 1972), p. 132.

24) Dietrich Claude, "Remarks about Visigoths and Hispano-Romans in the Seventh Century," citing the work of Volker Bierbrauer and others, in Pohl, ed., *Strategies of Distinction*, p. 119, note 23.

25) King, Law and Society, p. 18.

26) *Concilium toletanum* 6, 17, pp. 244-245. Claude, "Remarks about Visigoths and Hispano-Romans in the Seventh Century," pp. 127-129를 보라.

27) King, *Law and Society*, pp. 130-144.

28) Eugen Ewig, 'Volkstum und Volksbewußtsein im Frankenreich des 7. Jahrhunderts," in Eugen Ewig, *Spätantikes und fränkisches Gallien*, Hartmut Atsma, ed., vol. I (Munich, 1967), p. 234.

29) Ian Wood, *The Merovingian Kingdoms 450-751* (Harlow, 1994), pp. 108-114.

30) Patrick Wormald, "Lex Scripta and Verbum Regis: Legislation and Germanic Kingship from Euroic to Cnut," in P. H. Sawyer and I. N. Wood, eds., *Early Medieval Kingship* (Leeds, 1977), p. 108.

31) Patrick Amory, "Meaning and Purpose of Ethnic Terminology in Burgundian Laws," *Early Medieval Europe*, 2 (1993): 1-28.

32) Ian Wood, "Ethnicity and the Ethnogenesis of the Burgundians," in Herwig Wolfram and Walter Pohl, eds., *Typen der Ethnogenese unter besonderer Berücksichtigung der Bayern*, vol. I (Vienna, 1990), pp. 55-69.

33) Greogory of Tours, *Libri Historiarum* X, 10: Wood, "Ethnicity," p. 55.

34) Ewig, "Volkstum und Volksbewußtsein," p. 251.

35) Walter Goffart, "Foreigners in the Histories of Gregory of Tours," in Walter Goffart, *Rome's Fall and After* (London, 1989), pp. 275-291; Patrick J. Geary, "Ethnic Identity As a Situational Construct in the Early Middle Ages," *Mitteilungen der anthropologischen Gesellschaft in Wien,* vol. 113 (1983): 15-26.

36) Ewig, "Volkstum und Volksbewußtsein," pp. 247-248.

37) Gregory of Tours, II, 18.

38) Pohl, "Telling the Difference: Signs of Ethnic Identity," p. 37.

39) Henry Mayr-Harting, *The Coming of Christianity to Anglo-Saxon England,* 3rd ed. (Avon, 1991). 개종에서 토착 주민의 역할에 대해서는 Patrick Sims-Williams, *Religion and Literature in Western England, 600-800* (Cambridge, 1990), chap. 3, "Paganism and Christianity," pp. 54-86을 보라.

40) Wood, *The Merovingian Kingdoms,* pp. 163-164.

41) Pohl, *Die Awaren. Ein Steppenvolk in Mitteleuropa 567-822 n. Ch.* (Munich, 1988), pp. 18-19.

42) Pohl, "The Role of the Steppe Peoples in Eastern and Central Europe in the First Millennium A.D.," in *Origins of Central Europe,* Przemyslaw Urbanczyk ed. (Warsaw, 1997), pp. 65-78.

43) 슬라브 족의 기원에 대해서는 특히 Pohl, *Die Awaren,* pp. 94-128과 Florin Curta, *The Making of the Slavs: History and Archaeology of the Lower Danube Region, ca. 500-700 AD* (Cambridge, 2001)을 보라.

44) Procopius, *History of the Wars* VII, xiv, 22.

45) Fredegar, 4, 48: Pohl, *Die Awaren,* pp. 256-261.

46) Constantine Prophyrogenitus, *De Administrando Imperio,* ch. 29 and 30.

47) Pohl, Die Awaren, p. 266.

48) 전통적 설명의 요약으로는 예를 들면 John Fine, *The Early Balkans: A Critical Survey from the Sixth to the Late Twelfth Century* (Ann Arbor, 1983), pp. 52-53을 보라.

49) Fredegar, 4. 72.

50) Miracles of St. Demetrius II, 5.

1) 그러한 용어에 대해서는 Walter Pohl, "Zur Bedeutung ethnischer Unter-scheidungen in der frühen Karolingerzeit," *Studien zur Sachsenforschung* 12(1999): 193-208, esp. p. 199를 보라.

2) 바이에른의 법률에 대해서는 Wilfried Hartmann, "Das Recht," in *Die Bajuwaren von Severin bis Tassilo*, 488-788, H. Dannheimer and H. Dopsch, eds. (Munich, 1988), esp. p. 266; and Joachim Jahn, *Ducatus Baiuwariorum. Das bairische Herzogtum der Agilolfinger* (Stuttgart, 1991), p. 344를 보라.

3) 예를 들어 Robert Bartlett, *The Making of Europe: Conquest, Colonization and Cultural Change 950-1350* (Princeton, 1993), pp. 118 and 130-131에 인용된 폴란드에서의 "게르만 법" 수여를 보라.

4) Walter Goffart는 *Narrators of Barbarian History*에서 이 같은 소위 "민족주의적" 역사가들이 어떤 종류의 민족사도 시작하거나 지지하지 않았음을 보여 주고 있다.

5) J. B. Wright and C. A. Hamilton, "Tradition and Transformation: The Phongolo-Mzimkhulu Region in the Late Eighteenth and Early Nineteenth Centuries," in A. Dummy and B. Guest, eds., *Natal and Zululand: From Earliest Times to 1910: A New History* (Pietermaritzburg, 1989), pp. 49-57. 또한 Carolyn Anne Hamilton, *Terrific Majesty: The Power of Shaka Zulu and the Limits of Historical Invention* (Cambridge, MA. 1998)을 보라.

6) A. T. Bryant, *Olden Times in Zululand and Natal* (London, 1929) p. viii.

7) Bryant, *Olden Times in Zululand*, p. ix.

8) Bryant, *Olden Times in Zululand*, p. viii.

9) Bryant, *Olden Times in Zululand*, p. x.

10) Bryant, *Olden Times in Zululand*, p. vii-ix.

11) Bryant, *Olden Times in Zululand*, p. 4.

12) Bryant, *Olden Times in Zululand*, p. 17.

13) Bryant, *Olden Times in Zululand*, p. 19.

14) Bryant, *Olden Times in Zululand*, p. ix.

15) Bryant, *Olden Times in Zululand*, p. 101.

16) 중세 초의 네 역사가의 문화 · 정치적 배경에 대해서는 Walter Goffart, *Narrators of Barbarian History*를 보라. 그는 그들의 구체적인 정치 · 종교적 관심사가 그들이 기술한 역사의 내용을 결정했다고 주장한다.

17) 위대한 줄루 족의 지도자 샤카에 대한 유럽과 아프리카의 19세기 사료에 대해서는 William Worger, "Clothing Dry Bones: The Myth of Shaka," *Journal of African Studies*, vol. 6, no. 3 (1979): 144-158과 Carolyn Anne Hamilton, *Terrific Majesty*, esp. chap. 2, "The Origins of the Image of Shaka," pp. 36-71을 보라.

18) Wright and Hamilton, "Traditions and Transformations," p. 52.

19) Ibid., p. 53.

참고 문헌

이 책은 학자들이 아니라 일반 독자를 염두에 두고 쓰여진 것이므로, 나는 대체로 주註에서 고대 및 중세의 작가와 문헌을 언급할 때 특정 판본이나 번역본을 명시하지 않고 단순히 표준판에서의 제목, 책 이름, 장에 대한 정보만을 제공하였다. 이 자료들을 좀 더 연구하고 싶지만 라틴 어나 그리스 어는 알지 못하는 독자는 대부분 문헌의 경우 출판되어 있는 번역본을 이용해도 무방할 것이다. 다만 "모든 번역은 공손한 거짓말이다"라는 한 전문 번역가의 말을 항상 명심해야 할 것이다.

이 문헌들 중 대부분은 두 가지 탁월한 번역 시리즈에 포함되어 있다. 첫째는 맞은편 페이지에 원래의 그리스 어나 라틴 어가 있는 뢰브 고전 문고 시리즈이다. 이 시리즈 중에는 19세기에 번역된 것도 있고 근래에 번역된 것도 있다. 또 그 시리즈는 권위 있는 고대 작가 뿐만이 아니라 아우소니우스와 프로코피우스와 같은 고대 말의 중요한 작가들도 포함하고 있다.

두 번째 시리즈는 펭귄 페이퍼백 시리즈로 헤로도토스, 플리니우스, 리비우스, 암미아누스 마르켈리누스, 타키투스와 같은 고대 작가들의 저작과 함께 투르의 그레고리우스의 《역사》와 같은 몇몇 중세 문헌들을 포함하고 있다. 펜실베이니아 대학 출판사는 파울루스 디아코누스의 《롬바르드 족의 역사》 및 《부르고뉴 법전》, 《롬바르드 법전》, 그리고 《살리카 법전》을 번역 출판했다.

최근에 리버풀 대학 출판사는 '역사가를 위한 문헌 번역'이라 이름 붙여진 훌륭한 시리즈를 출판하기 시작하였다. 그 시리즈에는 이전까지 번역이 되어 있지 않았던 고대 말과 중세 초의 다양한 작가들이 포함되어 있다. 이들 중에는 투르의 그레고리우스나 카시오도루스의 다른 저작들과 반달 족에 관한 비타의 빅토리우스의 글이 들어 있다. 리버풀 시리즈는 펜실베이니아 대학 출판사를 통해 배포되어 페이퍼백으로도 쉽게 구할 수 있다.

현대의 인종적 민족주의와 19세기의 그 기원에 관한 문헌은 엄청나게 많으며 계속 증가하고 있다. 베네딕트 앤더슨, 윤형숙 옮김, 《상상의 공동체》(나남, 2002년)와 어니스트 겔너, 이재석 옮김, 《민족과 민족주의》(예하, 1988년)와 같은 고전 외에 앤서니 스미스의 *The Ethnic Origins of Nations* (Oxford: Blackwell, 1986)와 에릭 홉스봄, 강명세 옮김, 《1780년 이후의 민족과 민족주의》(창비, 1994년)를 참고하면 도움이 될 것이다.

고대 말과 중세 초를 다룬 수많은 역사 서적이 있지만 이들 중 상당수는, 대부분 무의식적으로, 이 책이 반대 주장을 펴고 있는 민족주의적 역사 서술에 깊이 연루되어 있다. 다른 서적들은 자연히 민족을 그들이 말하는 이야기에서 객관적이며 영속적인 행위자로 다루는 경향을 보이며 19세기에 최초로 발달된 민족에 대한 이해를 부지불식간에 영속화시킨다. 이 시대를 다룬 주요 역사서의 상당수는 유럽 대륙의 언어로만 출판된 관계로 영어권 독자들에게는 잘 알려져 있지 않다. 그럼에도 불구하고 결을 가로질러 읽음으로써 우리는 이 시대에 대한 최근의 몇몇 역사서에서 많은 것을 배울 수 있다. 아래의 책들은 관심 있는 독자를 이 흥미롭지만 충분히 이해되지 않은 세계로 안내할 수 있는 최근의 연구서들이다.

로저 콜린스의 *Early Medieval Europe* (New York: St. Martin's Press, 1991)은 이 시대를 정치사적으로 치밀하고 상세하게 서술한 반면, 주디스 헤린의 *The Formation of Christendom* (Princeton: Princeton University Press, 1987)은 좀 더 문화사에 가깝게 서술하고 있다. 피터 브라운의 *The Rise of Western Christendom: Triumph and Diversity AD 200-1000* (Oxford: Blackwell Publishers Inc., 1997)는 고대 말과 중세 초 시대를 종합적이며 문화사적 입장에서 개관하고 있다. 존 드링크워터와 휴 엘튼이 편집한 *Fifth-Century Gaul: A Crisis of Identity?*는 고대 말의 서유럽 사회와 정치체를 둘러싸고 현재 논의되고 있는 많은 이슈들을 소개하고 있다. 헤르비크 볼프람의 *The Roman Empire and Its Germanic Peoples* (Berkeley and Los Angeles: University of California Press, 1997)는 어느 나라 말로 출판되었는가에 관계없이 고대 말 종족 탄생의 과정에 관한 가장 훌륭한 소개서이다.

개별 "민족"에 대해서 연구한 역사가들도 다수 있다. 이 시대 민족의 법률적 성격을 이해하기 위한 새로운 접근법의 가장 우수한 예는 헤르비크 볼프람의 *History of the Goths* (Berkeley and Los Angeles: University of California Press, 1988)이다. 이안 우드Ian Wood의 *Merovingian Kingdoms* (London: Longman, 1994)는 프랑크 족의 역사를 독자에게 훌륭하게 소개하고 있다. 블랙웰 출판사가 출판하고 있는 '유럽의 민족Peoples of Europe'이라 명명된 영국의 시리즈는 "선사 시대의 기원에서부터 오늘날까지" 유럽의 민족에 대한 짧고 구하기 쉬운 역사서를 선보이고 있다. 시리즈의 책 전부가 그렇다고 말할 수는 없지만 몇몇 책은 민족에 대한 예전의 이해에서 완전히 탈피하지 못해, "민족"을 객관화하고 그들의 연속성을 과장하는 경향을 보이기도 한다.

종족성에 대한 흥미로운 주요 연구는 "로마 세계의 변모"로 명명된 유럽과학재단European Science Foundation이 주관하는 국제 공동 프로젝트에 의해 수행되고 있다. 이 프로젝트는 수많은 책의 출판을 계획하고 있다. 이미 출판된 것으로는 발터 폴Walter Pohl이 편집한 *Kingdoms of the Empire: the Integration of Barbarians in Late Antiquity* (Leiden: Brill, 1997)와 발터 폴과 헬무트 라이미츠Helmut Reimitz가 편집한 *Strategies of Distinction: The Construction of Ethnic Identity Communities 300-800* (Leiden: Brill, 1998)가 있다.

마지막으로 수많은 소장 학자들이 중앙유럽 및 동유럽의 민족사에 대한 기존 전통의 여러 측면을 재평가하기 시작하였다. 이들 중 중세 초 민족 정체성의 복합적 현실을 파악하고자 하는 가장 야심적인 시도들인 패트릭 아모리Patrick Amory의 *People and Identity in Ostrogothic Italy 489-554* (Cambridge: Cambridge University

Press, 1997)와 플로린 쿠르타의 *The Making of the Slavs: History and Archaeology of the Lower Danube Region, Ca. 500-700* (Cambridge: Cambridge University Press, 2001)가 대표적이다. 앞으로 유럽과 북미, 그리고 아시아의 역사가들이 민족의 신화를 파헤치기 위한 노력을 계속하여, 이 짧은 참고 문헌 목록이 크게 확대되기를 바랄 뿐이다.

왜 또다시 민족을 논하는가?

제2차 세계 대전이 끝난 뒤 과거의 유물로 여겨졌던 민족주의의 망령이 구소련의 해체 후 다시 유럽을 강타하고 있다. 동유럽에서는 종족 갈등이 폭발하여 국경 분쟁이나 내전이 발생하고 심지어 "종족 청소"의 이름 하에 끔찍한 살육이 자행되기도 한다. 서유럽에서의 상황도 크게 다르지 않아, 예를 들어 통일 후 독일에서는 독일 민족의 정체성에 관한 열띤 논쟁이 전개되었다. 독일에서 태어난 터키 인과 독일을 한 번도 본 적이 없고 독일어도 전혀 모르는 독일어권 동유럽 거주자의 자손 중 누가 "진정한" 독일인인가? 민족 통일의 가능성이 가시권에 들어오게 되면서 한국 사회에서도 민족은 단순히 관념적, 상징적 의미만이 아니라 복합적 논의가 요구되는 실질적, 실천적 의미를 띠게 되었다. 민족은 무엇이고, 누가 그 구성원이며, 그렇게 형성된 민족의 정체성은 어떻게 결정되는가?

근래에 국내에도 에릭 홉스봄이나 베네딕트 앤더슨과 같은 민족과 민족주의에 관한 해외 주요 연구자들의 연구가 소개되었고, 임지현과 박지향 등의 서양사 연구자들을 중심으로 그동안 신성불가침의 영역으로 여겨져 왔던 민족에 관한 기존의 이해에 대한 비판적인 성찰이 시도되고 있다. 하지만 위의 연구들은 민족이 특수한 역사적 상황의 산물로 "창안된 것"임을 인식시키는 데는 많은 기여를 했지만, 창안된 민족의 역사가 실제 민족의 역사와 어떻게 다른지에 대해서는 제대로 설명하지 않고 있다. 그들의 연구는 민족이 공통의 조상을 가진 같은 핏줄의 사람들이 동질감을 가지고 뭉친 집단이라는 믿음은 신화임을 밝히고 있으나, 그 집단의 실제 모습이 어떠했는지는 설명하지 않는다. 그들의 관심 분야가 근대사임을 고려해 볼 때, 이것은 어쩌면 당연한 일일지도 모른다. 이 작업은 중세사가의 몫이어야 할 것이다. 실제로 서양 중세사는 민족주의 시대의 부산물이라고 말할 수 있을 정도로 많은 중세사 연구자들이 민족과 민족주의의 창안에 직접적으로나 간접적으로 참여하였다.

민족과 민족주의가 다시금 세계 역사에서 인류의 비극을 초래할 수 있는 위협 요소로 재등장하게 되는 것은, 적어도 부분적으로는, 민족과 민족의 정체성에 대한 사회의 인식과 이해가 과거의 수준에 그대로 머물러 있기 때문이다. 전통적인 견해에 따르면, 한 민족은 공동의 조상과 운명을 공유하고 동일한 언어를 말하고 동일한 영토에서 살아가는, 종족적으로나 문화적으로 동질적인 집단이다. 따라서 하나의 영토에서 하나의 민족이 사는 것이 아닌 그 어떤 것도 비정상적이며, 그래서 그러한 상황은 어떠한 수단을 써서라도 시정되어 한다고 믿는다. 그러한 경우 영토의 주인은 각 민족이 영토의 경계를 단번에 최종적으로 확정한 최초 획득의 시기를 기준으로 결정된다는 것이다. 그러므로 최초 획득이 이루어진 400년에서부터 1000년까지의 시기(구체적으로 프랑크 족에게는 5세기, 크로아티아 인에게는 6~7세기, 헝가리 인에게는 9~10세기)가 "과거를 차지하기 위한 논쟁"에서 중심적인 위치를 차지하게 된다.

이 책은 민족과 민족주의가 초래할 수 있는 위협의 방지를 위해 이 시대 전문가로서의 책임을 수행하기 위한 노력의 산물인 Patrick J. Geary, *The Myth of Nations: The Medieval Origins of Europe* (Princeton University Press, 2002)의 완역본이다. 이 책은 흔히 대이동기로 불리는, 서유럽에서 로마 제국이 해체되고 바바리안의 이동에 의해 새로운 유럽이 형성되는 400년부터 1000년까지의 시기를 다루고 있는데, 이 시기는 근대 유럽 인의 조상이 되는 민족들이 탄생되고 민족의 정체성이 형성되는 중요한 시기이다. 하지만 이 시기는 한편으로는 쇠퇴와 멸망의 우울한 시기라는 오랜 편견 탓에, 다른 한편으로는 고대와 중세, 문명과 야만, 기독교와 이교 등이 혼재되어 있는 이 시기의 복합적이며 유동적인 성격 탓에 사람들의 관심에서 벗어나 있었다. 따라서 이 시대 전문가를 제외하고는 유럽 민족의 탄생 등과 같은 이 시대 연구의 주요 주제에 대해 제대로 이해하는 학자가 많지 않은 형편이다.

정치적 의도를 가진 민족주의자나 정치가는 일반인들의 무지와 무관심을 이용하여 이 시기의 역사를 오용하고 왜곡하며 심지어 창안하기까지 한다. 유럽 세계는 이렇게 창안된 민족의 신화가 가지는 추악한 모습과 그것이 초래한 폭력적 위험을 이미 한 차례 경험한 바 있다. 비극의 재발을 막기 위하여 신화의 실체를 밝히는 것, 즉 유럽의 민족은 고대에 영구히 확정된 것이 아니며 민족의 형성은 고대로부터 시작하여 오늘날까지도 계속되고 있는 현재 진행형의 과정임을 보여 주는 것이 이 책의 목표이다. 한국어판의 제목을 두고 조금은 도발적일 수 있는 "민족은 신화일 뿐이다" 등이 검토되기도 했으나 원래의 제목을 살리면서 이러한 저자의 의도를 표현하려는 뜻에서 제목을 《민족의 신화, 그 위험한 유산》으로 정했다.

현재 UCLA 대학의 사학과 교수로 오스트리아의 빈 대학, 프랑스의 사회과학고등사범학교, 헝가리의 센트랄 대학 등에서 교환 교수를 지내는 등 미국과 유럽 대륙을 넘나들며 활발히 활동하고 있는 저자는 민족에 관한 일반인들의 오해를 불식시키려는 작업에서 요구되는 학문적 역량과 전달 능력을 갖춘 몇 안 되는 역사가들 중의 하나이다. 중세사가로서 그가 차지하고 있는 학문적 위치는 이미 국내에 《메로빙거 세계: 한 뿌리에서 나온 프랑스와 독일》(지식의 풍경, 2002년)로 번역 소개된 *Before France and Germany: The Creation and Transformation of the Merovingian World* (Oxford University Press, 1988)는 물론 *Furta Sacra: Thefts of Relics in the Central Middle Ages* (Princeton University Press, 1978; Rev. ed. 1991), *Living with the Dead in the Middle Ages* (Cornell University Press, 1994), *Phantoms of Remembrance: Memory and Oblivion at the End of the First Millenium* (Princeton University Press, 1994) 등 다수의 저서가 프랑스 어나 독일어를 비롯한 여러 대륙의 언어로 번역되었음을 통해 미루어 짐작할 수 있다. 본서 역시 영어판과 독일어

판이 동시에 출판되었을 뿐만 아니라 현재 민족 갈등의 중심에 있는 루마니아 어 등 동구권 언어로도 이미 번역 출판되었다는 점은 저자의 국제적 명성과 이 책의 학문적 가치를 가늠할 수 있게 해 준다. 이러한 학문적 역량 못지않게 두드러진 것은 유럽 민족 형성에 관한 미국 및 대륙 학계의 방대한 연구 성과 — 이것들은 또한 종종 연구자들의 민족적 편견이나 감정 때문에 대립되고 심지어 상충하기까지 한다 — 를 종합하여 독자들이 쉽게 이해할 수 있도록 전달할 수 있는 저자의 능력이다. 이로 인해 독자들은 자칫 무미건조하고 딱딱하기 쉬운 학문적 논의를 담은 이 책을 흥미롭게 읽을 수 있을 것이다. 역자의 능력이 이에 미치지 못함이 안타깝고 송구스러울 뿐이다.

이 책을 번역하는 과정에서 저자의 유려한 문체를 제대로 살리는 것보다 더 심각한 어려움은 민족 관련 주요 용어나 개념 — 고대 그리스에서의 에트노스ethnos와 게노스genos, 고대 로마 제국에서의 겐스gens와 포풀루스populus, 고대 기독교 세계에서의 암am과 고임goyim, 그리고 위의 것들에서 파생된 현대어인 nation, ethnicity, race 그리고 peoples 등 — 을 나타낼 적절한 우리말을 찾는 데 있었다. 이 책의 제2장에서 저자가 상세히 논의하고 있지만, 위의 용어들은 그것을 사용했던 사회의 가치관과 시대적 상황의 변화에 따라 그 의미와 용례가 변모하였다. 그래서 이 책이 다루는 유럽 민족이 형성되는 고대 말의 시기가 되면 그 의미와 용례가 확정되는데, 문제는 그것들이 현실과 일치하지 않게 되었다는 사실이다. 로마 제국 내에 정치체 건설에 성공한 바바리안 집단은 다양한 문화적, 언어적, 지리적 기원을 가진 집단들이 통합되어 형성된 법률적 정치체이나 그것에 소속된 바바리안 자신들조차 너무나도 강력한 전통의 무게에 억눌려 자신들을 동일한 생물학적 기원을 가진 집단으로 인식하였다. 19세기에 유럽의 민족주의가 창안되면서 이 같이 왜곡된 의미가 고착화되었다. 위 용어들에 상응하는 우리말의 민족이나 종족에도 이 같은 왜곡된 의미가 내재되어 있음은 물론이다.

그러므로 유럽의 과거에 존재했던 모든 집단들을 오늘날의 용어로 표현하기는 어려운 문제이고, 그것을 지칭할 적절한 우리말을 찾기란 애당초 무리일는지도 모른다. 사전적 의미에서 종족은 동일한 혈통을 가진 사람들의 집단의 의미가 강하고, 민족은 일정한 지역에 오래 거주하여 언어적, 문화적, 역사적 동질성을 가지게 된 집단이라는 의미가 강하다고 볼 때, 두 용어 모두 문제점을 가지고 있다. 그렇다고 새로운 용어를 만드는 것은 학계 차원에서 논의할 중대한 문제로 역자 개인의 역량을 넘어서는 일일뿐더러, 정확한 의미의 전달이라는 득보다 혼란의 가중이라는 실이 더 클 것이다. 차라리 민족 관련 용어들에 관련된 역사적 배경과 그 용례를 고려하여 국내 학계에서 통용되고 있는 기존의 용어들을 한정된 의미로 사용하는 것이 현실적이고 효율적인 방책일 것이다. 이 같은 고려 하에 이 책에서는 일률적으로 nation과 그 형용사인 national은 민족과 민족적으로, ethnicity와 ethnic은 종족(성)과 종족적으로 번역하였다. 따라서 ethnogenesis는 경우에 따라 민족 탄생이 더 적절할 수도 있지만 모두 종족 탄생으로 통일하였다. 한편 race와 racial은 피부 등 신체적

형질의 차이에 따른 사람의 구분을 뜻한다고 간주하여 인종과 인종적으로 번역하고 다른 경우에는 이 표현의 사용을 가급적 피했다. 그래서 ethnic cleansing은 일부에서는 인종 청소로 번역되기도 하지만 이 책에서는 종족 청소로 통일하였다. 다만 저자가 종족이나 민족 등의 현대 용어를 사용하지 않고 에트노스나 겐스 등 원래의 언어를 사용한 경우, 역자도 저자의 의도를 존중하여 그 용어를 그대로 사용하였다.

번역에 가장 문제가 된 용어는 역설적이게도 그 의미가 아주 단순할 수 있지만 가장 많이 사용되고, 또 그렇게 때문에 여러 의미로 사용되고 있는 용어인 peoples이었다. 라틴 어 포풀루스populus에서 유래한 이 용어는 로마 제국에서는 자유민 중 시민권을 가진 사람, 즉 시민을 의미하였다. 따라서 이러한 경우에만 한정하여 이 용어를 시민으로 번역하였다. 근대 이후에 사회에서는 시민보다는 인민 혹은 국민이 더 적절한 번역 용어가 될 수 있을지 모르지만, 이 책이 다루는 시기에서는 시대착오적 용례일 수 있다는 생각에서 고려에서 제외하였다. 그런데 이 책의 2장에서 상세히 논의되고 있듯이 로마 제국의 시민권이 유명무실해 지면서 포풀루스의 개념에 겐스gens (종족)의 의미가 더해지게 된다. 따라서 이 말에서 유래한 peoples에도 민족 혹은 종족의 의미가 내포되어 있다. 민족의 개념은 지난 세기의 창안물이라는 근래 학계의 지적을 고려할 때 종족이 적절한 용어일 수가 있겠으나 앞에 언급한 바와 같이 종족에는 이 책이 강하게 부정하고 있는 생물학적 의미가 두드러지는 점에 주목하여 종족은 ethnicity에 관련해서만 쓰기로 결정하고 고려에서 제외하였다. 민족이 시대착오적인 용어일 수 있다는 점에 착안하여 민족 대신 서울대 박지향 교수가 추천한 민족적 집단이라는 새로운 용어의 사용도 심각하게 고려되었다. 하지만 이 용어가 가지는 여러 가지 장점에도 불구하고 앞에서 언급한 새로운 용어 사용의 부담, 그리고 상대적으로 긴 용어를 사용할 때 초래되는 번잡스러움 ― 특히 peoples이란 용어는 이 책에서 대단히 자주 등장하는 용어이므로 그 정도가 더 심하다 ― 이 걸림돌이 되어 고려에서 제외되었다. 여러 가지 문제점에도 불구하고 peoples를 민족으로 번역하기로 한 결정은 원칙론적인 면보다는 편의적인 면이 우선시되어 이루어진 것으로, 잠정적인 것임을 역자는 깊이 인식하고 있다. 민족 관련 연구 전문가들이 함께 이 용어의 문제를 검토해 볼 수 있는 기회가 조속히 마련되기를 기대해 본다.

기어리 교수는 먼저 19세기에 종족적 민족주의가 탄생되는 과정과 민족에 대한 지적, 문화적 범주가 발전되는 양상을 검토한 후에 유럽의 민족이 형성되는 과정을 구체적으로 유려한 문체로 서술하고 있다. 비교적 짧은 책의 내용을 굳이 요약하여 소개할 필요는 없을 것이다. 다만 대이동기에 일어난 민족과 민족 정체성 형성에 대한 최근 연구의 성과로 인해 기존의 학설이 폐기되고 새로운 학설로 대체되었으므로 이를 간단히 정리하여 소개하는 것으로 내용 요약을 대신하고자 한다. 첫째, 게르만 인들은 마르지 않는 샘물처럼 끊임없이 사람을 공급하는 "인류의 자궁"인 북쪽에서 새로운 땅을 찾아 문명

세계인 로마로 이주해 왔던 야만인이 아니었다. 각 민족은 역사의 산물로 고정 불변의 민족적 특성에 의해서가 아니라 다양한 정치적, 경제적, 문화적 요소에 의해서 생성, 발전, 그리고 소멸을 경험한다.

둘째, 각 게르만 종족이 "뼈와 피를 나눈 동일한 혈통"으로 구성되었다는 것은 신화일 뿐으로, 실제로 그들의 구성은 훨씬 덜 동질적이었다. 예를 들어 고트 족은 공동의 조상이나 기원을 가진 집단, 즉 부족이라기보다는 오히려 다양한 문화적, 언어적, 지리적 배경을 가진 서로 다른 소규모 집단들의 정치적 결합체였다. 한마디로 서유럽에 정착한 고트 족은 반드시 2세기 발트 해 주변 지역에 거주했던 소규모 부족의 생물학적 자손이 아니었다. 고트 족의 왕 곁에서 싸우는 사람은 누구나 다 고트 족이었던 것이다.

셋째, 민족의 구성은 과거에 결정된 정적인 것이 아니라 현재도 진행되고 있는 역동적인 과정이다. 대이동기에는 그 같은 역동적인 성격이 더욱 더 두드러져서, 민족의 구성은 계속 변화하여, 심지어 상충하기도 했다. 후에 이탈리아의 왕이 된 오도아케르는 로마의 군인으로 로마 시민이면서 동시에 훈 족, 스키리 족, 튀링엔 족, 그리고 심지어 고트 족으로 간주되기도 했다. 이런 상황에서 대이동기의 민족과 오늘날의 민족을 일치시켜 "하나의 민족은 정치적 자치권을 가지며, 그것을 구현하기 위해 하나의 영토에 거주할 권리를 가져야 한다"라는 민족주의적 주장은 역사적 사실에 전혀 근거하지 않은 창안된 신화일 뿐이다.

이 작은 책을 번역하는 데 많은 사람들의 도움을 받았다. 그중에서도 먼저 이 책의 번역에 깊은 관심을 가지고 많은 도움을 주었고 한국 독자들을 위해 서문을 써 준 저자 기어리 교수에게 깊은 감사를 드린다. 사회 생활학과 대학원생들도 많은 도움을 주었다. 특히 설혜진은 번역 원고를 꼼꼼히 읽고 불분명한 번역이나 부적절한 표현 등을 지적하여 글을 매끄럽게 다듬어 주었다. 사명감을 가진 능력 있는 편집인과 함께 작업하는 것이 얼마나 즐겁고 값진 경험인가를 일깨워 준 출판사 지식의 풍경의 편집 팀에게 감사한다. 특히 정미은은 늘상 마감일을 넘기는 역자를 초인적인 인내심을 가지고 대해 주면서 역자보다도 더 철저히 원고를 검토하여 용어상의 불일치나 외국어 표기상의 실수 등 수많은 오류를 수정케 해 주었고, 철저한 색인 작업을 통해 책이 더 쉽게 독자들에게 다가갈 수 있게 해 주었다. 또 서울대 서양사학과 박지향 교수와 안병직 교수는 완성된 원고의 앞부분을 세심히 읽고 많은 잘못을 바로잡아 주었을 뿐만 아니라 가치 있는 조언을 해 주었다. 그들의 제안을 모두 받아들일 수는 없었지만 그것을 검토하는 과정에서 역자의 생각이나 의도를 명확히 정리하는 데 큰 도움을 주었다. 그래도 남아 있는 오류는 물론 다른 누구도 아닌 역자 자신의 탓이다.

마지막으로 연전에 작고하신 청암 송건호 선생은 역자에게 글을 읽고 쓰는 직업을 택하고, 또 민족에 관심을 갖도록 많은 영향을 끼치신 분이다. 평생을 민족과 민족주의를 지상의 가치로 알고 사셨던 선생께서 당신과 입장을 달리한다고 볼 수 있는 이 책을 두고 무어라 말씀하실까? 오랜 유학 기간 동안 뵐 수 없었고, 귀국해서는 병환이

270

깊으셔서 말씀을 들을 기회가 없었음이 가슴 아프다. 평생을 올곧은 선비로 사셨던 선생에게 부족한 조카가 삼가 이 책을 바친다.

2004년 6월
서초동 우거에서

찾아보기

패트릭 J. 기어리(Patrick J. Geary)

예일 대학교에서 중세사 연구로 박사 학위를 받았으며, 지금은 UCLA 대학교의 사학과 교수로 재직중이다. 프랑스의 사회과학고등사범학교와 헝가리의 센트럴 대학교 등에서 교환 교수를 지내는 등 미국과 유럽 대륙을 넘나들며 활동하고 있으며 유럽 역사에 대한 전통적인 해석을 뛰어넘어 메로빙거 시대를 독창적으로 해석한 연구로 주목받고 있다.

저서에는 《메로빙거 세계Before France and Germany》(지식의 풍경, 2002년), *Furta Sacra, Aristocracy in Provence*와 *Living with the Dead in the Middle Ages* 등이 있고, 공저로는 *Civilization in the West*가 있다.

이종경

서울대학교 서양사학과를 졸업한 뒤 미국 텍사스 대학교에서 박사 학위를 받았다. 현재 이화여자대학교 사회 생활학과 교수로 재직중이다.

번역서로는 《메로빙거 세계》와 공역인 《중세 이야기》(새물결, 2001년)가 있고, 저서로는 《서양사 강의》(한울, 2000년)를 공동 집필했다.

민족의 신화, 그 위험한 유산

지은이 • 패트릭 J. 기어리 | 옮긴이 • 이종경 | 발행인 • 임영근 | 발행일 • 2004년 6월 30일 | 펴낸곳 • 도서출판 지식의풍경 | 주소 • 서울시 관악구 신림5동 1445 -2 (151-891) | 전화번호 • 887-4072(편집), 874-1470(영업), 878-7906(팩스) | E-mail • vistabooks@hanmail.net | 등록 번호 • 제15-414호 (1999. 5. 27.)

값 13,000원   ISBN 89-89047-14-6 03920